देखो हमरी काशी

देखो हमरी काशी

हेमंत शर्मा

प्रभात पेपरबैक्स
www.prabhatbooks.com

प्रकाशक

प्रभात पेपरबैक्स

प्रभात प्रकाशन प्रा. लि. का उपक्रम

4/19 आसफ अली रोड, नई दिल्ली–110002

फोन : 23289777 • हेल्पलाइन नं. : 7827007777

इ–मेल : prabhatbooks@gmail.com ❖ वेब ठिकाना : www.prabhatbooks.com

संस्करण

प्रथम, 2022

मूल्य

तीन सौ रुपए

चित्रांकन एवं आवरण

श्री माधव जोशी

मुद्रक

आर–टेक ऑफसेट प्रिंटर्स, दिल्ली

★

DEKHO HAMRI KASHI

by Shri Hemant Sharma

Published by **PRABHAT PAPERBACKS**

An imprint of Prabhat Prakashan Pvt. Ltd.

4/19 Asaf Ali Road, New Delhi-110002

ISBN 978-93-5521-380-8

₹ 300.00

उन बनारसियों के लिए
जो दुनिया को अपने
ठेंगे पर रखते हैं।

काशी का बनारस

काशी ज्ञान की शलाका है और बनारस औघड़ों का ठहाका है। काशी रहस्यों की गहराई है, बनारस किस्सों की ठंडाई है। काशी दिव्य है, बनारस भव्य है। काशी प्रणम्य है, बनारस रम्य है। काशी मुक्ति है, विरक्ति है; लेकिन बनारस हेमंतजी की परम आसक्ति है। यदि काशी में बनारस की तलाश है तो 'देखो हमरी काशी' की उँगली पकड़िए...रस-ही-रस। गद्य में पद्य का रस, राग और लय का आनंद इस पुस्तक की हर कथा की प्रत्येक पंक्ति में है। इन कथाओं में तथ्य, तर्क और भाव-प्रवाह भरपूर हैं। इन्हें कई स्तरों पर पढ़ा जा सकता है। हर कथा में अनेक तल हैं। हर तल से एक भावना व्यक्त होती है, वह आत्मीयता की है। श्री हेमंत शर्मा को थोड़ी फुरसत रविवार को मिलती है। उसका सार्थक उपयोग उन्होंने 'इतवारी कथा' लिखने में किया। संभवतः एक दिन एक विचार ने उनके मस्तिष्क में थोड़ी खलबली पैदा की। विचार उठते हैं, उसपर अगर ध्यान न दें तो वे मस्तिष्क से फिसल जाते हैं और मन से तिरोहित हो जाते हैं। हेमंतजी की इन कथाओं में यही विशेषता सबसे पहले नजर आती है कि जो विचार उपजा, उसे उन्होंने अक्षरों में उतारा।

इस तरह 'इतवारी कथा' की शुरुआत हुई। वह फेसबुक पर पढ़ी गई। पढ़ने वालों ने गहरी रुचि ली। रुचि लेनेवालों की संख्या का संबंध हेमंतजी के बड़े संसार से है। संबंध ही संसार है। ऐसा ही संसार उन्होंने देश भर में बनाया है। वे लोग परिचित भी हैं, पाठक भी हैं और उनके लेखन से प्रभावित होकर प्रशंसक भी हैं। ऐसी बड़ी जमात को कोरोना काल में इन कथाओं से आनंद की अनुभूति उस समय हुई, जब अवसाद में हर व्यक्ति ऊब-चूब हो रहा था। उन्हें इनसे राहत मिली। पढ़ने वालों के मनःसरोवर में आनंद की एक लहर या तरंग उठी। पाठकों को हर इतवार का इंतजार रहने लगा। उनकी संख्या बढ़ने लगी।

जो उत्सुकता उपजी, वह गहरे उतरने लगी। यानी पाठकों ने कहना शुरू किया कि मनमौजीपन न अपनाएँ और इस लेखन को जारी रखें। इस प्रकार 21 रविवार बीते और 21 कथाएँ पूरी हुईं।

एक दृष्टिकोण से इन कथाओं की तुलना मैं 'बैताल पचीसी' से करना चाहूँगा। भारतीय साहित्य में वह अनूठा प्रयोग है। उसका अतीत है, इतिहास है। वीर विक्रमादित्य उसके माध्यम हैं। जैसा रस उन कथाओं में है कि उन्हें कोई सामान्य पाठक भी पढ़े तो उसका मनोरंजन होगा। कोई समझदार व्यक्ति पढ़े तो उसे जहाँ ज्ञान प्राप्त होगा, वहीं उसे जीवन जीने का मार्ग भी मिल सकता है, जीवन जीने की विधि प्राप्त हो सकती है। उसे अपने जीवन पर दृष्टि डालने का सुअवसर भी मिलता है। वह उसे समझे, न समझे, यह उसका कार्य है। यही बात हेमंतजी की 'इतवारी कथा' में भी है। यदि आपको इसका प्रमाण चाहिए तो वह मेरे पास है। एक दिन रक्षामंत्री राजनाथ सिंह ने स्नेहवश मुझे अपने निवास पर चलने और बहुत समय तक बातचीत करने का अवसर दिया। उस बातचीत में उन्होंने 'इतवारी कथा' की प्रशंसा करते हुए कहा कि हेमंत शर्मा विद्वान् हैं। वे इन कथाओं को पढ़ने के बाद सहज भाव से बातचीत में बता रहे थे। इसका प्रसंग उन्होंने ही छेड़ा, जिसे सुनकर मुझे बहुत संतोष हुआ।

तत्क्षण यह याद आया कि हेमंतजी के पिता और बड़े साहित्यकार मनु शर्माजी उनके पत्रकारीय लेखन को अच्छा मानते हुए भी संतुष्ट नहीं थे। वे चाहते थे कि साहित्य की उनकी धरोहर को वे बढ़ाएँ। इस इच्छा में यह धारणा भी थी कि हेमंत शर्मा इसमें समर्थ हैं। यह भी सोचा कि मनु शर्माजी नहीं हैं, पर उनकी इच्छा पूरी हो गई है। 'इतवारी कथा' पुस्तक के रूप में रूपांतरित हो गई। इसका रूपांतरण 'देखो हमरी काशी' में हुआ है। इसमें ऐसे पात्र हैं, जो हेमंतजी के या हमारे अपने जीवन के भी ताने-बाने में गुँथे हुए हैं। वे इतने अभिन्न हैं कि उन्हें अलग-अलग देखना संभव नहीं हो पाता। अकसर उनपर नजर भी नहीं जाती। ऐसे पात्रों पर लिखना कठिन है, आसान तो बिल्कुल नहीं है। जो अभिन्न हो, उसपर लिखने का विचार भी साहस का कार्य है। साहस, शैली और क्या लिखें, इसका निर्धारण जैसे बड़े प्रश्न उसी तरह रास्ता रोक लेते हैं, जैसे कोई पहाड़ खड़ा हो। सब अगस्त्य मुनि नहीं हो सकते, जिनके रास्ते में विंध्याचल पड़ा तो उन्होंने उसे राह रोकने लायक नहीं छोड़ा।

इस पुस्तक में अनेक प्रश्नों के समाधानकारक उत्तर हैं, पुस्तक को

एक नई दृष्टि से देख सकते हैं। भारत में इतिहास लेखन की जो मूल दृष्टि रही है, उसे इसमें खोजकर समझ सकते हैं। पश्चिम की इतिहास-दृष्टि ने साम्राज्यवाद को फैलाया, औपनिवेशिकता की काली छाया को बढ़ाया और जमाया। भारत की इतिहास-दृष्टि से महाभारत और पुराण निकले। आज जब हम 2022 में हैं तो यह प्रश्न पुनः उठा है कि हम अपने इतिहास को कैसे जानें-समझें? केवल इतना ही नहीं, बल्कि यह भी कि क्या इतिहास ईसवी सन् से शुरू होता है? भारत ने सृष्टि-क्रम को बहुत पहले खोज लिया था। उसे पुनः स्मरण करने का एक बौद्धिक क्रम प्रारंभ हुआ है। इस दौर में भारतीय सभ्यता के विभिन्न पहलुओं पर जितनी अकादमिक पुस्तकें छपी हैं, उतनी पहले कभी नहीं छपी थीं। इस पुस्तक में भी सृष्टि-क्रम को समझाने की एक अलग विधा पाठक पढ़ सकेंगे। जिन अनाम पात्रों पर बीस कथाएँ हैं, उनके ऐतिहासिक, सामाजिक, पौराणिक और वैश्विक संदर्भ भी हैं। इन कथाओं को पढ़ते हुए अनुभव किया जा सकता है कि इनमें भारत की ज्ञान-परंपरा की ऐसी झलक है, जो अन्यत्र इस रोचक शैली में नहीं मिलती।

'देखो हमरी काशी' पुस्तक संस्मरण विधा में एक नवोन्मेष है। यह संस्मरण काशी की संस्कृति और बनारसी जीवन का रंगमंच प्रतीत होता है। इसमें बनारसी जीवन के वे सारे पात्र अपनी संभावनाओं और विलक्षणताओं के साथ रंगमंच पर अपनी अलग पहचान प्रकट करते प्रतीत होते हैं। कारण बताने की जरूरत नहीं है। सभी जानते हैं कि लेखक बनारस के जीवन, रंगमंच और पात्रों का द्रष्टा भर नहीं है, वे स्वयं बनारसी जीवन में रचे-बसे हैं। इस नाते हेमंत शर्मा 'देखो हमरी काशी' के अनजान नायकों की कहानी कहनेवाले कथाकार भर नहीं हैं, बल्कि वे सहयात्री और सहभागी भी हैं, इसलिए ये संस्मरण आत्मकथात्मक भी हैं।

'देखो हमरी काशी' में वर्णित व्यक्तियों के जरिए काशी की संस्कृति, परंपरा और जीवनधारा की खोज की गई है। पुस्तक के शीर्षक से संस्मरणों के पात्रों और विषय-वस्तु का आभास हो जाता है। 'देखो हमरी काशी' शास्त्रीय, शिष्ट और अभिजात्य काशी की खोज भर नहीं है, बल्कि यह उन लोगों की कहानी है, जिनके बारे में अब तक लिखा नहीं गया है। हाँ, यह जरूर हुआ है कि संकेतों में ऐसे लोगों को अनेक विशेषणों से संबोधित कर अपने कर्तव्य की इतिश्री हो गई, ऐसा मान लिया गया है। इस पुस्तक में लेखक का लेखकीय व्यक्तित्व और उसकी पक्षधरता स्पष्ट है। इसे यों भी कह सकते हैं कि इस

पुस्तक में लेखक वर्ण व्यवस्था की नई परिभाषा गढ़ रहे हैं। बनारस और लखनऊ की एक विशिष्ट सांस्कृतिक पहचान है। ये दोनों शहर सांस्कृतिक, राजनीतिक और आर्थिक विभूतियों के केंद्र रहे हैं। लेखक की इन विभूतियों से घनिष्ठता भी रही है। पर इन संस्मरणों के नायक समाज और सत्ता के केंद्र में स्थापित नहीं हैं। 'इतवारी कथा' का दूसरा नायक लँगड़ा मोची है। अगले सारे नायक इस क्रम से हैं—अथ पखंडी कथा, हीरू पानवाले, रिश्तों की तुरपाई करता दर्जी, ज्यों-की-त्यों धर दीनी चदरिया, चूहड़मल और पप्पू चायवाले, सालिगरामवा, बापू-अखबारवाला, पेल्हू पंडा, चंपाबाई-तवायफ, सरदार अहमद-बढ़ई, शंभू मल्लाह, सलाम चचा और हीरा लाल वाल्मीकि, कल्लू पहलवान, मिष्टान्न महाराज, यानी बचानू हलवाई, मुख्तार-बैंडवाले, पाठक-ड्राइवर, धर्मराज-तेली और डोम राजा। एक कथा का शीर्षक है—'शारदा नाई'। इस कथा के केंद्र में हेमंतजी की पत्नी वीणाजी हैं। उनके बहाने यह कथा बढ़ती है। इसमें नाई बिरादरी के अपने परिचितों की कहानी बताते हुए उनकी विशेषताओं को भी लेखक ने अपने ढंग से चिह्नित किया है। शुरुआत इसी से हुई थी, फिर सिलसिला चल पड़ा। शुरुआत घर से हुई, लेकिन वीणाजी सिर्फ घरवाली नहीं हैं, वे सहयात्री भी हैं।

जो सदियों से सामाजिक-सांस्कृतिक जीवन के अपरिहार्य अंग रहे हैं, वही आधार भी थे; ऐसे लोगों को केंद्र में रखकर कथा बुनी गई है। ये लोग सामाजिक व आर्थिक व्यवस्था में हाशिए पर ही रहे हैं। हम अकसर सांस्कृतिक मनीषियों और राजनीतिक हस्तियों को शहर का पर्याय समझते हैं, पर यहाँ लेखक ने मनीषियों व शिखर पुरुषों के साक्षात्कार एवं उनके यशोगान से काशी को महिमामंडित नहीं किया है, बल्कि इसके ठीक विपरीत यहाँ सांस्कृतिक विभूतियाँ रंगमंच के नेपथ्य में हैं तथा केंद्र में हैं—बनारसी संस्कृति के आधार, वाहक और प्रतिनिधि वहाँ के सामान्यजन। लेखक के जीवन में असाधारण व्यक्तियों की सक्रिय उपस्थिति रही है। इन संस्मरणों में राजीव गांधी, राजमोहन गांधी, कल्याण सिंह, संजय सिंह, अब्दुल बिस्मिल्लाह, नामवर सिंह, प्रभाष जोशी, राजन मिश्र, साजन मिश्र आदि जैसे राजनीतिक व सांस्कृतिक पुरुषों की प्रत्यक्ष-अप्रत्यक्ष उपस्थिति है, पर ये सभी इन संस्मरणों के नायक नहीं हैं। 'देखो हमरी काशी' के नायक अद्भुत व्यक्तित्ववाले नाई, धोबी, मेहतर, अहीर, तेली, हलवाई, बैंडवाले आदि हैं। इन नायकों का अस्तित्व काशी पर निर्भर था। पर क्या इनके बिना

काशी और लखनऊ वैसे ही महसूस होते हैं, जैसे इन नायकों के होने पर होते थे? संभवत: इसी मार्मिक प्रश्न ने इन संस्मरणों को सार्थक बनाया है।

लेखक काशी का है, तो काशी की संस्कृति एवं जीवन के प्रति रागमय जिज्ञासा स्वाभाविक है। हेमंतजी काशी की विराट् व अथाह संस्कृति एवं जीवन को समझने के लिए पुरातत्त्वविदों के समान अतीत के कंकालों की जाँच-पड़ताल नहीं करते और न वह अतीतोन्मुख होकर अजायबघरों की यात्रा करते है, बल्कि वह जीते-जागते अपने समकालीन विलक्षण नायकों के जरिए काशी की खोज ही नहीं, अपितु काशी को अनुभव भी करते हैं। जैसे-जैसे कथा बढ़ती है, इसका पाठक भी उसी अनुभव से गुजरता हुआ एक मोड़ पर पहुँचने के भाव से भरपूर हो जाता है। बनी-बनाई परिभाषा में लेखक को इतिहासकार उस अर्थ में नहीं कहेंगे, जिस अर्थ में चलन है। इन कथाओं के पाठक यह अनुभव किए बिना नहीं रह सकते कि कोई भी इतिहासकार यह काम नहीं कर सकता। हेमंत शर्मा ने इतिहास को संवेदना से संयुक्त कर जीवंत बना दिया है। उन्होंने जिन अति साधारण, लेकिन जीते-जागते व्यक्तियों से संस्कृति का मर्म प्राप्त किया है, उसे ही अपने शब्दों में पिरोया है।

काशी की अपनी बहुआयामी सांस्कृतिक पहचान है, जिसका आधार इतिहास से भी परे है, जो गहरा है और आसमान को छूता है। जिस काशी के शिखर से लोग सुपरिचित हैं, उसी के आकर्षण में वे वहाँ खिंचे चले जाते हैं। इन कहानियों में उन सांस्कृतिक प्रतिनिधियों की स्तुति नहीं है, बल्कि संस्कृति के आधार के स्तंभ रूप में उन व्यक्तियों का वर्णन है, जिन्हें हमने भारत के राष्ट्रगान में जन-गण के रूप में स्थापित किया है। शहर का जीवन हो या व्यक्ति का, वह केवल महानायकों से नहीं चलता। यह बात अलग है कि महानायक और नायक ही इतिहास बनाते हैं, इतिहास में उनका ही उल्लेख होता है। लेकिन शहर की जीवनधारा में भले ही राजनीतिक नेता, प्रशासक, उद्यमी, साहित्यकार, रंगकर्मी, कलाकार और ऐसे ही विशिष्टजन छाए रहते हैं, परंतु नगर का जनजीवन और उसकी अस्मिता, विशिष्ट जीवन-शैली, अंदाज और मिजाज आदि का निर्धारण अधिकांशत: साधारणजन करते हैं, जिन्हें हम ड्राइवर, दर्जी, धोबी, नाई, हलवाई, पनवाड़ी, मोची आदि के रूप में पाते हैं। इनके बिना शहर और जीवन की कल्पना संभव नहीं हो सकती। ये सभी हमारे शहर और जीवन के अपरिहार्य अंग व आधार हैं, जो पहले भी रहे हैं और भविष्य में भी रहेंगे। जमाने के अनुरूप

उनका जो नाम था, वह भले न रहे। ऐसे समुदाय के प्रतिनिधिजन से हम इतने घुले-मिले रहते हैं कि इनसे कभी परिचय की आवश्यकता महसूस नहीं होती, क्योंकि वे हमसे कभी दूर होते ही नहीं। ये सभी हमारे 'रुटीन' में हैं—बहुत पास, इसलिए शायद ओझल भी, हमारी दृष्टि और संवेदना से भी शायद बहुत दूर। इनके प्रति प्रत्येक अनुभव 'रुटीन' जैसा महसूस होता है। पर हेमंत शर्मा के ये सारे नायक डोम राजा, धर्मराज तेली, कल्लू पहलवान, शंभू मल्लाह, हीरा लाल वाल्मीकि आदि से पाठक तुरंत जुड़ जाता है। वह सोचने लगता है कि ये वे ही लोग हैं, जिनसे हमारा रोज का नाता है, भले ही हम उन्हें नोटिस न करें। इनसे साहित्य में अपरिचय इस पुस्तक से टूटता है। एक नया परिचय का आकाश दिखाई पड़ने लगता है। अपरिचय रूपातंरित होता है गहरे परिचय में। इस पुस्तक के सभी पात्र जीवित व जाग्रत् हैं, वैसे प्रकट होते हैं। अपने यहाँ आत्माओं को तंत्र के जरिए बुलाने की भी एक साधना-पद्धति रही है, जिसे संस्मरण-कथा का विषय शायद ही बनाया गया हो। यह पुस्तक उस दिशा में नई पहल है।

इस पुस्तक के पात्र चाहे जो हों, वे सामाजिक जीवन में साधारण भले माने जाते हों, पर कथा में वे असाधारण हैं। उनमें विलक्षणताएँ हैं। उनमें से एक यह है कि जिन व्यक्तियों को केंद्र में रखकर कथा बुनी गई है, वे इतने असाधारण व्यक्ति दिखते हैं कि हम उन्हें समाज की सांस्कृतिक धरोहर मान सकते हैं। कथा में वे ऐसे ही प्रतीत होते हैं। हेमंतजी के संस्मरणों के व्यक्ति-चरित्र अत्यधिक जाने-पहचाने हैं। जीवन की स्थितियाँ भी रोज की-सी हैं, लेकिन लेखक के हाथों वही हाशिए का साधारण व्यक्ति एक दुर्लभ सांस्कृतिक प्रतीक में बदलता जाता है। यह बदलाव ही रूपांतरण है। उस पात्र के प्रति पाठक का दृष्टिकोण भी बदलता है। जिसे वह कुछ नहीं समझ रहा था, उसे कथा के अंत में वह पुनर्विचार करता है और पाता है कि कहीं मुझसे भूल हो रही थी। वह परिमार्जन करता है। वह उसे एक मार्मिक, सांस्कृतिक और मानवीय दृष्टि से देखता है। इस प्रकार ये कथाएँ दो काम करती हैं—पाठक का नजरिया बदलता है। अपने ही समाज के लोगों को कैसे देखना-समझना चाहिए, ऐसा सकारात्मक विचार उसे प्राप्त होता है। वह अपने आस-पास एक नए संसार को जान पाता है। दूसरा, इससे कम महत्त्वपूर्ण परिणाम नहीं है। वह पढ़ते समय मनोरंजन से शुरू करता है और ज्ञान के सागर में स्वयं को खड़ा पाता है।

ये सारे संस्मरण एक सांस्कृतिक यात्रा के समान हैं, जो अंत में मनुष्यता

और परिवेश के क्रमिक रूपातंरण की मार्मिक कहानी लगने लगते हैं, जिसमें परिधि पर गतिशील एक पात्र अपनी विलक्षणता से मनुष्यता और संस्कृति के दुर्लभ, परंतु बुझे हुए दीये को जला देता है। वे सारे व्यक्ति, जो हमेशा सामने होकर भी हमारे लिए ओझल-से रहते हैं, अचानक से शहर, जीवन और संस्कृति की आत्मा लगने लगते हैं।

'हम अब कहाँ आ गए हैं' और 'वे लोग अब नहीं हैं' का भाव सारे संस्मरणों पर गहरे विषाद की तरह छाया हुआ है। अंत में पाठक एक प्रश्न पूछने को मजबूर हो जाता है कि 'वे लोग और वे शहर कहाँ खोते जा रहे हैं?' यही इस पुस्तक का यक्षप्रश्न भी है। अभी तक संस्मरण प्रमुखत: एक व्यक्ति विशेष पर केंद्रित रहे हैं। यह पुस्तक संस्मरण से आगे जाती है। हेमंतजी के जरिए यह पुस्तक एक सांस्कृतिक यात्रा-सी लगने लगती है, क्योंकि लेखक ने सीधे जीवन का वह अध्याय खोला है, जो उसकी अपनी जिंदगी के बीच इन व्यक्तियों एवं शहरों में एक यादगार के रूप में था, अब वह शब्दचित्र बन गया है।

महादेवी वर्मा के संस्मरणों और रेखाचित्रों में भाँति-भाँति के पात्र हैं। उनके भी अनेक तल हैं। उन संस्मरणों में त्रासद घटनाओं पर आधारित करुणा का भाव भी है। महादेवीजी के संस्मरण चरित्र और घटना-प्रधान प्रतीत होते हैं, जिसमें अधिकांशत: पात्रों के त्रासद जीवन और मृत्यु का चित्रण है, जबकि हेमंत शर्मा के संस्मरण केवल व्यक्ति विशेष पर आधारित नहीं हैं, बल्कि परिवेश पर भी समान रूप से केंद्रित हैं। बनारस और लखनऊ से संबंधित इनके पात्र अपने शहर से अन्यान्य भाव से जुड़े हुए हैं। ऐसा अनुभव होता है कि वे अगर शहर हैं तो व्यक्ति के रूप में शहर के शरीर की धमनी हैं। इसकी तुलना किसी दूसरी पुस्तक से नहीं हो सकती। अगर कोई चाहे भी तो इस पुस्तक को 'काशी का अस्सी' के धरातल पर नहीं पहुँचा सकेगा। उसमें भाषा का और शब्दों का बेढंगापन है।

इस पुस्तक में वह खोजने पर भी नहीं मिलता। इस आधार पर मेरा कहना है कि कोई तुलना है ही नहीं। खींचतान कर भी नहीं हो सकती। 'देखो हमरी काशी' को काशी का देशज 'जन रंगमंच' कह सकते हैं। इसमें वह काशी नहीं है, जिसे लोग जानते हैं। इसमें वह काशी है, जिसमें लोग रहते हैं। जानने और जीने में फर्क होता है। वह इस पुस्तक के संस्मरणों में है। इन मोतीरूपी बूँदों से ही काशी की सागरनुमा संस्कृति को हम इसमें पाते हैं। इन बूँदों की उपेक्षा कर क्या हम काशी के महासागर की थाह ले सकते हैं? संस्मरणों से गुजरने के बाद

ध्वनित-सा होता है कि इन मोतियों के बिना काशी का अनुभव असंभव भी है और अपूर्ण भी।

हेमंत शर्मा की स्मृति में वे नाम भी हैं, जो राजनीति, साहित्य, संस्कृति और पत्रकारिता के शिखर-पुरुष रहे हैं। उनसे इनका गहरा संबंध भी रहा है, जो इनके स्वभाव की विशेषता है। लेकिन इस पुस्तक में उन्होंने उन बड़े नामों को नहीं चुना है, बल्कि ऐसे व्यक्तियों का चयन किया है, जिन्हें नींव का पत्थर कह सकते हैं। ऐसे व्यक्तियों के संस्मरणों को जीवंत और व्यापक परिधि में प्रस्तुत करने के लिए जिस विधा को उन्होंने अपनाया है, वह नई है तथा पथ-प्रदर्शक भी है। 'नींव के पत्थर' का वर्णन बिना शिखर की शोभा को बताए पूरा नहीं होता। हालाँकि यह कार्य कहने में सरल लगता होगा, लिखने में कठिन और लगभग असंभव-सा है। पठनीयता बनी रहे और रोचक भी हो, यह चुनौती बड़ी होती है। इस कसौटी पर इन कथाओं की अपनी पहचान है। इनमें सांस्कृतिक परंपरा, लोक, वेद, मिथक, धर्म, पुराण, इतिहास आदि से संबंधित प्रसंगों और तथ्यों का आश्चर्यजनक समावेश है। यह एक अन्वेषण भी है, जिसे संस्कृति का रागमय कोश भी कह सकते हैं। इसमें केवल काशी, लखनऊ या भारतीय संस्कृति और जीवन-शैली ही प्रवाहित नहीं है, बल्कि इसमें वैश्विक सभ्यताओं का संदर्भ भी निहित है। इस बनारसी प्याले में अस्सी की चाय के साथ पेरिस की कॉफी भी सुलभ है। हेमंतजी स्वयं खाँटी बनारसी हैं, जिनका वर्तुल भारतीय है और जो वैश्विक मूल्यों की एक परिधि बनाता है। यह सचमुच एक सांस्कृतिक व्यक्तित्व के उस आयाम का प्रकटीकरण है, जिसमें मानवता भी भरी-पूरी है। इस लिहाज से यह भारत-कथा भी है।

किताब के संस्मरण कोई अलग टापू नहीं बनाते, बल्कि समाज में सेतु का सृजन करते हैं। इन संस्मरणों में हेमंत शर्मा को खोजना नहीं पड़ता। वे साथ-साथ चलते हैं। कहीं-कहीं कहानी कहते हुए वे नेतृत्व भी करते हैं। इस अर्थ में ही वे सामान्य जन और लोक के सेतु का सृजन कर रहे हैं। रचना-संसार इसी अर्थ में इस पुस्तक से समृद्ध हो रहा है। इसमें बहुरंगी धाराएँ हैं। इसमें तुलसी भी हैं और कबीर भी। विश्लेषण और काट-छाट को संश्लेषण में रूपांतरित करना संभव है, यह स्वीकार भाव भी बना रहता है। संस्कृति, परंपरा और नैतिकता के अपने उदात्त भाव के बावजूद लेखक सांस्कृतिक वर्जनाओं और नैतिकता के चाबुक से अपने नायकों को प्रताड़ित नहीं करता है। अपने नैतिक आग्रहों के बावजूद वह

एड्स से मरे अपने मोची मित्र को तटस्थ भाव से सम्मान दे सकता है। उसकी मानवीय दृष्टि लांछित नर्तकी के भीतर प्रवाहित मातृत्व को श्रद्धा से देख सकती है। यहाँ बताना जरूरी है कि जहाँ अविश्वास तिरोहित हो जाता है, वहीं श्रद्धा पैदा होती है, जिसका उपदेश श्रीकृष्ण गीता में अर्जुन को देते हैं। हेमंतजी दिल्लीवासी हैं। नोएडा भी दिल्ली ही है। लेकिन जरूरत पड़ने पर निस्स्वार्थ भाव से वापस बनारस या लखनऊ अपने बिछुड़े साथियों के पास जाते रहते हैं।

मीडिया की सत्ता, अपनी शक्ति, अर्थ और ज्ञान-संपन्न इस ब्राह्मण का 'अहं' वर्गांतरण के लिए मुक्तिबोध के 'ब्रह्मराक्षस' या 'अँधेरे में' के नायक समान स्वयं-संघर्षरत नहीं है। वह 'क्रांति' का दिवास्वप्न नहीं देखता है, पर जिन्हें साधारणजन कहते हैं और जो कभी वर्णाश्रम व्यवस्था में निचले पायदान पर थे, जो बिगड़ती परिस्थितियों में जाति की कुप्रथा में पड़ गए, उनसे भी लेखक का आत्मीय संबंध बना रहना सिर्फ संस्मरण में नहीं है, वास्तव में भी है। वह अकृत्रिम है। नाई, धोबी, मेहतर, मोची, दर्जी—सभी उसके हमसफर प्रतीत होते हैं—उत्साह और उमंग से भरे सहयात्री। इन संस्मरणों में हास्य-व्यंग्य से लबालब भरी हुई जिंदगी हमें मिलती है। ऐसे समय में, जब पड़ोस और संयुक्त परिवार का दायरा सिकुड़ रहा है, तब मेहतर, धोबी आदि का एक प्रभुत्व-संपन्न कुलीन ब्राह्मण की रसोई तक में नियमित पारिवारिक प्रवेश सुखद और आश्चर्यजनक लग सकता है, लेकिन यह वास्तविकता है।

आज के तेजाबी सांप्रदायिक-जातिवादी उन्माद तथा असहिष्णुता के दौर में जब हमारे सारे निर्णय और व्यवहार इनसे नियंत्रित और निर्देशित प्रतीत होते हैं, तब यह आश्चर्यजनक प्रतीत होता है कि काशी का एक सामर्थ्यवान ब्राह्मण एक बेबस मुसलिम जुलाहे की हजयात्रा की मुराद को पूरी करता है। उसके लिए जुगाड़ करता है। एक मेहतर उसके घर पर उसके साथ मित्रवत् रोजाना चाय पी सकता है। दिल्ली की व्यस्तता के बावजूद वह बनारस के अपने धोबी और वाल्मीकि मित्र की शादी में पारिवारिक सदस्य के रूप में उत्साहपूर्वक जा सकता है। पारिवारिक मर्यादाओं और अनुशासनों से बँधकर भी वह पनवाड़ी और धोबी को अंग्रेजी पिला सकता है। वह केवल शादी-विवाह और रसोई में उनके साथ नहीं है, अस्पताल और श्मशान में भी उनके साथ है। ये संस्मरण कोरी शाब्दिक भावुकता से रहित कर्मप्रधान हैं। इन संस्मरणों के पात्रों के जीवन में लेखक की सक्रियता और सकारात्मक हस्तक्षेप के उदाहरण उन्हें

नहीं चौंकाते, जो हेमंत शर्मा को जानते हैं। जो नहीं जानते, वे पढ़कर अनुभव कर सकते हैं। शाब्दिक सहानुभूति और नारेबाजी के साहित्यिक-राजनीतिक दौर में लेखक की व्यावहारिक सक्रियता साहित्य और मनुष्यता का उज्ज्वल संदर्भ और अनुकरणीय जीवन-मूल्य है।

संभवत: हिंदी संस्मरण विधा में पहली बार इतने असाधारण दलित और श्रमजीवी पात्र एक साथ उपस्थित हैं। थोड़ा गौर करें तो यह बात जान पाते हैं कि इन सामान्य सी नियतिवाले इन नायकों की असाधारणता को पहचानने की इन संस्मरणों में एक दृष्टि है, जो दृश्य के समान मूल्यवान और प्रासंगिक है। सीमित और संकीर्ण दृष्टि लघुता में निहित विराटता का भला कैसे साक्षात्कार कर सकती है! विलक्षणता का दर्शन विलक्षण दृष्टि से ही संभव है। जब तक मानवीय दृष्टि न हो, तब तक ऐसे संस्मरण लिखे नहीं जा सकते। इन संस्मरणों में जो बिंब दिखते हैं, उनका आधार समान अनुभूति है। वह सहृदयता एक व्यक्ति में रहती है। उसकी ही अभिव्यक्ति इस पुस्तक के संस्मरणों में है। इन्हें पढ़ते हुए पाठक अनुभव करेगा कि मानवीय गरिमा पुनर्स्थापित हुई है। एक अनजानेपन का अंधकार दूर हुआ है। नई रोशनी फैली है। हमारी संवेदना और अनुभवों में जाति, पंथ और अहंकार की उपस्थिति से जो अनर्थ घटित होता है, वह न हो, इसलिए ये संस्मरण एक राह दिखाते हैं। ये हमारी सुप्त मानवता को जगाते हैं। साहित्य इसे ही कहते हैं। महात्मा गांधी का साहित्य के बारे में कथन है, 'इन्हें जब जीवन में स्थान मिलता है, तब वह सामान्यजन की धरोहर बनती है।'

साहित्य में हेमंत शर्मा के ये संस्मरण नए प्रयोग हैं। विषय के चयन में और लेखन की शैली से अभिव्यक्ति तक में इन नए प्रयोगों को देखना और पहचानना संभव है। संस्मरण मुख्यत: व्यक्ति केंद्रित होते हैं, और हेमंतजी के ये संस्मरण भी अनिवार्यत: व्यक्ति सापेक्ष हैं, पर ये केवल व्यक्ति विशेष की स्मृति भर नहीं हैं। यहाँ व्यक्ति के साथ उसके शहर और परिवेश का भी जीवंत चित्रण है। इन संस्मरणों के नायक व्यक्ति हैं या शहर, इसका एकपक्षीय निर्धारण कठिन है। यहाँ नायकों की असाधारणता को शहरी जीवन की जीवंत पृष्ठभूमि में चित्रवत् प्रस्तुत किया गया है। साधारण व्यक्ति को केंद्र में रखकर असाधारण तरीके से उनका परिचय और शहर की संस्कृति की एक झलक हर संस्मरण में है। उसमें अतीत, संस्कृति, परंपराएँ आ गई हैं, लेकिन यह नहीं कह सकते कि उनका वर्णन शास्त्रीय है। हाँ, शास्त्र से प्रमाण अवश्य है, पर उसे जीवन के व्यवहार

से इस तरह संस्मरण में जोड़ दिया गया है कि वह रफू किया हुआ नहीं लगता, बल्कि ऐसा लगता है कि वह रंगीन बुनावट में एक नए रंग का मिश्रण है। पाठक यह अनुभव किए बिना नहीं रह सकता कि इन शहरों की परंपरा लेखक में भी सहज ढंग से प्रवाहित होती दिखती है। खासकर, काशी के प्रति लगाव साफ-साफ दिखता है। इन संस्मरणों में जीवन है, जिसे संस्कृति, साहित्य, संगीत-नृत्य, खान-पान और रहन-सहन के विभिन्न नामों से जाना जाता है।

इन संस्मरणों से शहर, लोगों और पेशे के प्रति जिज्ञासा का भाव जगता है, जिसमें लेखक के विस्तृत अध्ययन का परिचय तो मिलता ही है, यह भी अनुभव किया जा सकता है कि ये बातें एक जीवन-मूल्य से निकलती हैं। उसके स्रोत ऐतिहासिक हैं, पौराणिक हैं। जो वर्तमान है, वह उसी से समृद्ध होता है। ऐसे वर्णन अकसर विद्वत्तापूर्ण होते हैं। उनका अपना महत्त्व है, जो सुबोध और सहज ढंग से लिखे जाने पर अधिक पठनीय बन जाते हैं। यही इस पुस्तक में भी हुआ है। ऐसे संस्मरणों में जहाँ अतीत की स्मृति होती है, वहाँ भावुकता आ जाती है। इन संस्मरणों में भावुकता का बाँध टूटा नहीं है, वह भावुकता की सरिता दो पाटों के बीच मंदाकिनी की तरह बह रही है। पर करुणा और शोक की मार्मिकता के बीच हास्य-व्यंग्य की व्यंजना भावुकता के बाँध को बनाए रखती है, क्षतिग्रस्त नहीं करती। कल्लू पहलवान अद्‍भुत काशी के विलक्षण अहीर हैं। 'कल्लू जब रात में दारू पी लेते हैं तो अपनी पत्नी को अपने ससुर की माँ कहकर पुकारते हैं।' वे 'गाय की तरह सीधे, बैल की तरह मेहनती और भैंस की तरह मूढ़ थे।' 'पर कल्लू नाना विधि से गोरक्षा का गोरखधंधा करते थे।' फिर लेखक की दृष्टि कल्लू से उठकर काशी के सामान्य अहीरों पर चली जाती है। 'इन अहीरों का राष्ट्र वाद्य नगाड़ा है। गमछा उनकी राष्ट्रीय पोशाक है। गमछे के नीचे लटकटी लाल लँगोट की लाँग उनकी पहचान है।' 'जब इनकी भैंस निकल जाएगी, तभी कोई वाहन आगे बढ़ेगा।'

यह वह एक अंश है, जिससे समझना आसान है कि हेमंत शर्मा में पात्र और परिवेश की न केवल सूक्ष्म समझ है, बल्कि उनके पास इन व्यक्तियों, भावों, चित्रों और ध्वनियों को संप्रेषित करने के विशिष्ट भाषायी उपकरण और अभिव्यक्ति की क्षमता भी है। शंभू मल्लाह का यह चित्रण चलचित्र-सा गतिशील और दृश्यमान प्रतीत होता है। 'गोता' शब्द के प्रयोग से ही मेरी स्मृति की मंजूषा फड़फड़ाने लगी। शिव की नगरी में शंभू। शंभू मल्लाह, यानी अव्वल किस्म के

गोताखोर। धारा के खिलाफ नाव खेने के उस्ताद। सुबह से ही देसी लगाकर गंगा की चिंता करनेवाला गंगापुत्र। अपनी धुन का उतना ही पक्का, जितना भगवान् राम को नदी पार कराने वाला निषादराज। निषादों के आत्मगौरव से लबालब शंभू अकसर यह ऐलान करते कि 'कोलंबस और वास्को डि गामा भी मल्लाह थे, क्योंकि वे भी नाविक थे।'··· 'शंभू सुबह से ही देसी में तर-ब-तर रहते। उसी देसी तरन्नुम में वे शहर को अपने अँगूठे पर रखते। अपना काम निकलवाने के लिए पुलिसवाले भी काम के वक्त उन्हें 'देसी' उपलब्ध करवाते थे। फिर शंभू फौरन डुबकी लगाते और पानी के भीतर से लाश या सामान बड़ी आसानी से ढूँढ़कर बाहर निकाल लाते।'···'दुबले-पतले, चीमड़ शरीरवाले शंभू का रंग चमकता हुआ काला था, लगभग बैंगनी। धूप में तो उनके शरीर पर आँख नहीं टिकती थी। ऊपर से वे अपने पूरे शरीर पर तेल मले रहते।'

जब मृत्यु से पूर्व जीवन हास्य-व्यंग्य से भरपूर है, तब कला में त्रासदी और हास्य-व्यंग्य का कृत्रिम अलगाव क्यों हो! जीवन को उसकी वास्तविकता में स्वीकार करने और उसे अकुंठ भाव से प्रस्तुत करने की क्षमता के कारण त्रासदी और हास्य का यह सहज संयोजन संभव हो सका है। वैसे भी काशी में जीवन और मृत्यु का अलगाव नहीं है। वे प्रारंभ और अंत भी नहीं माने जाते। जीवन और मृत्यु—दोनों में उत्सव ही काशी है। तभी तो मृत्यु का वरण करने के लिए काशीवास की परंपरा है। है कोई ऐसा दूसरा स्थान दुनिया में?

अगर ये सारे संस्मरण थोड़े फुरसत में लिखे जाते तो संभवतः हमें लेखकीय शैली की कुछ और विविधता, उसके नए रंग-रूप पढ़ने को मिलते। एक क्रम से और पाठकों की चिंता कर लगातार हर हफ्ते लिखे जाने की वजह से शैली में एकरूपता सी आ गई है। पर जीवन से गहरे जुड़ाव, सहृदयता, विलक्षणता, जिंदादिली और व्यंजनापूर्ण होने के कारण कहीं भी यह शैलीगत एकरूपता मार्मिकता को बाधित नहीं करती है।

दैनिक जीवन में परिचित व्यक्तियों के अलावा इन कथाओं में यहाँ कुछ अति विशिष्ट व्यक्तित्व भी प्रत्यक्ष-अप्रत्यक्ष रूप में उपस्थित हैं। ड्राइवर से संबंधित संस्मरण में राजीव गांधी की अप्रत्यक्ष, पर आश्चर्यजनक उपस्थिति है। भारतीय राजनीति में गांधी परिवार और अमेठी पर्याय और अन्योन्याश्रित प्रतीत होते रहे हैं। पर संसदीय लोकतंत्र का यह वह अँधेरा तहखाना है, जो इस कथा की रोशनी से सामने आया है कि भारत का प्रधानमंत्री अमेठी में अपनी

लोकप्रियता से नहीं बल्कि सुनियोजित हिंसा, हत्या और बूथ कैप्चरिंग से जीतता रहा है, जिसे दुनिया जनादेश कहती है। यह कथा बताती है कि वह जनादेश फर्जी होता था। इस कथा में एक पत्रकार की खोजपरक नजर, निर्भीकता और स्पष्टवादिता भी मुखर है। हेमंतजी में पत्रकारिता और साहित्य की संश्लिष्टता की गौरवशाली परंपरा का पुनः उन्मेष दिखाई देता है, जब इसी कथा में हम वह प्रसंग पढ़ते हैं, जिसका संबंध महाभारत के युद्ध समाप्त हो जाने पर अर्जुन और श्रीकृष्ण की रथ संबंधी वार्त्ता से है। यहाँ इसका भी उल्लेख है कि 'मेरे पिताजी (श्री मनु शर्मा) कृष्ण के अध्येता थे। उन्होंने ही यह कथा बताई थी। इसलिए मैं भी पाठक ड्राइवर के संकल्प की इज्जत करता था।' सारथी को यहाँ हेमंतजी ने ड्राइवर बना दिया है।

इन कथाओं में इनके नायकों की मृत्यु की केवल सूचना भर है। करुणा, मृत्यु और त्रासदी का भावविह्वल चित्रण नहीं है। अवश्य उनके असाधारण व्यक्तित्व को उभारा गया है। इनमें नायकों की जिजीविषा, जिंदादिली, विलक्षणता और विशिष्टता को मूर्तिमान किया गया है। क्या यही वह मूल कारण नहीं है, जिससे हाशिए के ये नायक दया और सहानुभूति के पात्र न रहकर श्रद्धेय प्रतीत होने लगते हैं। श्रद्धा से श्रद्धेय बनता है। श्रद्धा का अर्थ जान लें तो श्रद्धेय की महिमा से परिचित हो सकते हैं। अकसर श्रद्धा का अर्थ नहीं, गलत अर्थ समझा जाता है। सही अर्थ अंग्रेजी के शब्द 'ट्रस्ट' से मिलता-जुलता है। अगर 'बिलीव' से श्रद्धा को परिभाषित करने की कोशिश की जाए तो उससे अनर्थ ही होगा। इन कथाओं के पात्र विश्वास और अविश्वास के पेंडुलम में झूलते नहीं पाए जाते हैं। वे उससे परे एक रहस्यलोक बनाते हैं। श्रद्धा जिसके केंद्र में है, उनका अवसान व्यक्ति-विशेष के अंत की सूचनामात्र न होकर इन कथाओं में एक शहर, एक जीवन-शैली, एक संस्कृति के अवसान के त्रासद अहसास में रूपांतरित हो जाती है। व्यक्ति का अंत उस शहर और परंपरा का डरावना अंत लगने लगता है। इन व्यक्तियों की मृत्यु एक परंपरा, एक मूल्य, एक दुर्लभ हुनर, एक कारीगरी, एक अनोखे शिल्प, एक विरासत की समाप्ति भी है।

लेखक ने मानवीय रिश्तों के गहरे सागर में गोता लगाकर जिन मोतियों को पाया था, वे सभी समय के क्रूर प्रवाह में हमेशा के लिए गुम हो गए हैं। लेखक की संस्मरण-यात्रा के साक्षी होने के पश्चात् ये सारे मोती लेखक की निजी धरोहर नहीं रह जाते, बल्कि ये परंपरा की उज्ज्वल धरोहर प्रतीत होने

लगते हैं। इनका गुम होना सांस्कृतिक रिक्तता का एहसास कराने लगता है। कभी इन मोतियों के झिलमिलाने से ही शहर अपना वह शहर हुआ करता था। व्यक्ति-विशेष के गुम होते जाने की कथा शहरों के निष्प्राण होते जाने की कथा में रूपांतरित हो जाती है। यह व्यक्ति, समय और परिवेश की नियति की मार्मिक कहानी बन जाती है।

विविध दबावों के कारण हमारी संस्कृति, परंपराएँ एवं जीवन-शैली बदल रही है। हमारे जीवन के साथ रहीं सदियों पुरानी बहुत सारी चीजें न केवल समाप्त हो रही हैं, बल्कि विस्मृत भी हो रही हैं, मानो जीवनरूपी किताब के कुछ मूल्यवान पन्ने हमेशा के लिए गायब हो गए हों। मन में आवेगमय प्रश्न उठने लगता है कि 'हम कहाँ से कहाँ आ गए?' और 'अब कहाँ जाएँ?' फिर यह प्रश्न लेखक का न होकर संपूर्ण मानवता का हो जाता है कि आखिर वे अद्‌भुत नायक हमेशा के लिए शहर को अलविदा कहने के लिए क्यों अभिशप्त हैं? ये पंक्तियाँ ऐसे ही समय के लिए हैं—'वे सूरते-इलाही किस मुल्क की बस्तियाँ हैं, अब देखने को जिनको आँखें तरसतियाँ हैं।'

—रामबहादुर राय

रामनवमी, 2022

पद्मश्री से सम्मानित रामबहादुर राय देश के नामचीन लेखक-पत्रकार हैं और 'इंदिरा गांधी राष्ट्रीय कला केंद्र' के अध्यक्ष हैं।

मेरी बात

'देखो हमरी काशी' सिर्फ संस्मरण नहीं है। यह एक ऐसी जीवन-यात्रा है, जिससे बनारस का शब्द-चित्र बनता है। ये किस्से मेरे नहीं हैं, बनारस के हैं। मैं तो उन्हें सुनानेवाला हूँ। ज्यादातर चरित्र उसी समाज के इर्द-गिर्द के हैं, जहाँ मैं जनमा, पला, बढ़ा और गढ़ा गया। इन कहानियों के नायक वे लोग हैं, जो हमारे चारों ओर हैं, पर उन पर सामान्यत: किसी की नजर नहीं पड़ती। ये नितांत साधारण लोग किसी शहर के चरित्र-निर्माण में कितनी असाधारण भूमिका निभाते हैं, ये किस्से उसका प्रमाण हैं। मैंने इस किताब में अपने समय के 'समय' को दर्ज किया है, इस कोशिश में एक समूचे शहर का जीवन दर्ज हो गया है। 'देखो हमरी काशी' काशी की अभिजन संस्कृति के बरक्स काशी का जनपक्ष है। काशी सार्वभौम नगर है और 'देखो हमरी काशी' बनारस की सार्वभौमिकता का रस-आख्यान है।

यह काशी का मूल स्वरूप है, जिसकी अनदेखी नहीं हो सकती। जिस कबीरचौरा में मुझे बुद्धत्व प्राप्त हुआ, वह संगीत और नृत्य का अखाड़ा था। कबीर ने यहीं 'अनहद वाणी' सुनी थी। इसे आप काशी का 'ब्रह्मकेंद्र' भी कह सकते हैं। इसी कबीरचौरा के जरिए आप 'बनारसी संस्कृति' का मस्त और बेलौस चेहरा देख सकते हैं। इस किताब के सारे किस्से सच्चे और अनुभूत हैं, जो आज के एकरस, अबाध, रूढ़, बोझिल समाज की जड़ता को तोड़ते हैं। बनारस एक सांस्कृतिक विमर्श है। महादेव यहाँ के मूल देवता हैं। यह धर्म की गंगोत्तरी है। इस मिट्टी में कबीर की अक्खड़ता है। तुलसी की भक्ति है। मंडन

मिश्र का तर्क है। भक्ति और तर्क धर्म के दो छोर हैं, पर दोनों का संतुलन यहाँ मौजूद है। बुद्ध का धर्मचक्र प्रवर्तन भी यहीं है तो आचार्य शंकर का परकाया प्रवेश भी। यहीं रैदास की कठौती में गंगा बहती है, तो प्रसाद का सौंदर्य और धूमिल का आक्रोश भी यहीं है। साहित्य में रामचंद्र शुक्ल की पहली परंपरा यहीं है तो हजारी प्रसाद द्विवेदी की दूसरी परंपरा भी। बनारस इन्हीं सारी परंपराओं को ओढ़ता, बिछाता, ढोता हुआ, दुनिया को अपने अग्रभाग पर रख किसी भी समस्या का समाधान देता है। मेरे सारे पात्र अख्यात हैं। पर उनकी पैनी नजर धर्म, समाज, राजनीति पर सतत रहती है। ये पात्र कबीर परंपरा के ज्ञानी हैं। सृष्टि की नश्वरता का अहसास कराते हैं। खँडहर होते अभिजात्य पर ठहाका लगाते हैं। इनसे मिलकर आपका मन भीतर तक तर होगा। संतृप्त होगा। भावार्द्र होगा।

कोई भी शहर इमारतों, सड़कों और आधुनिकता के उपकरणों से नहीं बनते। वे बनते हैं, वहाँ रहनेवाले लोगों से। वे बनते हैं इतिहास, संस्कृति, परंपरा और जीने के अंदाज से। इस किताब के हर पात्र से आपका अपनापा होगा। पढ़ते ही आपको लगेगा—अरे! यही तो हमारे जीवन में भी था! ये बनारसी लोग ही इस शहर की संस्कृति का निर्माण करते हैं। इस किताब में आपको बनारसी चरित्र, तहजीब, बोली, भाषा, लहजा और अक्खड़ बनारसी आदतें मिलेंगी, जो जाति-धर्म से परे होंगी। पंडित, ज्ञानी तो बनारसी परंपरा में केवल शास्त्र बूकते हैं। गायक-वादक परंपरा यहाँ संगीत की जड़ें ढूँढ़ती है। साहित्यकार यहाँ कबीर, तुलसी, भारतेंदु, प्रेमचंद, प्रसाद, शुक्ल के साहित्य में बनारस तलाशते हैं। पुरातत्त्वविद् यहाँ के मंदिरों की श्रृंखला से सृष्टि की प्राचीनता का पता लगाते हैं। फनकार पं. रविशंकर, उस्ताद बिस्मिल्लाह खान, गोदई महाराज में संगीत का बीज केंद्र खोजते हैं। पर मैंने इन गलियों में जीवन देखा है। उसी जीवन का जिंदा वृत्तांत है—'देखो हमरी काशी'। मैंने काशी के जिस जीवन के पात्रों को अपनी नजरों में कैद किया है, वे शायद इस आधुनिक होते शहर की अंतिम छवि होगी। कारण कि जिस 'कॉस्मोपॉलिटन' जीवन की ओर हम बढ़ रहे हैं, वहाँ अब ऐसे पात्र संभव भी नहीं होंगे। दरअसल यह उस कालखंड की दास्ताँ है, जहाँ हमारी जीवन-शैली इतिहास के मध्य और आधुनिक दोनों के संधिकाल का दौर है। इस दौर ने अंतर्देशीय, पोस्टकार्ड के जमाने से लेकर लाइव वीडियो कॉल तक, गगरी से फ्रिज तक, रेडियो से स्मार्टफोन तक की प्रगति देखी। भूमंडलीकरण

और उदारीकरण का भी यही दौर था, लेकिन इस शहर ने इस संक्रमण काल से लोहा लेते हुए अपना चरित्र नहीं छोड़ा। परंपरा और आधुनिकता के संघर्ष में इसने अपने ताने-बाने को नहीं बदला।

लोकायत को लोक ही रचता है। लोक यानी उसके लोग। उन्हीं के जरिए किसी कालखंड के समाज, ज्ञान, आस्था, प्रतीक, भवन, व्यापार, पूजा, राजनीति के प्रसंगों व संदर्भों का संरक्षण होता है। मूल्यांकन होता है। यह आवश्यक है कि इस परिवेश को समझने, रचने के लिए इन्हीं में से किसी की उँगली पकड़ी जाए। इतिहास, संस्कृति और लोग ही किसी शहर की पहचान होते हैं। इतिहास रोचक होता है, लेकिन इतिहास का लेखन नहीं। शास्त्रीय इतिहास लेखन तो इन घटनाओं का रोजनामचा बनाकर इसके किस्सा कथा-तत्त्व की जान निकाल देता है। बीसवीं सदी में यूरोपीय शोधपूर्ण लेखन ने इतिहास को इतिहासकारों की सख्त और ऊबड़-खाबड़ मेज से उठाकर किस्सागोई की बैठकी में पहुँचा दिया, ताकि प्रामाणिकता के साथ-साथ विषय रसीले भी हों। इस विधा में हमें दुनिया की कई ऐसी चीजों का इतिहास उस तरह पढ़ने को मिला, जैसा हम जानना चाहते थे। यह 'थीमेटिक इतिहास' लेखन था, जिसमें चाय से लेकर कोयले, सड़क से लेकर सड़कछाप तक और भाषा से लेकर संगीत तक सबकी अपनी दिलचस्प कहानियाँ थीं। मैंने इसी तरह बनारस के लोक को रचा है। इसमें औपन्यासिक शिल्प तो मिलेगा, पर यह उपन्यास नहीं है।

उपन्यास व कहानियाँ रोचक, सक्षम और समर्थ होती हैं, लेकिन कल्पनाओं के मसाले के साथ। इससे वह प्रामाणिकता के स्वाद में मिलावट कर देती हैं। दुनिया में इतिहास केंद्रित उपन्यासों ने पाठकों पर बड़ी छाप छोड़ी है। वे कालजयी भी हुए हैं। उपन्यास में कथातत्त्व को साधना जरूरी होता है, इसलिए इतिहास और कल्पना के नीबू-पानी में चीनी-नमक को अलग करना कठिन होता है।

भारतेंदु ने इसी काशी को देखते, समझते, ढूँढ़ते डेढ़ सौ साल पहले लिखा था 'देखी तुमरी कासी'। उनके नाटक 'प्रेमयोगिनी' की इस कविता में उस वक्त के बनारस का चित्र और समाज था। उसी के बरक्स यह किताब है 'देखो हमरी काशी', जिसमें काशी का जनपक्ष है। भारतेंदु ने डेढ़ सौ साल पहले काशी के समाज की विसंगतियों, विडंबनाओं, विकृतियों और मानवीय मूल्यों के पतन का यथार्थ चित्रण किया। उनके मन में तब की काशी को लेकर कोई क्लेश या

टीस दिखती है। 'प्रेमयोगिनी' नाटक में इस कविता के जरिए काशीवासियों की अकर्मण्यता, आलस्य, कायरता, फूट, बैर, मानसिक गुलामी आदि का चित्रण उन्होंने यथार्थ के धरातल पर किया है। भारतेंदु लिखते हैं—

देखी तुमरी कासी, लोगो, देखी तुमरी कासी।
जहाँ विराजैं विश्वनाथ विश्वेश्वरी अविनासी॥
आधी कासी भाट भंडोरिया बाम्हन औ संन्यासी।
आधी कासी रंडी मुंडी राँड़ खानगी खासी॥
लोग निकम्मे भंगी गंजड़ लुच्चे बे-बिसवासी।
महा आलसी झूठे शुहदे बे-फिकरे बदमासी॥

उस वक्त की काशी पर भारतेंदु ने अपनी बात बड़ी बेबाकी और अक्खड़ता से कही। यह बनारसी मिजाज का आदमी ही लिख सकता है। ऐसी ही अक्खड़ता और बेबाकी कबीर में भी थी। असल में यह बेबाकी काशी का चरित्र है। यह बेबाकी उसी के अंदर प्रविष्ट हो सकती है, जो पूरी तरह काशी को जीने लगता है।

'देखी तुमरी कासी' भारतेंदु की काशी थी। उसके एक पक्ष को संदर्भित करती हुई। 'देखो हमरी काशी' में उसका दूसरा पक्ष भी मिलेगा। तब से अब तक गंगा में बहुत पानी बह गया है। इस काशी में प्रेम है। सौहार्द है। सहज अपनापा है। खिलंदड़ापन है। वह जात-पाँत और मजहब से ऊपर है। अस्पृश्यता की कोई जगह नहीं है। यहाँ बनारसी जीवन के सारे पात्र अपनी विलक्षणताओं के साथ हैं। वर्ण व्यवस्था को अँगूठा दिखाता यह समाज काशी के सामाजिक, सांस्कृतिक जीवन का अनिवार्य हिस्सा था, है और रहेगा। किताब के पात्र वही लोग हैं, जिनसे हमारा रोज का नाता है। यह इस वक्त की बनारसी चेतना है, जो भारतेंदु से मेल तो खाती है, पर भाषा और कथ्य के लिहाज से सीधी, मारक और आसानी से कम्युनिकेट करती है। मेरे चरित्र भाषा के लिहाज से नपुंसक नहीं हैं। सारे पात्र गजब के संवादी हैं। कोई लाग-लपेट नहीं। सहज बोलते-बतियाते हैं। वे जबरन अभिजात्यता या संपन्नता की चादर नही ओढ़े रहते। जिसकी भाषा में भाव और आवेग नहीं तो समझिए वह बनारसी चरित्र नहीं।

किसी भी समाज के नाना विषय बोध वहाँ मौजूद दृश्यों, पात्रों, सांस्कृतिक रूढ़ियों और रूपों से होते हैं। मुख्यधारा के क्रियाकलाप पर सबकी नजर होती

है। लेकिन हाशिए पर रहनेवाले लोगों की तरफ ध्यान कम जाता है। उनका कई बार जिक्र भी नहीं होता। मैंने अपनी समकालीन जमीन से जुड़ी एक पूरी संस्कृति के नायकों को सामने लाने की कोशिश की है। इनके बिना जीवन के कई सुनहरे पृष्ठों का निर्माण संभव नहीं था।

'देखो हमरी काशी' अभिजात्य, प्रभु वर्ग और पांडित्य परंपरावाली काशी नहीं है। मेरी काशी यहाँ के लोक, गलियों और गालियों में बिखरी पड़ी है। इस शहर की विभूतियाँ, सांस्कृतिक केंद्र और राजनेता कथा के नेपथ्य में हैं। कथा के नायक हैं, हर किसी के जीवन के रंगमंच पर आनेवाले नाई, धोबी, दर्जी, बुनकर, बढ़ई, पानवाला, दूधवाला, मिठाईवाला, चायवाला, सफाईवाला, मल्लाह, तवायफ, बैंडमास्टर और अंत में जीवन को तारनेवाला महाश्मशान का डोम, जिनके बारे में अब तक ज्यादा लिखा नहीं गया। इसमें बढ़ई को छोड़कर सारे पात्र काशी के हैं। कुछ पात्र जीवन-यात्रा में साधारण हैं, पर इनका व्यक्तित्व असाधारण है। किसी भी शहर का मिजाज, आदतें, जीवन, भाषा, तहजीब वहाँ के आमजन बनाते हैं। इस लिहाज से 'देखो हमरी काशी' बनारसी संस्कृति और मिजाज का आईना है। जिसने बनारस को नहीं देखा है, वे इस किताब को पढ़कर बनारसीपन महसूस कर सकते हैं और जिन्होंने देखा है, वे पूछ सकते हैं, अरे! कहाँ गई वह काशी?

'संस्मरण' और 'रेखाचित्र' व्यक्ति केंद्रित होते हैं। पर 'देखो हमरी काशी' अपने पात्रों के जरिए उस वक्त के परिवेश और समाज पर केंद्रित है। यह उस कालखंड का परिदृश्य रचती है। इतवारी कथा के इन पात्रों का स्वाभिमान और विपन्नता शहर के ओढ़े हुए गौरव की संपन्नता को अपने ठेंगे पर रखती है। यह शहर शिव का है। शिव आमजन के देवता हैं। जिसके पास कुछ नहीं है, सिर्फ एक लोटा जल और भस्म है, वह शिव का भक्त है। मनुष्य की न्यूनतम जरूरतें उसे अक्खड़ बनाती हैं, क्योंकि उसके पास खोने के लिए कुछ नहीं है। इसी अक्खड़ता को आप शिव और उनके भक्त काशीवासियों में देख सकते हैं।

हर इतवार मैंने इन कथाओं को लिखा, इसलिए इन्हें 'इतवारी कथा' कहा। आप इन्हें रेखाचित्र भी नहीं कह सकते। उपन्यास, इतिहास के बाद रेखाचित्र तीसरा बेहद महत्त्वपूर्ण आयाम है, लेकिन यहाँ मामला जरा और पेचीदा है। यहाँ

संस्मरण, स्केच, कथा और इतिहास एक साथ आते हैं। रेखाचित्रों का अपना एक लोक है, वह विधा व्यक्तियों पर केंद्रित होती है। परिवेश सिर्फ संदर्भ के लिए आता है, पर इन कथाओं में परिवेश पूरी प्रामाणिकता के साथ है।

काशी की तंग गलियों का मुकाबला दिल्ली और मुंबई की चौड़ी चमकदार सड़कें नहीं कर सकतीं। इस शहर में जिस आत्मीयता की चस्प और चपक है, वह दुनिया में कहीं नहीं है। पूरी दुनिया घूमने के बाद मेरी यही धारणा है। काशी छोड़ना सिर्फ शहर छोड़ना नहीं, संस्कृति छोड़ना होता है। अपनी जड़ों से कटना होता है। 1987 को एक सुबह लखनऊ जानेवाली रेलगाड़ी पर बैठ मैंने बनारस छोड़ दिया। पर वह छूटा कभी नहीं। बुरी आदत-सा चिपका रहा। ज्ञान, खुशबू, खयाल, ख्वाब, आदत बनकर भीतर गहरे बैठा रहा। गाहे-बगाहे व्यक्त होता रहा, क्योंकि बनारस का संबंध जन्म से नहीं है। डूब जाने से है। जो यहाँ डूब गया, बनारसी हो गया। यह जन्म-जन्म साथ रहता है। इस शहर का सम्मोहन जीवन भर कचोटता रहता है और मौका मिलते ही फूटता है। कोरोना और लॉकडाउन हमारे जीवन का अवसादी युग था। इस अवसाद से निकलने के लिए मैंने टाइम मशीन को उल्टा घुमाया तो फिर हर हफ्ते एक कथा निकली। ये कथाएँ स्वत: प्रसूत होती रहीं। फेसबुक का एक बड़ा पाठक वर्ग इसमें जुड़ता रहा। पाठकों के स्नेह और आग्रह से कथाएँ एक से इक्कीस होती गईं। पाठकों को ये पात्र अपने-से लगने लगे। हम हर हफ्ते उनके अमरत्व का उत्सव मनाने लगे। लॉकडाउन की हताशा और अवसाद की अवस्था में इन कथाओं से जीवन में उम्मीद की किरण फूटी। मित्रों ने इनमें जीवन देखा। पाठक इसका हिस्सा बन गए और इतवारी कथा किताब बन गई। इन कथाओं में आपको साहित्य की सारी विधाएँ एक चबूतरे पर बैठी नजर आएँगी।

यह किताब भाषा और कथ्य के लिहाज से बालिग लोगों के लिए है। कमर में गमछा, कंधे पर लँगोट और बदन में जनेऊ डाले इसके पात्र आपकी हर समस्या का समाधान देते नजर आएँगे। जब एथेंस के बारे में कोई सोच नहीं थी, मिस्र की कल्पना नहीं थी, रोम का अस्तित्व नहीं था, तब भी काशी थी। यह रहने की जगह नहीं, सीखने का विश्वविद्यालय है। आइंस्टीन ने कभी कहा था, "पश्चिमी साइंस भारतीय गणित के बिना चल नहीं सकती।" यही गणित काशी का बीजतत्त्व है। ढेर सारे गणितज्ञ आपको यहाँ गलियों, नुक्कड़ों पर मिलेंगे।

बुद्ध, महावीर, शंकराचार्य, नानक, तुलसी, रविदास, वल्लभाचार्य, कीनाराम, रामानंद, मध्वाचार्य, निंबार्काचार्य, तैलंगस्वामी, रामकृष्ण, विवेकानंद, सबकी आँखें यहीं आकर खुलीं। इसी काशी ने रामबोला को तुलसी बनाया। तुलसीदास ने अपनी चौपाइयों में भी इसे रचा और जिया।

लोक-बेदहूँ बिदित बारानसी की बड़ाई
बासी नर नारि ईस-अंबिका-सरूप है।
कालबध कोतवाल, दंडकारि दंडपानि,
सभसद गनप-से अमित अनूप हैं॥

तहाऊँ कुचालि कलिकाल की कुरीति,
कैंधौं जानत न मूढ़ इहाँ भूतनाथ भूप हैं।
फलैं फूलैं फैलैं खल, सीदैं साधु पल-पल
खाती दीपमालिका, ठठाइयत सूप हैं।"

तुलसी लोक के कवि थे। यही लोक काशी का प्राणतत्त्व है। हमने कोशिश की एक ऐसी लेखन विधा या फॉर्मेट बनाने की, जिसमें इस लोक की ध्वनि, इतिहास की प्रामाणिकता, गझिन किस्सागोई और मुखर समकालीनता को एक साथ पिरोया जा सके। 'देखो हमरी काशी' में सबका संगम है। ये संस्मरण ठोस इतिहास हैं, रसीले किस्से हैं, अचूक शब्दचित्र हैं और समकालीन परिवेश हैं।

यह एक नई विधा की रचना है, जहाँ आप बनारस के एक पानवाले का रसीला संस्मरण पढ़ते हुए पान की अक्खी दुनिया की यात्रा कर वापस बनारस आ सकते हैं या एक नाई के रोचक संस्मरण से 'हेयर कट' की दुनिया के दिलचस्प इतिहास में पहुँच जाते हैं।

लोक, लेखकीय आख्यानों में आते रहे हैं। इतिहास उन्हें सँजोता है। कथाकार भी उन्हें सजाता है। इतिहास बड़े-बड़ों की कहानी है और कथाओं में कल्पना के तत्त्व तथ्य से क्रीड़ा करते हैं। विश्व साहित्य में लगातार यह प्रयास हुआ है कि किसी शहर, कालखंड या घटना को उसके प्रधान पात्रों के बजाय अनाम पात्रों के जरिए देखा जाए। ऐसे लोगों के जरिए इतिहास पढ़ा जाए, जिनका जिक्र किसी इतिहास में नहीं मिलता, जैसे कि किसी शहर का हलवाई या दूधवाला या फिर मोची...। इन चरित्रों को मैंने गढ़ा नहीं है। इन पर सिर्फ रोशनी डाली है।

'देखो हमरी काशी' काशी का बनारसी लोक है। यह उस काशी की गायत्री यात्रा है, जिसे केवल बनारसी ही कर सकते हैं। संस्कृति, आस्था, ज्ञान के इस केंद्र को मेरे 'सड़कछाप बनारसी' झिंझोड़ते और झकझोरते हैं। इन्हीं के बीच मेरा भी 'मसि कागद' से सामना हुआ और मैंने आखर धर्म को आत्मसात् किया। इस धर्म की विशेषता इसे सहेजने में नहीं, बल्कि बिखेरने और बाँटने में यकीन रखती है, सो जो लिखा, रचा, वह सब आपका। तो तेरा तुझको अर्पण।

—हेमंत शर्मा
गंगा दशहरा 2022

आसावरी
जी-180, सेक्टर-44
नोएडा

आभार

मेरी स्मृति मंजूषा में ये सारे पात्र बिखरे पड़े थे। कोविड काल के निठल्लेपन और मित्रों के आग्रह पर मैंने उन्हें सहेजना शुरू किया। यादों के दायरे में ये सारे किरदार एक-एक कर फड़फड़ाने लगे। कुछ पुराने मित्रों ने उन पात्रों को झाड़ने-पोंछने में मदद की, तो किसी ने संदर्भ जुटाने में। माधव जोशी के चित्र और सज्जा ने इन किस्सों में प्राण प्रतिष्ठा की है। माधव की रेखाओं को देखकर कभी मशहूर कार्टूनिस्ट आर.के. लक्ष्मण ने कहा था कि "आपकी रेखाओं में मैं अपने कार्टूनों का अक्स देखता हूँ।" माधव मेरे लेखन से इतने गहरे जुड़े हैं कि उनका आभार जताना खुद का आभार जताना होगा। अग्रज श्रेष्ठ रामबहादुर राय ने किताब की भूमिका लिखकर मेरे इस प्रयोग को वैधता दी है। बनवारीजी के भीतर बैठे 'नो नॉनसेंस' संपादक ने किताब बनने की प्रक्रिया से पहले स्क्रिप्ट को निर्ममतापूर्वक पढ़ा। दोनों मेरे संपादक रहे हैं। उनके प्रति नतमस्तक हूँ। संपादकाचार्य यशवंत व्यास के सुझावों के लिए आभारी हूँ। इन किरदारों के ऐतिहासिक संदर्भ जुटाने में विद्वान् मित्र अंशुमान तिवारी ने चलते-फिरते कंप्यूटर का काम किया। आभार जताना उनके स्नेह को कम करना होगा। कथाओं के पहले पाठक अभिषेक उपाध्याय के त्वरित मशविरे बहुत काम आए। रिसर्च के लिए मेरे सहयोगी डॉ. संदीप बधाई के पात्र हैं। पुस्तक के पात्रों को ढूँढ़-ढूँढ़कर याद दिलाना उनकी आदतों एवं व्यवहार पर उँगली रखने के लिए पत्नी वीणा, कवि-कथाकार मित्र यतींद्र मिश्र के ज्ञान, बनारसी रंग में रँगे मित्र श्याम सुंदर जायसवाल, भाई अजय सिंह, पत्रकार दीपक शर्मा, मित्रवर राजेंद्र कुमार, आनंदमोहन 'गुड्डू', नवाबी-कबाबी तहजीब के जानकार सौंदर्य शास्त्री, नवीन तिवारी, इन सबका कृतज्ञ हूँ। पुस्तक के सुरुचिपूर्ण प्रकाशन के लिए प्रभात प्रकाशन के भाई प्रभात कुमार का आभारी हूँ।

अनुक्रम

1 देखो हमरी काशी

शारदा नाई

केशव केसन अस करी!

मूँड़ देना यानी साफ कर देना, शाब्दिक अर्थों में सिर के बाल सफाचट कर देने को मूँड़ देना कहते हैं। मगर इस शब्द का व्यावहारिक अर्थ बहुत व्यापक है। मैंने बड़े-बड़े आकाशपतियों और बाहुबलियों की कहानी सुनी है, जो जीवन-जगत् में अपने बल-ऐश्वर्य का हवाला देते घूमते हैं, मगर घर लौटते ही मूँड़ दिए जाते हैं। अगले ही पल उनकी सारी श्री, संपत्ति और दिन भर का हिसाब-किताब सब पत्नी के चरणों में होता है। मैं तो आम आदमी, यानी मैंगो मैन हूँ। शायद इसलिए मेरे साथ यह शब्द अपने शाब्दिक अर्थ में ही इस्तेमाल हो गया। मैं आज सचमुच मूँड़ दिया गया। वीणा ने मेरे बाल काट दिए। लॉकडाउन के चलते मेरे बढ़ते बाल सुमित्रानंदन पंत शैली के हो गए थे, जिसे वीणा ने काटकर हवलदार स्टाइल का बना दिया। बचपन में मोहल्ले के बदमाशों को पकड़कर पुलिस सिर पर चौराहा बना देती थी। बढ़ते बाल सिर पर बोझ-से

लग रहे थे। संक्रमण के डर से मैं अपने बाल काटनेवाले कारीगर को बुला नहीं रहा था। सो कोई उपाय नहीं था, इसलिए पत्नी से निवेदन किया और उन्होंने यह हाल बना दिया।

पूर्वी उत्तर प्रदेश और बिहार में नाई लोग शर्मा लिखते हैं। मेरे बारे में भी अकसर लोग भ्रम में रहते थे। जब मेरा विवाह तय हुआ तो कुछ विघ्नसंतोषियों ने वहाँ तक खबर पहुँचाई कि वे नाईवाले शर्मा हैं। वह तो मेरा मामला मजबूत था, नहीं तो भाई लोगों ने काम कर ही दिया था। बहरहाल आज वीणा ने अपने शर्मा होने को सार्थक किया।

बाल काटनेवालों से अपना रिश्ता बड़ा आत्मीय रहा है। चाहे पढ़ते वक्त बनारस के नाई हों, नौकरी के वक्त लखनऊ के या अब दिल्ली के नाई हों। वजह, नाई पेशेवर ढंग के किस्सागो होते हैं और मैं स्वभावतः किस्सागो हूँ। इसलिए पटरी बैठती है। पढ़ते वक्त शारदा नाई। लखनऊ में हफीज और यहाँ लाल मोहन शर्मा। सब कैंची-कंघी पकड़ते ही दुनिया भर की खबरें और एक से बढ़कर एक किस्से सुनाते रहते हैं।

इसमें शारदाजी का कोई मुकाबला नहीं था। लंका पर प्रसिद्ध चाची की चाय की दुकान के सामने शारदाजी की बाल काटने की दुकान थी। शारदाजी के कुर्ते की जेब में दुनिया की सारी समस्याओं का हल होता था। गौर वर्ण, लंबी काया, वृषभ स्कंध, झक सफेद कुर्ता और धोती, मुँह में पान, यह थी शारदा गुरु की पहचान। शारदाजी की संपूर्णानंद से लेकर कमलापति त्रिपाठी तक से जान-पहचान थी। देश की सामाजिक राजनीतिक स्थिति पर हर वक्त भाषण पेलने को तैयार शारदाजी का ठिकाना लंका के गोरस स्टूडियोवाली बिल्डिंग में था। अंदर वे रहते थे, बाहर की तरफ उनकी दुकान थी। बी.एच.यू. के ज्यादातर छात्र नेता शारदाजी से चुनाव में जीत का मंत्र लेते थे। शारदाजी नाई थे, पर सबको बताते थे कि कैसे आप छात्र संघ का चुनाव जीत सकते हैं।

शारदाजी की दुकान के सामने एक बूढ़ी चाची की समोसे की दुकान थी। बुढ़िया चाची बड़ी बदमाश थी। लड़कों को माँ-बहन की गाली देती। पाणिनि के चौदह सूत्रों की तरह वह एक स्वर में धाराप्रवाह गालियाँ देती।

बुढ़िया की गालियाँ ही उस दुकान का आकर्षण थीं। लड़के उसके यहाँ समोसा खाने कम और गाली सुनने ज्यादा जाते थे। माँ-बहन की गालियाँ तो आशीर्वादस्वरूप हर किसी को मिलतीं। किसी ने छेड़ा तो बात आगे तक जाती थी। हालाँकि उसका समोसा बहुत अच्छा होता था। बहरहाल शारदाजी से यह विषयांतर हो गया। शारदाजी मेरे गुरु नहीं थे, पर अपने बालों का रखरखाव की तरकीब मैंने उनसे ही सीखी। इस छोटी दुकान में उनका कोई सहायक नहीं था। वे खुद ही सबके बाल काटते थे। बड़े मनोयोग से मेरा एक-एक बाल काटने में कोई डेढ़ घंटा लगाते। फिर वे उपचार बताते। आँवला-शिकाकाई रात को ताँबे के पात्र में भिगोकर रखें। सुबह लगाएँ, फिर रीठे से धोएँ। शारदाजी के यहाँ बाल कटाने का नंबर लगता था। "का गुरु, बाल कटी।" गुरु कहते, "अभई दुई जने और हउअन। दो घंटा बाद आवा।" लोग इंतजार करते। शारदाजी बालों की सफेदी का इलाज भी बताते। मैं कम उम्र में ही इसका शिकार हो गया था।

रीतिकालीन अलंकारवादी कवि आचार्य केशव को अपने बाल सफेद होने पर बड़ा अफसोस था। यह वही केशवदास हैं, जिनकी रचनाओं को हिंदी साहित्य के सबसे बड़े मास्टर सुकुलजी (आचार्य रामचंद्र शुक्ल) छंदों का अजायबघर और खुद केशव को 'कठिन काव्य का प्रेत' कहते थे। केशव के केशों का मामला जरा संवेदनशील था। बुढ़ापे में भी उनकी रसिकता कम नहीं हुई थी, पर बाल सफेद हो गए थे। इस कसक में उन्होंने लिखा—

केशव केसन अस करी जसि अरि हूँ न कराहिं,
चंद्रवदन मृगलोचनी बाबा कहि-कहि जाएँ।

मतलब बालों ने केशव को असमय बाबा बना दिया। पर दिल तो बच्चा था उनका।

केश पर केशव का आग्रह अकारण नहीं है। संस्कृत, हिंदी, उर्दू, फारसी की कविताई और कथाई में बाल-ही-बाल हैं। गुप्तकाल आते-आते केश यानी अलकावलि का सौंदर्यबोध छा गया था। बाणभट्ट तो बालों के गजब दीवाने थे। लेकिन कालिदास भी कम नहीं। 'रघुवंश' में उन्होंने दक्षिण (केरल) की स्त्रियों के संदर्भ में दिमाग को चकरा देनेवाली कल्पना की।

भयोसृष्टविभूषाणां तेन केरलयोषिताम,

अलकेषु चमूरेणुश्चूर्णप्रतिनिधि कृतः।

अर्थात् रघु की सेना से उठी धूल केरल की स्त्रियों के केशों का शृंगार चूर्ण बन गई। लेकिन कालिदास का सर्वश्रेष्ठ केश वर्णन 'रघुवंश' के आठवें सर्ग में है, जहाँ वह इंदुमती के केशों को बखानते हुए केश-विन्यास शास्त्र की नई समझ देते हैं।

कुसुमोत्खचितान्वलीजभृतश्चलयन भृंगरुचस्तवालकान,

करभोरु करोति मारतिस्वत्वदुपावर्तनशंकि मे मनः।

इंदुमती के बलीभूत केश हवा के झोंकों से उड़ रहे थे। संस्कृत में इनको 'वेल्लित केश' कहते हैं। आज की भाषा में इन्हें स्पाइरल या Frizzled केश कहा जाता है।

भारत में केश कला के प्रमाण चौथी-पाँचवीं सदी से मिलने लगे। काशी के राजघाट में मिली मिट्टी की मूर्तियों में स्त्रियों के केश के 12 से अधिक विन्यास मिलते हैं। वासुदेवशरण अग्रवाल ने इन्हें अनोखे नाम दिए हैं, जैसे—चटुलेदार घूँघर, पटियादार घूँघर, कुटिल पटिया, छतरीदार घूँघर आदि। प्रस्तर मूर्तियों का युग आने से पहले मिट्टी की मूर्ति (टेराकोटा) में केश सज्जा को दिखाने की कला विकसित हो चुकी थी। कन्नौज के पुरातत्त्व संग्रहालय में मिट्टी की मूर्तियों का एक विशिष्ट संकलन है, जिसमें एक दर्जन से अधिक विभिन्न केश-विन्यास मिलते हैं। अलबत्ता यह केश कला महिलाओं तक ही सीमित है।

पुरुषों के मामले में भी बालों का इतिहास क्रांतिकारी है। इतिहास के आख्यान बताते हैं कि पुरुषों ने काँस्य युग में 'नूरे खुदा' यानी केशों को 'मद्दे मर्दा' यानी ब्लेड जैसे किसी औजार से काटना-छीलना शुरू कर दिया था। प्राचीन इजिप्ट यानी मिस्र के बाजारों में बार्बर या शारदा गुरु के ग्लोबल पुरखे शान से कैंचियाँ चलाते थे। रोमन सलून यानी केश कर्तनालय, बहसबाजी, गप्पबाजी और यहाँ तक कि राजा और नगरराज्य के खिलाफ राय जाहिर करने के केंद्र भी थे।

'बार्बर बुक' नाम की एक दिलचस्प किताब और लॉस एंजल्स के काउंटी म्यूजियम की एक घुमंतू प्रदर्शनी से पता चलता है कि बालों का बवाल

केवल फैशन ही नहीं, राजनीति और क्रांतियों का भी हिस्सा रहा है। जैसे ब्रिटिश और अमेरिकी क्रांतिकारियों का 'मोहॉक' हेयरस्टाइल, दूसरे विश्वयुद्ध के दौरान अमेरिकी सैनिकों के 'स्क्रीमिंग ईगल्स' स्टाइल या मशूहर गैंग्स के 'स्किन हेड' और अंडरकट स्टाइल मिलती है।

केशों की दुनिया में चमत्कारी काम हुआ नकली बालों के प्रचलन यानी विग से। नकली बालों का प्रचलन आश्चर्यजनक तौर पर ब्रिटेन में लिबरल डेमोक्रेटिक पार्टी की शुरुआत से संबंधित है। 16वीं सदी में यूरोप में विग का इस्तेमाल शुरू हुआ। एक बीमारी के बाद। यह बीमारी थी सिफलिस, जिसमें बाल गिरने लगते थे। ऐसे में गंजापन छिपाने के लिए विग आए, जो लुइस 13वीं के दौर में फ्रांस का फैशन स्टेटमेंट बने।

अगले 200 साल तक विग और खासतौर पर सफेदवाले नकली लंबे बाल यूरोप के फैशन की बुनियाद हो गए थे। इनका अपना एक बाजार था। इन्हें सफेद रखने के लिए एक पाउडर का इस्तेमाल होता था, जिसमें लैवेंडर और स्टार्च मिला होता था। वर्ष 1793 से 1802 में फ्रांस के साथ युद्ध (नेपोलियनवाला नहीं) के दौरान ब्रिटेन के टोरी प्रधानमंत्री विलियम पिट द यंगर ने इस पाउडर पर टैक्स थोप दिया। बेडफोर्ड के तत्कालीन ड्यूक ऑफ बेडफोर्ड फ्रांसिस रसेल इस टैक्स से भड़क उठे। उन्होंने विग उतार फेंका। विग के खिलाफ आंदोलन शुरू हो गए। इसके बाद विग गए, तो लौटे नहीं। बेडफोर्ड कट हेयरस्टाइल लोकप्रिय हुआ और स्वाभाविक छोटे बालों का फैशन फिर लौट आया।

शारदा गुरु के ये पुरखे बालों की सज्जा के इतिहास में बड़ी अहमियत रखते थे। यूरोपीय मध्य युग में लंदन में इनका अपना एक व्यापार समूह था। छठी सदी तक बार्बर व सर्जन के काम पादरी और संत सँभालते थे। बाल काटने के अलावा तब हज्जाम इलाज करना, दाँत निकालना, फोड़े में चीरा लगाना जैसे काम भी करते थे।

19वीं सदी में सर्जन अलग हो गए और बाल कलाकार अपने केश कर्तनालयों (सलूनों) में सीमित हो गए। तब तक अमेरिका के शिकागो में ए.बी. मोलर नाइयों का एक स्कूल खोल चुके थे। 20वीं सदी तक बाल फैशन बन गए, फिर तो कोई बीटल्स जैसे बाल रखने लगा, तो कोई बॉब डायलन के

बालों का दीवाना था। किसी ने अमेरिकी संगीत सितारे जिमी हेंड्रिक्स के एफ्रो स्टाइल को अपना बना लिया, तो कोई हो गया रेगे स्टार बॉब मार्ले का फैन। यानी कि चचा मीर तकी मीर सही साबित हुए।

हम हुए तुम हुए कि 'मीर' हुए,
उसकी जुल्फों के सब असीर हुए।

शारदाजी भी इसी परंपरा में बालों के चिकित्सक थे। वे तेल बनाने की सलाह भी देते, "अब देखा, खोपड़ी पर रूखापन हौअ। गरी क तेल ल, ओम्मन चंदन क तेल, कपूर और रतनजोत मिला के धूप में रखा, फिर ओके राति के लगा के सूत्तअ। ठीक हो जाईं।" शारदाजी संपूर्णानंद के बाल काटते थे। इसलिए राजनीतिक रूप से बहुत जागरूक थे। वे कमलापति त्रिपाठीजी के भी बाल काट चुके थे। शारदा बाल काटते वक्त देश की समूची राजनीति का तीया-पाँचा कर देते। जब मैं नौकरी करने लखनऊ आ गया, तब भी मैं उनसे बाल कटवाने बनारस ही जाता था। अगर चार हफ्ते नहीं गया तो वे मुझे फोन करते और कहते, "बनारस नाहीं अईला या कि ओहरे कटवा लेलअ।"

शारदा गुरुआ रोचक था। एक-से-एक किस्से लाता था। एक बार विश्व हिंदू परिषद् ने शहरों के नाम बदलने का आंदोलन छेड़ा। फैजाबाद को अयोध्या, मुगलसराय को दीनदयाल नगर, इलाहाबाद को प्रयागराज, लखनऊ को लक्ष्मण पुरी आदि-आदि नाम करने की उनकी माँग थी। आंदोलन तेज हो गया था, क्योंकि राज्य में भाजपा की कल्याण सिंह सरकार थी। शारदा गुरु मेरे बाल काट रहे थे। लक्ष्मण पुरी पर उनको एतराज था। मैंने कहा, "इसमें एतराज क्यों? यह तो अंग्रेजों का रखा नाम है—लक नाऊ। मूल नाम तो अवध था।" शारदा बोले, "भइया, आप कहाँ हैं? लखनऊ किसने बसाया था, आपको मालूम है? सीतापुर में एक नाइयों की स्टेट थी। उसी स्टेट के लखना नाऊ ने लखनऊ बसाया, इसलिए इस शहर का नाम लखनऊ पड़ा।" मैं न हँस पा रहा था, न रो पा रहा था। चुपचाप शारदाजी को देख रहा था। वाह रजा! शारदा!

शारदाजी का मुझ पर अपार स्नेह था। वे मेरी बारात में भी गए थे। मेरी बारात में आनेवालों के किस्से वे लोगों को बरसों सुनाते रहे। दुकान पर जाते ही मेरे लिए चाची के यहाँ से चाय मँगवाते। एक दफा मेरे बाल काटते-काटते

शारदाजी ने चाय मँगाई। हमने पी। मैं चादर बाँधकर बैठा रहा। इतने में शारदा गुरु बोले, "तू चाय पीयअ, हम आवत हई।" 10 मिनट बीते, 15 मिनट हुए। आधा घंटा बीता तो शारदाजी आते दिखे। मैंने पूछा, "कहाँ चले गए थे महराज?" शारदा बोले, "चल गयल रहली निपटे (यानी निवृत्त) होने।" मुझे गुस्सा आया। मुझे चादर लगाकर आधे बाल काट गुरुवा सरवा निपटे चल गयल। पर यह शारदाजी की आदत थी। हो सकता है कि आपके आधे बाल काट शारदाजी बाहर चाय की दुकान पर लोगों से बहस में उलझ जाएँ कि वी.पी. सिंहवा बहुत पाखंडी हौअ। आरक्षण के नाम पर लड़कन के मरवावत हौअ। एक बात खास थी कि नाई होते हुए शारदाजी वी.पी. सिंह की आरक्षण नीति के खिलाफ थे। इसलिए कि इसमें लड़के मारे जा रहे हैं। समाज में टकराव बढ़ रहा है। इसे रुकना चाहिए।

आज अगर शारदाजी होते तो उनका पहला हमला मेरे सफेद बालों पर होता। वे बाल रँगने के जबरदस्त हिमायती थे। उस वक्त मेरे कुछ बाल कान के पास से पकने शुरू ही हुए थे कि एक रोज वे कटोरा-ब्रश लेकर आ गए बाल रँगने। उन्हें रँगने से मैंने मना किया तो उन्होंने कोई रद्दी-सा दोहा सुनाया, 'स्वेत-स्वेत सबकुछ भलो, स्वेत भले नहीं केस। नारी रीझें न रिपु डरे, न आदर करे नरेस।' यानी सफेद बाल से कोई फायदा नाहीं हौअ। न स्त्री रीझती है, न राजा प्रभावित होई।''गुरु, रँगवालअ।

शारदाजी संस्कृत के दोहे भी सुनाते थे। अपनी बात के समर्थन में कुछ भी गढ़कर सुना देते। डी.एन.ए. के अस्तित्व में आने से पहले शारदा यह बताते थे कि हर व्यक्ति के बालों की बनावट अलग-अलग होती है। उसकी संरचना भिन्न होती है। पहचान अलग होती है। वे एक बनावटी श्लोक सुनाते—

मुण्डे-मुण्डे केश भिन्ना, कुण्डे-कुण्डे नवं पयः
जातौ-जातौ नवाचारा। नवा वाणी मुखे-मुखे।

यानी अलग-अलग खोपड़ी पर अलग-अलग बाल होते हैं। अलग-अलग कुंड में पानी अलग-अलग होता है। विभिन्न जातियों में नवाचार अलग होते हैं और भिन्न-भिन्न मुँह में अलग-अलग वाणी।

शारदा गुरु अब नहीं हैं। उनकी दुकान आधुनिक मॉल में तब्दील हो गई है। मेरे बाल पूरी तरह सफेद हो गए हैं। शहरों में पाँच सितारा सैलून हैं, पर शारदा

गुरु जैसी आत्मीयता कहाँ? शारदा गुरु के साथ एक अजीब सा अपनापा था। आज भी जब उनकी दुकानवाली जगह के आगे से गुजरता हूँ तो मन में कुछ कसमसाता-सा है। आज जब वीणा मेरे बाल बना रही थी तो मुझे शारदाजी बहुत याद आए।

□

2 देखो हमरी काशी

लँगड़ा मोची

मेरे लिए हर आदमी एक जोड़ी जूता!

कोरोनाकाल में घुले अवसाद के माहौल में 'ईवनिंग वॉक' ही ऊर्जा का इकलौता स्रोत है। यह अलग बात है कि मैं जहाँ रहता हूँ, उस सेक्टर के ज्यादातर 'ईवनिंग वॉकर' डर के मारे घर में दुबके हैं। आदमी तो आदमी, कुत्ते भी सड़क पर नहीं दिख रहे हैं। सिर्फ चंदू बाबू आते हैं शाम की सैर के लिए। चंदू बाबू पेंशनभोगी इंजीनियर हैं। बड़े-बड़े पदों पर रहे हैं, इसलिए रोज नए-नए 'ब्रांड' के वॉक करनेवाले जूते पहनते हैं। कल मुझे चलने में थोड़ी परेशानी हुई, क्योंकि मेरा पनारू (बिना फीतेवाला पंप शू) मेरे अँगूठे को दबा रहा था। अब गलती अँगूठे की थी या जूते की, इस विवाद में मैं फिलहाल नहीं पड़ता।

सैर के बाद जूते उतार मैं पैर में चुभनेवाली वस्तु को तजबीज ही रहा था कि चंदू उखड़ गए। मुझसे बोले कि आप इतने रद्दी जूते पहनते ही क्यों हैं? ब्रांडेड क्यों नहीं पहनते? देखिए, मेरा मोची का जूता है। मैंने कहा, "मोची का जूता तो मैं बचपन में पहनता

था। अब जूता बनानेवाले मोची रहे कहाँ?" मेरे बचपन में बनारस का जगतगंज ऐसे मोचियों के हस्तनिर्मित जूतों का बाजार था। संत रविदास के समय से यह बाजार चल रहा है। उन जूतों की खासियत यह थी कि खरीदने के बाद उसमें पूरी रात तेल भरकर रखा जाता था। तभी दूसरे रोज जूता अपनी पूरी मुलायमियत के साथ पैर की शोभा बढ़ाता था।

चंदू एक बार फिर से उखड़ गए। इस बार हत्थे से भी दो अंगुल उपर। क्योंकि 'ईवनिंग वॉक' के बाद उन्हें नीलावाला हास्य कलाकार (जॉनीवॉकर ब्लू लेवल) पसंद है। उसी के असर में वे झल्लाकर बोले, "आप भी क्या घटिया बात करने लगे। मैं 'मोची' ब्रांड की बात कर रहा हूँ। दिल्ली के बड़े-बड़े मॉल में इसकी दुकान है। मामूली दुकानों में तो यह मिलता भी नहीं है। मुझे आपने क्या समझ रखा है? मैं मोची का बनाया जूता क्यों पहनूँगा?" मैंने फिर समझाया कि मैं तो मोची के बनाए चमरौधे जूते को जानता हूँ। कॉलेज के दिनों में एक लँगड़ा मोची मेरा दोस्त भी था। धीर-गंभीर और दार्शनिक। वह चमरौधे जूते बना लेता था। आप चमरौधा जूता कैसे नहीं जानते, विलायत से तो आए नहीं हैं। ददुआ के जिले के ही तो रहनेवाले हैं? इस जूते पर महाप्राण निराला ने अपने दामाद के पैरों का चित्रण करते हुए लिखा है—

वे जो यमुना के-से कछार
पद फटे बिवाई के, उधार
खाए के मुख ज्यों, पिए तेल
चमरौधे जूते से सकेल
निकले, जी लेते घोर गंध
उन चरणों को मैं यथा अंध
कल घ्राण-प्राण से रहित व्यक्ति
हो पूजूँ ऐसी नहीं शक्ति।

निराला का नाम सुनकर चंदू बाबू कहीं खो-से गए। कुछ देर बाद बोले, "कौन निराला, एक निराला मेरा जे.ई. होता था, निर्माण निगम में। उसने मेरे रिटायरमेंट पर एक मशहूर विदेशी ब्रांड का जूता गिफ्ट करने का वादा किया था, मगर रिटायरमेंट के एक दिन पहले से ही उसने मेरा फोन उठाना बंद कर दिया। लेकिन वह तो कविता लिख नहीं सकता।" उनके ज्ञान को प्रणाम

करते हुए मैं काफी मशक्कत के बाद उन्हें समझा पाया कि निरालाजी हिंदी के महाकवि थे। आप तेलियरगंज के जिस मोतीलाल नेहरु कॉलेज में पढ़े हैं, उसी के करीब दारागंज में वे रहते थे। बहरहाल आप उन्हें नहीं जानते तो मैं मोची के बारे में ही आपको बताता हूँ, मगर चंदू कुछ सुनने को तैयार ही नहीं थे। मैंने गौर किया कि वे जल्दी-जल्दी अपने व्हाट्सएप पर किसी को मैसेज टाइप कर रहे थे, साथ-ही-साथ बड़बड़ा रहे थे, "फुटवियर में क्रांति फैशन के लिए ही नहीं, पैरों के आराम के लिए हुई है। इसलिए ब्रांड पहनना जरूरी है।" मैंने ध्यान से देखा कि इस बीच उन्होंने तीन अलग-अलग नंबरों पर एक ही मैसेज कट-पेस्ट किया और फिर से जूतों की बहस में उलझ गए। ये मैसेज 'आर.आई.पी.' का था। जूतों पर बहस करते-करते ही उन्होंने अपने तीन कोरोना-ग्रस्त परिचितों को 'पीस' में 'रेस्ट' करा दिया और वापस मुद्दे पर लौट आए।

चंदू बाबू जूते और ब्रांड में ही उलझे ही हुए थे कि मुझे अपना लँगड़ा मोची याद आने लगा। वह पक्का बनारसी था। हो सकता है कि लँगड़ा आपकी सबकी दृष्टि में महत्त्वपूर्ण न हो, पर मेरे जीवन में उसकी असरदार भागीदारी रही है। काशी ऐसे ही रत्नों की खान है। तुलसीदास लिख गए हैं—'ग्यान खान अघ हानि कर। जहँ बस संभु भवानि', अर्थात् काशी ज्ञान की खान है। जहाँ शिव-पार्वती बसते हैं। पर काशी के ज्ञान की पहचान सिर्फ मंडन मिश्र से नहीं होती है। एक कपड़ा बुननेवाला कबीर और दूसरा जूता गाँठनेवाला रैदास भी ज्ञान की इस पांडित्य परंपरा का प्रतिनिधित्व करते हैं। अब आप समझ गए होंगे कि मैं लँगड़े मोची का जिक्र किस संदर्भ में कर रहा हूँ।

पढ़ते वक्त गोदौलिया पर एक किताब की दुकान थी—पुस्तक मंदिर। उसी के सामने यह लँगड़ा मोची बैठता था, पुस्तक मंदिर बी.एच.यू. आते-जाते वक्त अपनी अड़ी थी। तब काशी के हर मोहल्ले में चाय, पान या कोई दूसरी दुकान समानधर्मा मित्रों के बैठने की जगह होती थी, जिसे आप ज्ञान बाँटने का अड्डा भी कह सकते हैं। यहाँ सुबह से शाम तक पांडित्यपूर्ण शास्त्रार्थ होते। इन अड्डों पर होनेवाली बहसें संसद् से कम रोचक नहीं होती हैं। अपना ज्ञान बाँटने के लिए बुद्ध और आचार्य शंकर को भी काशी में अड़ी लगानी पड़ी। आचार्य शंकर और मंडन मिश्र का शास्त्रार्थ इतिहास प्रसिद्ध है। भगवान् बुद्ध भी गया से ज्ञान लेकर

उसे बाँटने काशी ही आए और सारनाथ में अड़ी लगाई, जिसे बौद्ध लोग 'धर्मचक्र प्रवर्तन' कहते हैं।

ऐसी ही अड़ियों पर मेरा समाज-बोध संस्कारित हुआ। इन अड़ियों ने मुझे सँवारा, निखारा और प्रबुद्ध किया। ये अड़ियाँ मेरा बोधगया थी, यानी ज्ञान प्राप्ति का केंद्र। कबीर चौरा पर चूहड़मल की चाय की दुकान मेरे बचपन की अड़ी थी, जहाँ मोहल्ले के लोग अखबार पढ़ने जाते और इंदिरा गांधी से लेकर गोल्डामायर तक और भंडारनायके से लेकर क्वीन एलिजाबेथ तक सब पर यहाँ विमर्श चलता रहता था। इस अड़ी पर अध्यापक, पत्रकार और कबीर चौरा का संगीत परिवार जमा होता था।

पुस्तक मंदिर की अड़ी के सदस्य केवल विश्वविद्यालयी साथी ही नहीं थे। इसमें आर.टी.ओ. में काम करनेवाले क्लर्क, सिनेमा में टिकट ब्लैक करनेवाले एक सज्जन, एक महानुभाव सरस्वती टाकीज में साइकिल स्टैंड चलाते। एक सज्जन थे, जो हत्या के मामले में जेल हो आए थे। एक महापुरुष को हम इसलिए प्रोफेसर कहते थे कि वे जुए में मास्टर थे। दिन भर जुआ खेलते थे। वे हमारे लिए प्रोफेसर पद का दैवीय संस्करण थे। एक छेदीलाल थे, जिनकी बूँदी और समोसे की दुकान थी। छेदी विश्वविद्यालय में प्राचीन भारतीय इतिहास और पुरातत्त्व के छात्र थे। पर अपने नाम को लेकर कुंठित रहते थे। विभाग में लड़कियाँ बहुत पढ़ती थीं, वहाँ जा हम उन्हें छेदी कहते तो बहुत परेशान होते। तो हम लोगों ने उनका नाम रखा—'विलियम होल'। कुछ मित्रों ने सुराख अली भी सुझाया। पर छेदी विश्वविद्यालय में विलियम होल हो गए थे। रंग भी उनका दक्षिण अफ्रीकी था, सो नाम फिट बैठ गया। इस अड़ी में एक पांडेजी थे, जो कई वैज्ञानिक उपकरण बना चुके थे। आप उन्हें आइंस्टीन की बनारसी परंपरा में मान सकते हैं। पर उन्होंने अपना संपूर्ण जीवन अड़ी पर बिता दिया। एक लँगड़ा मोची और कुछ दवाइयों की मार्केटिंग से जुड़े लोग, सैकड़ों रिक्शे किराए पर चलवानेवाले एक मित्र, जैसे नाना विधाओं के ढेर सारे लोग यहाँ रोज जमा होते थे। यह अड़ी समूचे समाज और उसके वर्गीय चरित्र का प्रतिनिधित्व करती थी। यूनिवर्सिटी से आते-जाते मैं भी यहाँ रुक जाता था या फिर शाम को यहीं साइकिल खड़ी कर गंगा घाट तक आवारागर्दी होती। मेरे मित्र अजय नियमित तौर पर यहाँ लूडो खेलते थे। लूडो को इन अड़ीबाजों ने बड़ा वैज्ञानिक खेल बना

दिया था। इस खेल में उस जमाने में सैकड़ों के वारे-न्यारे होते थे। इसी अड़ी पर एक होमियोपैथी के डॉक्टर भी आते थे। वे एक ही होमियोपैथिक दवा जानवर और मनुष्य दोनों को देते थे। बस मात्रा में बदलाव करते। उनकी क्लीनिक देर रात से सुबह तक चलती थी, क्योंकि दूध बेचनेवाले उनके 'क्लाइंट' थे। गाँव से दूधवाले आते तो उनकी बीमारी का इलाज करते डॉ. साहब उन्हें होमियोपैथी की दवा देते। और अगर वे यह बताते कि उनकी भैंस भी बीमार है, तो वे मनुष्य को देनेवाली दवा की चार गुना डोज भैंस के लिए दे देते। डॉक्टर मित्र की अच्छी प्रैक्टिस थी।

इस अड़ी पर एक से बढ़कर एक चरित्र थे। व्यक्ति विशेष की विलक्षणता में दिलचस्पी की मेरी आदत को इन्हीं अड़ियों ने परिष्कृत किया। पुस्तक मंदिर की अड़ी के नीचे वह लँगड़ा, माफ कीजिएगा, दिव्यांग मोची था। हम सबका मुखबिर। देश-दुनिया की खबर वह रखता था। काम भले ही वह मोची का करता था, पर आदमी एकदम दार्शनिक बुद्धि से लबालब था। समझ, प्रत्युत्पन्नमति और देहभाषा को पढ़ने में उसका कोई तोड़ नहीं था। उसके पास चौकन्नी नजरों की पूँजी थी। भवितव्यता को पढ़ने में वह सबसे अव्वल था। यों तो हमारे बीच वह लँगड़ा मोची के नाम से मशहूर था, मगर बड़े-बड़ों की चाल ठीक करने की क्षमता उसमें थी। वह पुस्तक मंदिर की 'अड़ी' का नियमित और सक्रिय सदस्य था।

लँगड़ा मोची अपनी सोच में अरस्तु और सुकरात का फूफा था। जूता सिलने के काम को लँगड़ा न छोटा मानता, न उसके चलते वह किसी कुंठा में रहता। बल्कि जूता सिलने की बात आते ही वह अपनी अकड़ का डिस्प्ले बोर्ड ऑन कर देता। यह मैंने उसी से सीखा कि अपने काम के प्रति कोई हीनभावना नहीं होनी चाहिए। आपको याद होगा कि इसी शहर में जूता गाँठते-गाँठते भक्तकवि रैदास मुक्ति की धुरी का सत्य बता गए। लँगड़े मोची की उम्र कोई 25 साल थी। गठीला शरीर। एक पैर नहीं था। जीवनसंगिनी के नाम पर एक बैसाखी थी। वह हमें दिन भर की सारी सूचनाएँ देता था। मिलते ही सारी रिपोर्ट एक साँस में दे जाता। कौन आया? कौन किधर गया? किसके साथ कौन था? हमें देखते ही वह बैसाखी उठाता, सड़क के उस पार जाकर चाय लाता। हमें पिलाता और खुद भी पीता। पैसे जरूर हम देते, पर चाय का मैनेजमेंट उसी का होता।

लँगड़े मोची के जीवन का बड़ा सीधा सा फलसफा था कि जूता हमेशा टोपी से कीमती रहा है। टोपी दस रुपए में मिल जाती है और जूते पचास रुपए से कम में नहीं मिलते। यानी एक जूते पर पचीसों टोपियाँ न्योछावर होती हैं। इसी फलसफे पर चलते हुए लँगड़ा हमेशा इस फिराक में रहता कि कब कोई टोपी उसके सामने आए और वह तपाक से उस पर अपना जूता रख दे। अपनी इसी आदत के चलते लँगड़ा एक नहीं, बल्कि बीसियों बार बड़ी-बड़ी इज्जत की सुराहियों के पेंदे में छेद कर चुका था। लोग उससे जितना डरते थे, उतना ही सतर्क भी रहते थे। वह कभी भी, किसी भी वक्त, किसी की भी इज्जत के कपड़े बड़ी बेरहमी से उतार सकता था। उसके भुक्तभोगी पूरे शहर में थे।

गजब दार्शनिक किस्म का आदमी था। मुझे कई बार लगता है कि अगर इस देश में वास्तव में प्रतिभाओं की कद्र होती तो अब तक उसके फक्कड़ सिद्धांतों पर कई किताबें लिखी जा चुकी होतीं। मगर अफसोस, खैर! लँगड़े मोची ने इससे हार नहीं मानी। उसने उलटे जीवन की स्थितियों और मजबूरियों को अपना हथियार बना लिया था। मोची के बैठने की स्थिति उसकी सामाजिक स्थिति का आईना होती है। वह सामने खड़े व्यक्ति के घुटनों के बराबर पालथी मारकर बैठा रहता है और उसी स्थिति में उस व्यक्ति की सोच और चरित्र का एक्स-रे निकाल लेता। उसके पास विनम्रता के पुतले भी आते हैं और अकड़ के राक्षस भी। वह इन दोनों ही अतिवादों के बीच अपनी व्यावहारिकता का 'हाईवे' बनाकर सरपट दौड़ता हुआ निकल जाता है।

घर से यूनिवर्सिटी जाने के रास्ते में पुस्तक मंदिर हमारा पहला पड़ाव होता। यहीं साइकिल खड़ी कर हम लोग अपनी-अपनी सुविधा से आगे का रास्ता चुनते। कोई बस पर चढ़ जाता, कोई किसी की मोटरसाइकिल पर सवार होता, या फिर कई और मित्रों के साथ साइकिल से ही जाता। पुस्तक मंदिर की इस अड़ी के सभी सदस्यों के परिचय में एक ग्रंथ लिखा जा सकता है। एक महापुरुष और थे, जो हीरोइन और चरस का फौरन इंतजाम कर सकते थे। दुनिया में ऐसा कोई ऐब नहीं था, जिसमें पारंगत कोई-न-कोई महाशय इस अड़ी के सदस्य न हों। आप कह सकते हैं कि चार्ल्स शोभराज और नटवरलाल जैसे महापुरुष भी इस अड़ी पर आते तो उन्हें भी कुछ सीखने को मिलता। संयोग है कि ये दोनों

बनारस में काफी समय तक रहे थे। अजय पंडित इन सबके गुरु थे। गुरु नाम उनका इसी अड़ी पर पड़ा था। इस किताब की दुकान के मालिक बच्चेलाल पैदायशी सभ्य और विनम्र थे। वे कभी किसी से मुँह नहीं बिदकाते थे। हरदम मुसकराकर हर किसी का स्वागत करते। कभी-कभार हमें उनके होंठ तेजी से चलते नजर आते, पर बाहर आवाज कुछ भी न निकलती। यह इस बात का सिग्नल था कि बच्चेलाल मन-ही-मन किसी की माँ-बहन कर रहे होते। पर इस दौरान भी उनके चेहरे पर मुसकराहट दौड़ती रहती। इस दुकान के अंदर बैठकर कुछ लोग दिन भर लूडो खेलते। सिर झुकाकर सात-आठ लोग तल्लीनता से लूडो की फड़ पर घंटों बैठे रहते। पर बच्चेलाल बुरा नहीं मानते थे। न दुकानदारी के खराब होने की शिकायत करते। हाँ, दुकान पर ग्राहकों की भीड़भाड के दौरान लूडो खेलनेवाले साथी बच्चेलाल की किताब निकालने और बिल बनाने में मदद भी करते।

तो मित्रो, बात लँगड़े मोची की हो रही थी। लँगड़ा मोची विपरीत लिंग के प्रति उतना ही सतर्क रहता था, जितना सीमा पर इस्तेमाल किए जानेवाले टोही राडार होते हैं। किस व्यक्ति के साथ आ रही महिला कौन है ? यह लँगड़ा देखते ही बता देता, जो अकसर सटीक निकलता था, "कैंट से दिलीपजी आए थे और स्कूटर यहाँ खड़ा कर गोरकी के साथ बस में बईठ के गईलन। औरंगाबादवाले लाला भाई आज इतने बजे साइकिल से इनवरसिटी जात रहलन। आगे-आगे पतरकी रेक्शा पर रहल। पीछे-पीछे दुनो भाई।" ऐसी सूचनाएँ वह अपनी जुबान पर तैयार रखता और हमारे पहुँचते ही अपना रेडियो ऑन कर देता।

एक बार मैं और अजय गुरु पुस्तक मंदिर पर बैठे थे। लँगड़ा मोची आया। अजय गुरु से बोला कि कुछ पैसा दे दअ। पूछने पर कितना ? उसने पचास रुपए माँगे। गुरु ने तीस और मैंने बीस रुपए दे दिए। लँगड़ा खुशी-खुशी चला गया। मुझे लगा कि उसने दवा वगैरह के लिए पैसे लिये होंगे। उसके बाद लँगड़े मोची ने दो दिन दुकान नहीं खोली। फिर जब लँगड़ा लौटा तो मैंने पूछा, "दो दिन कहाँ गए थे ?" उसने झट से जवाब दिया, "आपसे पैसा मिलल त चल गईली शिवदासपुर। उहरे रह गईली।" मैं आश्चर्यचकित हो उसकी बात सुनता रहा। बनारस के शिवदासपुर में उन दिनों लाल बत्ती जगमगाती थी।

लँगड़ा मोची बड़ा स्वाभिमानी था। उसका स्वाभिमान भी 'दीवार' फिल्म के बच्चा अमिताभ बच्चन जैसा था। वह भी जूते की पॉलिश का फेंका हुआ पैसा नहीं उठाता था। उसने अपने जीवन में 'दीवार' फिल्म बीसियों बार देखी थी। उसके ऊपर कुछ-कुछ फिल्म का असर-सा होने लगा था। लँगड़े के भीतर एक अजीब किस्म की मौलिकता थी। दरअसल जूता सीना अपने आप में एक चरित्र होता है। बनारस में ही चौदहवीं शती में संत रविदास हुए। वे जूता सिलते थे। उनकी वजह से रविदासी लोगों का एक पूरा मोहल्ला जगतगंज में आज भी है, जहाँ अब भी जूते बनते हैं। लँगड़े मोची की यह भी ताकत थी कि वह कद की लंबाई और पद की ऊँचाई से व्यक्ति की चौड़ाई की पहचान नहीं करता था। बड़े ही निरपेक्ष भाव से अपने कर्म में लीन रहता था। वह शायद धूमिल के 'मोचीराम' की उसी परंपरा का वाहक था, जिसकी नजरों में उसका साध्य सामने पड़े जूतों की मरम्मत भर होता है। फिर उन जूतों में समानेवाले पैरों की औकात चाहे जो हो! धूमिल का 'मोचीराम' भी इसी दर्शन को आगे बढ़ाता है। वे लिखते हैं—

राँपी से उठी हुई आँखों ने मुझे
क्षण भर टटोला
और फिर
जैसे पतियाए हुए स्वर में
वह हँसते हुए बोला—
बाबूजी, सच कहूँ–मेरी निगाह में
न कोई छोटा है,
न कोई बड़ा है,
मेरे लिए, हर आदमी एक जोड़ी जूता है,
जो मेरे सामने
मरम्मत के लिए खड़ा है।

धूमिल बनारस के थे। मेरा मोचीराम भी उसी जमीन का था। धूमिल और उसके बीच अगर कोई रिश्ता हो सकता था तो वह कुछ परिचित सी संवेदनाओं का रिश्ता था। उसने जीवन के उस दर्शन को आत्मसात् कर लिया था, जो धूमिल होते हुए भी शाश्वत था, सनातन था। मुझे अकसर ही उसकी सोच की जमीन पर

धूमिल के उन विचारों के वृक्ष लहलहाते नजर आते। धूमिल ने जो लिखा, मेरे मोचीराम ने उसे जीकर दिखाया। सार बस इतना था—

और बाबूजी! असल बात तो यह है कि जिंदा रहने के पीछे
अगर सही तर्क नहीं है
तो रामनामी बेचकर या रंडियों की
दलाली करके रोजी कमाने में
कोई फर्क नहीं है।

18वीं और 19वीं सदी ब्रिटेन में भी जन-साहित्य की सदी है। यहाँ भी कवि अलग-अलग हस्तशिल्प और पेशों से आए। उस वक्त जिन रचनाकारों की रचनाएँ खूब छपी, उनमें बड़ा हिस्सा 'शू-मेकर्स' का था। 'शू-मेकर्स' की कविताएँ विश्व साहित्य की निधि हैं। इनमें मशहूर जेम्सवुड हाउस भी थे, जो स्वयं मोची थे और प्रतिष्ठित कवि भी।

मोची के लिए यूरोप में 'शू हीलर' शब्द का प्रयोग होता है। यूरोपीय समाज में इनका बहुत सम्मान है। 17-18वीं सदी में 'शू हीलरों' के वहाँ गिल्ड (कारोबारी संगठन) भी होते थे। मशीन से बने जूतों के आने से पहले जूता बनाना और सुधारना कला भी थी और कारोबार भी। 17वीं सदी में फ्रांस में 'ज्याँ दे ला फोंते' फ्रेंच कथा साहित्य के महत्त्वपूर्ण लेखक थे। फोंते बड़े किस्सागो थे। उन्होंने यूरोप के अलग-अलग हिस्सों की कहानियों को इकट्ठा कर 'फैवेल्स ऑफ फोंते' के नाम से संगृहीत किया। बाद में ये कहानियाँ यूरोपीय समाज के लोकायत का हिस्सा बन गईं। उनके इस संग्रह की एक भावुक और मधुर कथा है 'द कॉबलर एंड द फाइनेंसर'। यह कहानी एक बेहद गरीब मस्त मोची की है, जो जूता बनाते हुए गाना गाता रहता है। उसके पड़ोस में एक बड़ा बैंकर रहता है। जिसकी नींद मोची के गाने से खराब होती है। उसने मोची को बुलाया और एक मोटी रकम के बदले उस 'शू हीलर' यानी मोची से न गाने का समझौता किया।

कुछ समय बाद गाने के साथ-साथ मोची का चैन और नींद भी उड़ गई। उसका सहज स्वभाव जाता रहा। उसकी खुशियाँ खत्म हो गईं। गरीबी में उसे मिलनेवाला बड़ा पैसा उसके लिए व्यर्थ दिखने लगा। वह व्यापारी के पास पैसा लेकर पहुँचा। उसने कहा, "अपना पैसा वापस लीजिए, नींद और गाना मुझे वापस दीजिए।" फोंते यह कथा लैटिन लोकायत से लाए थे। कथा इतनी लोकप्रिय हुई कि रूस में इस

पर कई नाटक बने। 'बाइबल' में भी एक निर्धन मोची की कथा है। जो जीसस के जन्मदिन पर बाल यीशु को चढ़ाने के लिए एक सुंदर सफेद फरवाला जूता बनाता है। पर घर के सामने से गुजरते एक गरीब बीमार शिशु को भेंट कर देता है।

जूतों के इतिहास में 1991 का साल एक बड़ा मोड़ लाता है। ऑस्ट्रिया और इटली की सीमा पर पुरातत्त्ववेत्ताओं को स्वाभाविक ममी में बदला एक मानव मिला। इसका नाम 'ओएत्जी' था, जो प्रस्तर युग से कोई 3300 साल पहले का था। आल्प्स और टुंड्रा के बर्फीले इलाकों में विचरण करनेवाला यह 'ओएत्जी' जूते पहने हुए था, जो हिरण की खाल से बने थे। सिला हुआ यह जूता दुनिया के फुटवियर इतिहास का पहला संस्करण माना जाता है।

इस खोज से आप कह सकते हैं कि लँगड़ा मोची दुनिया के सबसे पुराने पेशे से आता है। रोम और मिस्र में सबसे पहले जूते बने। रोमन साम्राज्य में जूते पहनने की छूट केवल प्रभु वर्ग को ही थी। गुलाम तो नंगे पाँव ही चलते थे। मध्ययुग में यूरोप में 'बूट' बनने लगे, जो आधुनिक युग में फैशन बन गया। फीतेवाले जूतों का चलन अमेरिका से आया। तब तक 'ऑक्सफोर्ड शूज' महिलाओं और पुरुषों में लोकप्रिय हो चले थे। 19वीं सदी के अंत में अमेरिका की एक रबड़ कंपनी ने दुनिया का पहला रबड़ और कपड़े का बना जूता तैयार किया। इन जूतों का नाम 'स्नीकर' यानी चुपके से आनेवाला रखा गया। आप उसे 'उचक्का' जूता भी कह सकते हैं। इसके विज्ञापन भी 'वी आर हियर' की घोषणा के साथ होते थे। बाद के 25 सालों में तो यह जूता रीबॉक, नाइकी जैसे ब्रांडों के जरिए फैशन की पहचान बन गया।

पर मेरा लँगड़ा मोची तो सिर्फ जूतों की मरम्मत करता था। लेकिन समाज के ताने-बाने में जो टूटन दिखती, उसको भी वह अपने सूत्र वाक्यों से मरम्मत को तत्पर रहता। मसि कागद छुए बिना पांड़ित्यपूर्ण विश्लेषण करता। इस लिहाज से वह रैदास के साथ-साथ कबीरी प्रारूप का भी था। ज्यादा किताब पढ़े हुए लोगों को ज्यादा रुपए कमाए हुए लोगों के समकक्ष रखता था। वह किताब की जगह इनसान को पढ़ने का हिमायती था।

बनारस में जूता सीने के पीछे रैदास की सनातन परंपरा भी है। यह रैदास की भक्ति का चमत्कार ही था कि उनके चमड़ा साफ करने की कठौती से गंगा को प्रकट होना पड़ा। वहाँ भी काशी थी। वहाँ भी एक मोची था। यहीं से इस

कहावत का भी जन्म हुआ कि 'मन चंगा तो कठौती में गंगा।' लँगड़ा मोची एड्स से मर गया। लेकिन जब तक जिया शान से। कुंठाओं के आवरण को तोड़ वह जीवन का पूरा आनंद लेता रहा। चंदू बाबू की जूता गाथा ने फिर से उसकी याद दिला दी। उसकी स्मृति को प्रणाम!

□

* हर जगह लँगड़े को दिव्यांग पढ़ें।

3 देखो हमरी काशी

अथ पखंडी कथा

सुरति सिला पर धोइए!

तीन रोज से हवा बड़ी सन्ना रही है। बादल लगातार टपक रहा है। बताया जा रहा है कि 'ताउ-ते'[1] का असर है। लालबुझक्कड़ी भविष्यवाणियाँ करनेवालों के मुताबिक यह सिलसिला अभी और चलेगा। मैंने बाहर दरवाजे पर बनारस के घाटोंवाली बाँस की छतरी लगाई है। वह भी टपक रही है। उसे भी दुरुस्त कराने का वक्त आ गया। आजकल इसके भी कारीगर नहीं रहे। अब तो बनारस में घाट पर पंडे भी प्लास्टिक की छतरियाँ लगाने लगे हैं। बनारस में एक ही परिवार बचा है, जो बाँस की ऐसी परंपरागत छतरी बनाता है। हमारे गुड्ड नेता उन्हीं से बनवाकर मुझे भेजते हैं।

मौसम की भीगा-भागी के चलते घर पर कपड़े नहीं सूख रहे हैं। पत्नी ने जिस हाई प्रोफाइल 'ड्राई क्लीनर' को लगाया है, वह एक बड़ी वैन में हैंगर पर टाँगकर कपड़े लाता है। हर कपड़े को पॉलिथिन का

1. ताउ-ते—एक तूफान

खोल पहनाकर। इतने तामझाम में भी कपड़े-लत्ते की तरह आ रहे हैं। कपड़ों की पुरानी सज-धज जाती रही।

धुलाई कंपनी का आदमी कहता है कि लॉकडाउन में कारीगर भाग गए हैं। इसलिए धुले हुए कपड़ों की यह गति है। कोरोना युग (कलियुग का एक उपयुग) में जिंदगी कितनी बची है, यह तो हमें नहीं मालूम, पर इस उम्र में अपने दो ही शौक बचे हैं—अच्छा खाना और बढ़िया पहनना। पहनने का जो ताव बचपन में पखंडी ने बनवाया था, अब ड्राई क्लीनिंग कंपनियों ने उसे तोड़ दिया है। एक बनारसी मित्र अजय सिंह ने तो बाकायदा 'धोबी' नाम से ड्राई क्लीनिंग कंपनी ही खोल ली है। धुले हुए बेदम और मुर्दा कपड़ों को देख मुझे पखंडी बहुत याद आते हैं।

पखंडी हमारे धोबी थे। पीढ़ियों से कपड़ों की गंदगी धोते थे। समाज-जीवन की गंदगी के शत्रु। दुनियावी प्रपंच से दूर, अपने काम पर फोकस रखनेवाले पखंडी, भगवान् को भी धोबी मानते थे। पखंडी कहते, "मैं कपड़े धोता हूँ, भगवान् पाप धोते हैं। दोनों का काम एक ही है। बिरादर हऊअन हमार। पर समाज के देखा, उनके पतितपावन कहल जाला और हमके धोबी। त हम और भगवान एकै काम करिला। पर नाम अलग-अलग हौअ।" आप सोच रहे होंगे। धोबी का ऐसा ज्ञान!

तो मित्रवर, यह बनारस है। यहाँ मंडन मिश्र का तोता भी संस्कृत बोलता था। पखंडी सफाई के सवाल पर गांधी को भी अपने गोल गिरोह का ही मानते थे।

कपड़ों की सफाई पर अर्थशास्त्र में चाणक्य कहते हैं—

दरिद्रता धीरतया विराजते,
कुवस्त्रता शुभ्रतया विराजते।

अर्थात् दरिद्रता भी धीरता से शोभित होती है। सफाई से कुवस्त्र भी अच्छा लगता है। पखंडी धोने की कला से कुवस्त्र को निखार देते थे। वैसे पखंडी बेहद शालीन थे, पर हलक में 'अंग्रेजी' जाते ही वे जवाहरलाल से लेकर कमलापति त्रिपाठी तक पर भाषण दे डालते। तब धागे से कान पर बँधे चशमे के भीतर से झाँकती उनकी आँखें गंभीर राजनीति के अध्येता की हो जाती थीं।

पखंडी अपने नाम से उलट थे। अतिशय विनम्र और पाखंड से कोसों दूर।

यों तो मेरे परिवार से उनका नाता तीन पीढ़ी का था—पहले पखंडी के पिता, फिर पखंडी और उसके बाद उनका लड़का भी इसी काम में लगा। पर पखंडी से मेरा अपनापा ज्यादा था। वजह, मैं उनके लिए 'अंग्रेजी' का इंतजाम करता था। यूनिवर्सिटी की एन.सी.सी. कैंटीन से जुगाड़ कर मैं उनके लिए रम लाता था। जब पखंडी आते तो उन्हें तृप्त करता और बची हुई बोतल पिताजी के अध्ययन-कक्ष में 'हिंदी शब्द सागर' की रैक के पीछे रखता था, ताकि कोई और न हाथ साफ कर दे। या खुले में रहने से कोई यह भी न कहे कि शर्माजी के यहाँ शराब रहती है। एकाध बार पिताजी भड़के भी, यह क्या है ? जब मैंने समझाया, पखंडी के लिए रखता हूँ तो उनकी आँखों में मैंने संतोष की कौंध देखी। वे समझ गए थे कि यह सेवा मैं पखंडी और मोहल्ले के पानवाले हीरू सरदार के लिए करता हूँ। तो भंतो, पिताजी की सहमति से पखंडी की यह सेवा जारी रही।

पखंडी बनारस से कोई 25 कि.मी. दूर मार्कंडेय महादेव के पास चंद्रावती गाँव के रहनेवाले थे। गंगा के किनारे इस गाँव की प्राकृतिक छटा देखते बनती थी। पखंडी शहर से कपड़े गाँव ले जाते थे और गंगा नदी में धो वापस लाते थे। एक बार अगर आपने पखंडी का धुला कपड़ा पहन लिया तो सारे ड्राईक्लीनर्स फेल। झक सफेद और कड़क कलफ। पखंडी का दो पत्नी, एक बेटे, तीन गधे और एक कुत्ते का भरा-पूरा परिवार था। एक गधा तो पखंडी को बेटे की शादी में दहेज में मिला था। पखंडी अकसर कपड़ों की लादी गधे पर रख, फिर उसके ऊपर खुद सवार हो शहर आ जाते। कपड़ों की लादी के साथ गधे पर बैठ बनारस आने में उन्हें चार घंटे लगते।

अपने अपनत्व भरे स्वभाव से पखंडी हमारे बृहत्तर परिवार के सदस्य जैसे थे। मुझे याद है कि एक बार मैंने उन्हें पखंडी कह दिया था तो मेरी माँ ने मुझे डाँटते हुए कहा था, "चाचा कहा करो।" तब से वे पखंडी चाचा हो गए। जीवन में पखंडी ने एक ही आग्रह किया था कि उनके बेटे की शादी में मैं उनके गाँव चलूँ। मैं गया भी। पखंडी से मेरे रासायनिक ताल्लुक की भनक उनकी बिरादरी में थी। बिरादरी को यह बात पहले से पता थी कि कोई छोटे भइया हैं, जो पखंडी को 'अंग्रेजी' पिलाते हैं। जब मैं उनके गाँव पहुँचा तो सारी धोबी बिरादरी मुझे अपना समझ रही थी। मुझे लगा कि मैं वर्षों से उनसे परिचित हूँ। सबने खूब खातिर की। तरलीय

मस्ती में मैंने धोबियों का नृत्य देखा। धोबिया नृत्य अलौकिक होता है, दुनिया के किसी देश में ऐसा नृत्य नहीं होता होगा। नाचते-नाचते वे लोटायमान हो जा रहे थे। लोटायमान हो अपनी टाँगों को इस गति से इधर-उधर फेंकते, जैसे हमास के रॉकेट। कुछ नए जमाने के लड़के भी थे, जो धोबियों के पारंपरिक नृत्य के अलावा 'न तुम हो यार आलू, न हम हैं यार गोभी, तुम भी हो यार धोबी और हम भी यार धोबी' गाकर हम जैसों को भी अपने उत्सव में शामिल कर रहे थे।' सामूहिक धोबी भोज में शामिल हो मैं रात में ही लौट आया, पर अपनी मौजूदगी से पखंडी की आँख में मैंने स्नेह को निर्झर बहते देखा।

पखंडी आठ से दस रोज के अंतर पर कपड़े लेकर आते थे। अकसर जब देर होती तो वजह बताते थे कि गधा गायब हो गया था। दो-तीन दिन ढूँढ़ने के बाद मिला। पर एक बार गजब हुआ, पंखडी का बेटा गायब हो गया। खूब ढूँढ़ाई हुई, नहीं मिला। परिवार में रोना-पीटना। परेशान पखंडी बनारस आकर ओझा और ज्योतिषियों से भी मिले, पर कुछ पता नहीं चला। मैंने पूछा कि पंडितजी ने क्या बताया? तो वे बोले कि कह रहे हैं, जहाँ है, ठीक है। वापस आ जाएगा। मैंने पूछा, "पंडितजी ने बताया कि किस दिशा में गयल हौअ।" "उ ससुर पूरब जाए या पश्चिम, हम त दक्खिन में मिल गयली।" दुःखी पखंडी ने कहा। कई महीनों बाद पता चला कि उनका बेटा बंबई में है और कंपनी में काम करता है। पखंडी ड्राईक्लीनर्स को कंपनी कहते थे।

बेटे और भविष्य की चिंता में पखंडी परेशान रहने लगे। तभी न जाने क्या कैलकुलेट कर पखंडी ने दूसरी शादी कर ली। हम सब अचंभित थे। शादी के बाद जब पखंडी घर आए तो बताया कि जिस रोज उन्होंने दूसरी शादी की, उसी रोज उनके घर में चोरी हो गई। मैंने कहा, "पखंडीजी, बुजुर्ग कह गए हैं कि मुसीबत अकेले नहीं आती।" अपनी लाचार मुसकराहट बिखेरते पंखडी ने दूसरी शादी के बारे में जो बताया, वह बहुत निजी बात थी। पर उसमें एक मुद्दा यह भी था कि पखंडी तीन पंचवर्षीय योजनाओं से आगे की सोच रहे थे, "अभी त जाँगर चलत हौउ। दस-पंद्रह बरस बाद जब जाँगर न चली त हमरे काम में के हाथ बटाई।" इस गणित में पखंडी ने दूसरी शादी की। गणित में पखंडी आर्यभट्ट के भी चाचा निकले। दूसरे ही बरस पखंडी को पुत्र रत्न की प्राप्ति हुई। जब मैं नौकरी के लिए बनारस छोड़ लखनऊ के लिए निकला

तो पखंडी का बेटा बड़ा हो उनके साथ कपड़े लेकर घर आने लगा था। इतनी दूरदृष्टि थी पखंडी में।

सिर्फ हमारे यहाँ नहीं, दुनिया के हर हिस्से में धोबियों के रोचक किस्से हैं। पखंडी की जड़ें रोमन इतिहास में भी मिलती है। रोम के इतिहास में पखंडी के पुरखे मिलते हैं। रोमन सभ्यता का महान् नगर नेपल्स है। उसके बाहरी इलाकों में पांपेई के अवशेष आज भी हैं। इस महान् शहर को विसुवियस का ज्वालामुखी निगल गया था। पर इतिहास यहाँ के अवशेषों से अब भी निकलता रहता है। पांपेई की रोचक कथाओं में धोबियों की कहानियाँ भी हैं। पांपेई की दीवारों पर फुलोनिका की पेंटिंग दर्ज है। फुलोनिका यानी 'लॉन्ड्री सर्विस', यानी पखंडी जिसे कंपनी कहते थे। इन चित्रों से रोमन धोबियों का इतिहास खुलता है। तब रोम के लोग ऊनी कपड़े ही पहनते थे। कपास था नहीं, इसलिए सूती कपड़ा बनता नहीं था। इसे धोने के लिए वहाँ फुलोन थे। भारत में जैसे कपड़ों को पैर से रौंद मैल निकालते थे, ठीक वैसे ही फुलोन भी लकड़ी के टब में कपड़े रौंदते थे, फिर धोकर सुखाते थे। फुलोन सेवा के लोग कपड़ों को धोने के लिए राख और मूत्र का इस्तेमाल करते थे। प्राचीन रोम में मूत्र इकट्ठा करना और कपड़ों की सफाई के लिए उन्हें मूत्र में उबालना एक पेशा था।

कालांतर में यूरोप में नदी के किनारे भी कपड़े धुलने लगे। वैसे ही जैसे हमारे यहाँ धोबी घाट होता है। महीनों समुद्री यात्राओं में रहनेवाले लोग अपने कपड़े एक साथ एक रस्सी में बाँध समुद्र में फेंक देते। रस्सी जहाज से बँधी होती और खारे पानी से कुछ समय में कपड़े साफ हो जाते।

धोबी बड़ा सजग प्राणी होता है। कपड़े धोने के साथ-साथ आसपास की घटनाओं पर चौकन्नी नजर भी रखता है। 'धोबी की जासूसी' सिर्फ 'रामायण' में ही नहीं, अमेरिका में भी मिलती है। अमेरिकी क्रांति के दौरान जॉर्ज वाशिंगटन ने एक मजबूत जासूसी नेटवर्क बनाया था, जिसे 'स्पाई मास्टर' या 'कपलर स्पाई रिंग' कहते थे। अमेरिकी इतिहास इनकी जाँबाजी के किस्सों से भरा पड़ा है। जॉर्ज वाशिंगटन ने इन दस्तों में आमतौर पर सामान्य कामगार रखे थे, लेकिन उनके दस्ते में धोबी ज्यादा कामयाब जासूस थे। संदेश देने में उन्होंने एक अनोखी तरकीब अपनाई थी। वे निश्चित तरीके से कपड़े सुखाते थे, जिन्हें 'क्लॉथ लाइन कोड' कहा जाता था। उनके इस तरीके से खुफिया संदेश निकलते थे।

दुनिया में धोबियों का काम 18वीं शती में आसान हो गया, जब ब्रिटेन में कपड़े धोने के लिए पहली वाशिंग मशीन आई, जिसे 'हेनरी सिडजियर' ने बनाया था। दूसरे विश्व युद्ध के वक्त साबुन की कमी हो गई, तो आविष्कार हुआ डिटर्जेंट का। भारत में 'सनलाइट' साबुन सन् 1880 में आ गया था। यह पहला डिटर्जेंट साबुन था। सन् 1959 में 'हिंदुस्तान लीवर' का 'सर्फ' बाजार में आया, जो इस देश में वाशिंग पाउडर का पर्याय बन गया। पर हमारे यहाँ पखंडी और उनके जैसे पारंपरिक धोबी कपड़े के लिए नमकीन रेह मिट्‍टी (सेलाइन सॉयल) का ही इस्तेमाल करते रहे। गधे की लीद, रेह और बकरी की मींगनी में भिगोए गए कपड़े गधे की पीठ पर तालाब और नदी से धुलकर लौटते थे।

कबीर का धोबी दर्शन भी गजब का है। वे कहते हैं—

गुरु धोबी सिख कपड़ा, साबू सिरजन हार,
सुरती सिला पर धोइए, निकसे ज्योति अपार।

यानी गुरु धोबी है, शिष्य कपड़ा। साबुन है परमात्मा। इस वस्त्र को यदि चेतना की शिला पर धोया जाए तो शिष्य ज्योतिर्मय हो उठता है।

वैसे भी भारत में धोबी तीक्ष्ण बुद्धिवाली पेशेवर जाति मानी गई है। धोबी के कारण ही रामकथा का दुखांत हुआ। 'वाल्मीकि रामायण' में लोकापवाद को स्वाभाविक बनाने के लिए कल्पना की गई कि किसी पुरुष ने पराए घर में रही अपनी पत्नी को यह कहकर निकाल दिया कि वह राम नहीं है कि रावण के यहाँ रही सीता को स्वीकार कर ले। 'श्रीमद्‍भागवत पुराण' और 'कथा-सरितसागर' में ऐसा वर्णन है। फादर कामिल बुल्के मानते हैं कि 'कथा-सरितसागर' ने यह प्रसंग गुणाढ्‍य की बृहत्कथा से लिया होगा, जोकि अब अप्राप्य है। इस प्रसंग को और भी स्वाभाविक बनाने के लिए कल्पना की गई कि अपनी पत्नी को लांछित करनेवाला पुरुष धोबी था। ऐसा वर्णन 'जैमिनी अश्वमेध' और 'पद्‍म पुराण' में भी है। बांग्ला रामायण में लोकापवाद से दुःखी राम स्नान करने जाते हैं तो धोबी-धोबिन का झगड़ा सुनते हैं। वे घर आते हैं तो सीता द्वारा बनाया रावण का चित्र देखते हैं। धोबी-वृत्तांत कश्मीरी, गुजराती, मैथिली आदि रामायणों में भी है। भारत के अलग-अलग राज्यों में अलग-अलग नामों से—धोबी, वार्थी, बरेठा, चकला रजक, परीत नामों से यह जाति जानी जाती है। श्रीलंका के पूर्व प्रधानमंत्री रणसिंघे प्रेमदास भी धोबी थे। वे धोबी

समाज से आनेवाले पहले ऐसे सदस्य थे, जिन्होंने किसी देश का नेतृत्व किया। जब धोबी तीक्ष्ण और तर्कबुद्धि का प्रतीक है तो लोग धोबी से तुलना पर चिढ़ते क्यों हैं? यह मेरी समझ से परे है। मेरे मोहल्ले में एक सुकुलजी थे, जो 'धोबी हौअ!' कहते ही गालियाँ देने लगते थे।

धोबी समुदाय के भीतर देश और समाज के लिए सेवा की अलख जगाने की पुरानी परंपरा है। पखंडी की बस्ती में भी समाज के प्रति इसी जागरूकता व उत्तरदायित्व के प्रतीक मौजूद थे। उनकी बस्ती में मरी माता और संत गाड़गे का एक चबूतरा था। पहली बार संत गाड़गे को मैंने तभी जाना। महाराष्ट्र के अमरावती के रहनेवाले संत गाड़गे सामाजिक कुरीतियों के खिलाफ खड्गहस्त समाज-सुधारक थे। उन्होंने महाराष्ट्र के कोने-कोने में अनेक धर्मशालाएँ, गौशालाएँ, विद्यालय, चिकित्सालय तथा छात्रावासों का निर्माण भीख माँग-माँगकर कराया था। अपने पूरे जीवन में इस महापुरुष ने खुद के लिए एक कुटिया तक नहीं बनवाई। उन्होंने धर्मशालाओं के बरामदे या आसपास के किसी वृक्ष के नीचे ही अपनी समूची जिंदगी बिता दी। एक लकड़ी, फटी-पुरानी चादर और मिट्टी का एक बरतन, जो खाने-पीने और कीर्तन के समय डफली का काम करता था, यही उनकी संपत्ति थी। इसी से उन्हें महाराष्ट्र के भिन्न-भिन्न भागों में कहीं मिट्टी के बरतनवाले गाड़गे बाबा व कहीं चिथड़े-गोदड़ेवाले बाबा के नाम से पुकारा जाता था।

बाद में पखंडी को गले का कैंसर हो गया। हमने बी.एच.यू. में उन्हें दिखाया। लंबा उपचार चला। ऑपरेशन करना पड़ा। लड़के ने उनका काम सँभाला। एक बार वे ठीक हो गए, पर दो साल बाद कैंसर रिलैप्स हुआ और पखंडी अपनी दुनियावी लादी छोड़कर चले गए। इस बार अकेले, बिना गदहे के। उन्हें प्रणाम!

□

हीरू पान भंडार

4 देखो हमरी काशी

हीरू पानवाले

खुल जाए बंद अकल का ताला!

चंदू बाबू का फोन आया। उन्होंने पूछा, "शाम को टहलने का कार्यक्रम है क्या ?" मैंने कहा, "नहीं।" तो वे बोले, "आज मौसम रंगीन है। मन लौछिया रहा है, पान करने के लिए।" मैंने पूछा, "पान करने का ? या फिर पान खाने का ?" पियक्कड़ी आतुरता में वे बोल पड़े, "नहीं भाई, पान करना चाहता हूँ। मौसम पर 'यास' (तूफान) का असर है।" मैंने कहा, "मैं तो पान करने नहीं, बल्कि पान खानेवाली बनारसी संस्कृति का आदमी हूँ। बंद अक्ल का ताला उसी से खुलता है और हाँ, बनारस में पान खाया नहीं, जमाया जाता है।" चंदू का उत्साह पृथ्वी की कक्षा छोड़ने से पहले समुद्र में गिरनेवाले उपग्रह की तरह ठंडा पड़ गया। पान न खाने के बावजूद अकसर मुझे यह बात कचोटती है कि नोएडा में खाने लायक पान भी नहीं मिलता। चंदू बाबू की इस मौसमी फरमाइश ने मुझे मेरे मोहल्ले के पानवाले हीरू सरदार की याद दिला दी।

कद साढ़े तीन फीट, नाक टेढ़ी, कान में बाल

निरक्षर भट्टाचार्य, एक गमछा पहने हुए और दूसरा कंधे पर, गमछे के नीचे लँगोट की लाँग लटकी हुई। मुँह में पान, कृशकाय शरीर। यह थी हीरू सरदार की नवईय्यत। (बनारस में अहीर लोगों के लिए 'सरदार' सम्मानसूचक संबोधन होता है) बनारस में पान का कारोबार ज्यादातर बरई, यानी चौरसिया करते हैं। इन्हें ही 'तमोली' या 'तंबोली' भी कहा जाता है, जो संस्कृत के तांबूल से बना है। इधर इस कारोबार में अहीरों का भी दखल हो गया है।

मुश्किल से छह फीट लंबी और चार फीट चौड़ी उनकी गुमटी में एक बड़ा सा आईना, एक नक्काशीदार पीतल के पैरवाली चौकी, चूने का चमचमाता कटोरा, कत्थे के लिए लोटेनुमा मिट्टी का पात्र, सादी पत्ती का मिट्टी का कटोरा, इलायची, लौंग, पिपरमिंट, किमाम की डिबिया और गुलाबजल। बस इतना ही था हीरू के कारोबार का सामान। हीरू सिगरेट नहीं बेचते थे। उनकी दलील थी कि ई नुकसान करअला। करेजा जर जाला। चूने का कटोरा और कत्थे का बरतन हीरू इतना चमकाकर रखते थे कि बड़े-से-बड़े कर्मकांडी पंडित अपनी आचमनी उतनी क्या चमकाते होंगे!

पियरी पर मेरे घर के सामने हीरू की पान की गुमटी थी। हीरू उच्चकोटि के जर्रे थे। जर्रे यानी बात-बात में जिस किसी के शरीर के किसी खास हिस्से में परपराने और फिर भड़क जाने की अनुभूति हो, उसे कहते हैं। मूल शब्द 'गड़जर्रे' है, लेकिन चलन में मुख सुख के आधार पर 'गड़' का लोप हो गया। मोहल्ले के लड़कों के वे मनोरंजन के साधन थे। दिन भर में कई दफा लोग हीरू को चिढ़ाते, पिड़काते और मेरे घर तक तेरी माँ···तेरी बहन···आदि-आदि हीरू की ललकार सुनाई देती। हीरू सरदार को अपनी कमजोर शारीरिक संरचना पर न कोई मलाल था, न ही उसे वे अपनी कमजोरी समझते थे। कोई पहलवान भी सामने आ जाए तो हीरू सरदार उसे गरियाते हुए जमीन पर पटकने की चुनौती देते थे। पान लगाने के प्रति हीरू सरदार का जो समर्पण था, उसके पीछे बनारस की जड़ों में घुली एक पुरानी परंपरा भी है, क्योंकि बनारसियों के लिए पान जीने का औजार है।

बनारसियों का विश्वास है कि पान स्वर्ग में नहीं मिलता, इसलिए जितना जमाना हो, यहीं जमा लीजिए। इस शहर में पान खाया नहीं, जमाया या घुलाया जाता है। पान घुलाते वक्त वह भगवान् से भी बात नहीं करता। बहुत जरूरी

हुआ तो आसमान की तरफ मुँह कर कुछ बुदबुदा देगा। बनारसी पान से कितनी मुहब्बत करते हैं, यह इसी से पता चलता है कि जो बनारसी पान नहीं खाते, वे भी खाना खाने के बाद और निपटने (निवृत्त होने) से पहले पान जरूर खाते हैं।

अचरज की बात है कि बनारस में पान की खेती नहीं होती। पान यहाँ पैदा नहीं होता, फिर भी बनारस का पान जगत्प्रसिद्ध है। यानी पान नहीं, बल्कि यहाँ की पान लगाने की कला ने दुनिया में अपना झंडा गाड़ा है। हीरू अपनी पान की चौकी को किसी को हाथ नहीं लगाने देते थे। क्या मजाल कोई पान का ग्राहक पैसा उसकी चौकी पर रख दे। हीरू कुपित हो कहते, "बड़ा जल्दी हौअ, उठावा पईसा। पान नाही हौअ।" वे पान भी हमेशा विलंबित में लगाते। एक बार पान पर कत्था लगाकर अगर चौधरी चरण सिंह की चर्चा छिड़ गई, तो फिर चूना लगाने का नंबर चार-पाँच मिनट बाद ही आता।

यहाँ पान के पत्ते को पकाने की तरकीब, कत्थे का संस्कार, दहीवाला चूना और सादी पत्ती (सुर्ती) का फॉर्मूला ही बनारसी पान का पेटेंट है। जो पान के पत्ते महोबा, कलकत्ता और उड़ीसा से आते हैं, उसे यहाँ आठ से दस रोज तक कपड़े में लपेटकर पानी का छींटा दे, एक विशेष प्रक्रिया से गुजारकर पकाते और मुलायम बनाते हैं। इसे 'कमाना' कहते हैं, जो एक कला है। हर रोज पान पलटते हैं। खराब या गलनेवाले पान को छाँटकर अलग करते हैं। बनारस के दो मोहल्ले नया-पुराना पानदरीबाँ इसी काम के लिए जाने जाते हैं।

कहते हैं, भारत के दिलचस्प अतीत में अगर कोई एक परंपरा या वस्तु अपनी निरंतरता में उपलब्ध रही है तो वह पान है। पान की सबसे पुरानी कथा 'स्कंदपुराण' में मिलती है। देव व दानव के समुद्र मंथन से जब अमृत निकला, तो उसके छींटे जहाँ-जहाँ गिरे, वहाँ-वहाँ पान उग आया। 'सुश्रुत संहिता' भी 'स्कंदपुराण' के आसपास ही रची गई। 'सुश्रुत संहिता' में पान के आयुर्वेदिक गुणों का बखान और भोजनोपरांत इसे ग्रहण करने का विधान है।

'महाभारत' में तांबूल यानी पान की बार-बार चर्चा आती है। पान को संस्कृत में 'नागवल्लरी' भी कहते हैं। कथा है कि वैद्यराज धन्वंतरि ने 'एंटी ऑक्सिडेंट' के तौर पर पान में कत्था, सुपारी और चूना लगाकर इंद्र को दिया था। इंद्र तृप्त हुए, तभी से पान देवताओं का प्रिय हुआ और सभी पूजा-विधानों में देवताओं को तांबूल अर्पित किया जाने लगा। वैदिक मंत्रों में—

पूँगींफलं महादिव्यं नागवल्लीदलैर्युतम्।
एलालवंगसंयुक्तं ताम्बूलं प्रतिगृह्यताम्॥
मुखवासार्थे ताम्बूलं समर्पयामि।

ऐसा कहकर भगवान् को इलायची, लौंग व सुपारी के साथ पान समर्पित किया जाता है। दुनिया में पान की करीब 90 किस्में मिलती हैं। इनमें 40 भारत में उगाई जाती हैं। वनस्पति विज्ञानी बताते हैं कि पान और सुपारी दोनों दक्षिण एशिया क्षेत्र की वनस्पति है। दोनों एक साथ भारत में आए थे और मुखवास व पूजन के विधान का हिस्सा बन गए।

थाईलैंड की स्पिरिट केव (गुफा) को 10,000 से 7,000 बीसी पुराना माना जाता है। यहाँ सुपारी का सबसे पहला संदर्भ मिलता है। सुपारी शायद मलेशिया से थाईलैंड आई, क्योंकि मलेशिया में सुपारी परिवार के कई फल मिलते हैं। सिर्फ भारत में ही नहीं, दक्षिण एशिया की परंपराओं में पान व सुपारी के असंख्य संदर्भ मिलते हैं। वियतनाम की 2,000 बरस पुरानी किताब 'द लाइफ स्टोरीज ऑफ तैन एंड लैंग' में पान चबाने का उल्लेख मिलता है। बहुत संभव है कि भारत में पान-सुपारी वियतनाम के रास्ते ही आए हों।

सुपारी के लिए प्रयोग होनेवाला 'एरेक' शब्द सुंडा द्वीपों की तालिंगा भाषा से मिलता है। लेकिन सुपारी के लिए अंग्रेजी में 'एरेका नट' लंबी प्रक्रिया से बना है। मलयाली भाषा में सुपारी के लिए बोला जानेवाला अडक्का पुर्तगाली भाषा से होते हुए अंग्रेजी तक आया। तमिल में सुपारी को 'पुग' कहते हैं, जो अलग ही शब्द है। ऐसे ही पान का अंग्रेजी नाम 'बीटल' भी पुर्तगाली अतीत की ध्वनि है। मलयालम में पान को 'वेट्टिल' कहते हैं जिसका अर्थ है असली पत्ता। यह अंग्रेजी वाले बीटल का पूर्वज है। हिंदी का पान संस्कृत के पत्र की अगली पीढ़ी है। पान के प्राचीन संदर्भों में 400 ईसा पूर्व के बौद्ध जातक, संस्कृत का धर्मशास्त्र, शूद्रक का मृच्छकटिकम में मिलते हैं। अगर इतिहास और साहित्य को एकसाथ रखकर देखा जाए तो शायद पाँचवीं सदी तक पान लोक परंपरा का हिस्सा हो गया था। रेशम व्यापारियों का प्रसिद्ध मंदसौर पुरालेख (473 एडी) इसका प्रमाण है। छठी सदी में लिखी वराहमिहिर की 'वृहत्संहिता' तक पान का प्रचलन सामान्य जीवन का हिस्सा हो गया था। मध्य भारत के सम्राट् सोमेश्वर की ओर से पहली बार पंच सुगंध आधारित तांबूल का बखान मिलता है अर्थात्

इलायची, लौंग, सुपारी, कर्पूर और जायफल वाला तांबूल।

मोरक्को का विद्वान् यात्री इब्नबतूता 14वीं सदी में जब दिल्ली आया तो उसे सुल्तान मुहम्मद बिन तुगलक ने शानदार दावत के बाद पान पेश किया। बतूता जैसा ही किस्सा है 15वीं सदी के विजयनगर दरबार का, जहाँ समरकंद के दूत अब्दुल रज्जाक का स्वागत पान से हुआ। उसने पान की बड़ी तारीफ की। 18वीं सदी में केलादि सम्राट् बासवराज की एक रचना है 'शिवत्वरत्नाकार'। इसमें उसने अपने राज्य की सर्वश्रेष्ठ पान व सुपारी की किस्मों का ब्योरा लिखा है। बासवराज का साम्राज्य आज के गोवा तक फैला था। पान के जरिए रिश्ते बनाने और विवाद खत्म करने की लोकायत परंपराएँ कब बनीं, इसका पता नहीं, लेकिन पान उठाकर कुछ बनाने या खत्म करने का संकल्प मुहावरों में अभी भी है। भाँग के नशे में पुराने पंडितजी जब पान का बखान करते हैं तो वे इस पत्ते में विष्णु, लक्ष्मी, शारदा, सूर्य, यम—सबका निवास बता देते हैं।

तो बजरिए मीर तकी मीर—

जब हम-कलाम हम से होता है पान खाकर,
किस रंग से करे है बातें चबा-चबाकर।

वापस लौटते हैं हीरू की पान-कथा पर। हीरू के पान की खासियत थी उनका कत्था। कत्था बनाने की उनकी खास प्रक्रिया थी। पहले कत्थे को पानी में भिगोकर वे उसे दूध में उबालते थे। पकने के बाद उसे एक कपड़े में बाँध किसी पत्थर के नीचे दबाकर रखते थे, ताकि पानी के साथ उसका कसैलापन और गरमी बाहर निकल जाए। इसके बाद वे कत्थे को पानी में घोंटते थे, गुलाब के इत्र और पिपरमिंट के साथ। हीरू कत्थे में थोड़ा अफीम का पानी भी मिलाते थे, तभी लोग उनके पान के आदती बन जाते थे। दूर-दूर से लोग पान खाने उनके यहाँ आते थे। बनारस में सुर्ती की जगह सादी पत्ती खाई जाती है। सादी पत्ती हर पानवाले की अपनी खासियत होती है, क्योंकि सबका फॉर्मूला अलग होता है। इस प्रक्रिया में सादे तंबाकू की पत्ती को कई बार पानी से धो उसमें बराश, इलायची, लौंग, पिपरमिंट और इत्र मिला उसे तब तक रगड़ते हैं, जब तक वह मुलायम न हो जाए। चूने को भी हीरू एक खास तरह से संस्कारित करते। वे ताजा चूना कभी इस्तेमाल में नहीं लाते थे। पहले चूने को पानी से बुझाते थे, फिर छने हुए चूने में दही का पानी मिला उसकी गरमी निकाली जाती थी।

हीरू सरदार मेरे प्रिय थे। उनकी सोहबत में आनंद की अनुभूति अद्‌भुत थी। मैं भी पढ़ाई-लिखाई के बाद मन बहलाने के लिए उनसे मुखातिब होता। उन दिनों वे मेरे आनंद के साधन थे। इस आनंद में जेब भी ढीली होती थी। मसलन त्योहारों पर मैं हीरू को अंग्रेजी रसायन का पान कराता था। हीरू को परेशान करने के लिए मोहल्ले के लड़कों की जो फौज थी, उसके लिए पटाखे आदि खरीदता था। रात में दुकान बंद कर हीरू अपनी गुमटी में ही सोते थे। एक रात हीरू की गुमटी के नीचे हजार लड़ीवाली चटाई बिछाई गई। आधी रात के बाद चटाई छूटी। एक तो नींद में हीरू और फिर गुमटी के नीचे विस्फोट। हीरू गुमटी खोल हड़बड़ाहट में गुमटी से कूदने के चक्कर में नीचे गिर गए। धड़ाम-धड़ाम जारी था। थोड़ी देर में हीरू भाँप गए। पान काटनेवाली कैंची ले लड़कों को दौड़ाने लगे। आगे-आगे लड़के, पीछे हीरू, उसके पीछे मोहल्ले के कुत्ते। बड़ा दारुण दृश्य था। मैं घर से बाहर निकला, हीरू को समझाया—"जायदा यार हीरू, लड़का हउअन।" गुस्से में तमतमाते हीरू ने कहा, "इनकी माँ की··· लड़का हउअन ई सारे। आज इनके ठीक करअब।" हीरू के घुटने छिल गए थे। मरहम-पट्टी कर मैंने किसी तरह समझा-बुझाकर शांत किया। रात ज्यादा हो गई थी, आसपास के लोग जाग गए। मेरी माँ समझ गई थी कि यह बदमाशी किसकी है। वह मुझे डाँट रही थीं। समझ तो पिताजी गए थे, पर अकसर वे ऐसे मामलों की अनदेखी करते थे।

हीरू को एक दफा मैंने रात में शराब पिलाई। शायद वह नागपंचमी का दिन था। हीरू बाग-बाग। कहने लगे, "छोटू भइया जईसन मुहल्ला में कोई आदमी नाहीं हौअ। पैसावाला बड़ा-बड़ा आदमी देखली, पर एतना बड़ा करेजा हौअ कोई अउर कअ। अंग्रेजी पिआवलन।" नशे में आकर हीरू गुमटी में जाकर सो गए। मोहल्ले के लड़कों की फौज तैयार थी। जब हीरू पूरी तरह नींद के आगोश में थे तो लड़कों ने गुमटी उठाई और चल पड़े। बगल का मोहल्ला मुसलमानों का था, उसे 'मियानी टोला' कहते थे। उसके बगल में एक बड़ा कब्रिस्तान था। कब्रिस्तान के सन्नाटे में गुमटी रख लड़के भागे। जब सुबह हीरू उठे तो उन्होंने अपने को गुमटी सहित कब्रिस्तान में पाया। हीरू गुमटी वहीं छोड़ सिर पर पाँव रखकर भागे। हीरू डर से काँप रहे थे। उनका कहना था कि कब्रिस्तान के भूत उन्हें पकड़कर ले गए। वे रह-रहकर सिर पर भूत सवार होने जैसा व्यवहार करने लगे। ओझा बुलाए गए। मामला बढ़ गया था। गुमटी वापस

आई। कोई कुछ बोल नहीं रहा था। इस कांड को अंजाम देनेवाले लड़के भी कई दिन मोहल्ले में नहीं दिखे। हीरू ने उधर का रास्ता छोड़ दिया। जो पान खाने जाता, उसे वे भूत के मनगढ़ंत किस्से सुनाते। फिर एक चेन से उन्होंने गुमटी को अपने घर की खिड़की से बाँध दिया, ताकि कोई भूत उसे दुबारा न ले जा सके। मैंने भी कुछ ज्यादा पूछताछ नहीं की, ताकि किसी को शक न हो।

हीरू का तकिया कलाम 'जोतो' था। यानी 'जो हौअ तो'। मजा लेते मोहल्ले के लोगों ने उनका नाम ही 'जोतो' रख दिया था। मोहल्ले में ही एक कल्लू पहलवान थे। कोई साढ़े छह फीट के। डेढ़ सौ किलो वजन था उनका। लंबे-चौड़े। औघड़नाथ तकिया में पहलवानी करते थे। इसी तकिया में कबीर को ब्रह्मज्ञान मिला था। इस पर फिर कभी। कल्लू जोड़ी फेरने और नाल उठाने में बनारस में अव्वल थे। कल्लू पहलवान अकसर हीरू से मजा लेते—"का जोतो कहाँ हईन तोहार मेहरारू मौसम बढ़िया हौ सोचत हई कि उनके मानस मंदिर घुमा देई।" बस जोतो दुकान के नीचे उतर आते। कल्लू पहलवान के पेट तक उनकी लंबाई थी। फिर भी पान काटनेवाली कैंची ले हीरू माँ-बहन की गालियों का सस्वर पाठ करते। और कल्लू को ललकारते—"हमरे मेहरारू के बारे में अब कुछ कहला त मार चक्कू, मार चक्कू यहीं बिछा देब।" कल्लू हँसते रहते। जोतो गालियाँ देते रहते। बाकी जनता मजा लेती। हम अपनी बाउंड्री के भीतर से ही यह तमाशा देखते।

मेरे प्रति हीरू का भाव हमेशा अच्छा रहा। उन्हें इस बात का कभी भान नहीं था कि उनके खिलाफ होनेवाली तमाम बदमाशियों के मूल में मैं होता था। जोतो मुझे चूतियापे के किस्से सुनाते, मैं चुपचाप सुन लेता था। कभी वे भारत-पाकिस्तान की 71 वाली लड़ाई के किस्से होते, कभी किंगकांग-दारा सिंह की कुश्ती के। जोतो किंगकांग को तीन टाँगवाला समझते थे। वे यह सचमुच में समझते थे कि दारा सिंह को टक्कर देनेवाला कोई साधारण मनुष्य नहीं, तीन टाँगवाला ही कोई आदमी हो सकता है। वे तीनटाँग के बारे में अचरज भरी झूठी कथाएँ मुझे सुनाते।

हीरू के पास अपनी ही कद-काठी की एक छोटी गाय भी थी। बकरी से थोड़ी बड़ी। हीरू उसकी बहुत सेवा करते। मैंने उसे दूध देते कभी नहीं देखा। कहते हैं कि वह अपना दूध स्वयं पी लेती थी। एक बार यह गौमाता कामपीड़ा

से तपती हुई रँभाने लगी। हीरू एक हाथ में गाय का पगहा पकड़ दूसरे में डंडा ले साँड़ की खोज में निकले। एक मोहल्ले से दूसरे मोहल्ले जिधर जाते, उन्हें बताया जाता कल तो साँड़ इधर ही था, फलानी तरफ गया होगा। हीरू पूरे दिन ढूँढ़ते रहे, साँड़ नहीं मिला। शाम को पता चला, साँड़जी डी.ए.वी. कॉलेज के मैदान में हैं। गाय बेहाल थी। साँड़ की गंध पाते ही पगहा तुड़ा गाय दौड़ी। हीरू धराशायी। गाय साँड़ के साथ चली गई। हीरू जब घुटने की मरहम-पट्टी कराके लौटे, तब तक गाय साँड़जी के साथ 'बहरी अलंग' (बनारसी 'बहरी अलंग' शहर के बाहर की सैर को कहते हैं) को निकल गई थी। हीरू एक-दो रोज तक गाय ढूँढ़ते रहे, पर उसका पता नहीं चला। हीरू हर आदमी को अपनी सुविधा से उसकी कहानी सुनाते, किसी को कहते कि साँड़ के साथ चली गई, किसी को कहते कि कसाई पकड़ ले गयल। किसी को कहते कि काँजीहाउस में पता करअ। पर गाय का कहीं पता नहीं चला और हीरू ने तय किया कि वे अब गाय नहीं पालेंगे।

हीरू का चरित्र रोचक था। कद छोटा, लेकिन व्यक्तित्व विशाल था। वे खुशियाँ बाँटते थे। उनकी गुमटी टोले-मोहल्ले में ठहाकों और बतकही का केंद्र हुआ करती थी। हीरू कितने भी मूर्ख हों, पर मोहल्ले को गुलजार रखते थे। हीरू अब नहीं हैं। जब भी घर जाता हूँ, उनकी खाली गुमटी दिखती है। उनके लड़कों ने कहीं और दुकान खोल ली है। यह तर्पण हीरू सरदार की याद को समर्पित है। □

5

देखो हमरी काशी

दर्जी रामचंदर और खुर्शीद मियाँ

रिश्तों की तुरपाई के हुनर में माहिर!

दर्जी कभी हमारे समाज जीवन का जीवंत हिस्सा होते थे, इन दिनों अचानक गायब हो गए हैं। उनकी जगह ले ली है दिल्ली-मुंबई के मशहूर से लेकर कस्बा स्तर के डिजाइनर्स ने। इन बड़े-बड़े फैशन और स्टाइल डिजाइनर्स को अगर आप दर्जी कह दें तो मारपीट भी हो सकती है। बचपन से हमारे सामने यह सवाल रहा कि आखिर ये दर्जी कहाँ से आए और कैसे हमारे समाज-जीवन में किसी जरूरी जरूरत की तरह दाखिल हो गए, इसकी कहानी रोचक है। सृष्टि की शुरुआत में आदमजात नंगा था। फिर उसके शील और संकोच ने पेड़ों के पत्ते और छाल को अपना आवरण बनाया। कपास की खोज के बाद पहले धागा और फिर कपड़ा बना। मनुष्य इसे ही पहनने और ओढ़ने लगा। अंग्रेज मानते हैं कि सिले हुए वस्त्रों का चलन भारत में मुसलमानों के आने के बाद हुआ। पर बुद्ध के समय भी सिलाई का उल्लेख मिलता है और वैदिक साहित्य में भी।

पर इस दर्जीनामे की शुरुआत हुई बनारस के रामचंदर से। रामचंदर हमारे दर्जी थे। घर के सामने ही रहते थे। बनारस की एक बड़ी टेलरिंग कंपनी में कारीगर थे। हमारे कपड़ों की सिलाई उनकी 'प्राइवेट प्रैक्टिस' थी। यानी टैग कंपनी का, धागा, बटन, बकरम और अस्तर (लाइनिंग) भी कंपनी का और सिलाई आधी। यही रामचंदर से अपना 'अरेंजमेंट' था। रामचंदर दिन भर टेलरिंग कंपनी में काम करते थे। शाम को घर आते वक्त वह वहाँ से बचा हुआ काम लाते थे। फिर जब इस काम से समय बचता, तब हमारे कपड़ों का नंबर आता। यानी अपने कपड़े सिलवाने के लिए उनके यहाँ डेरा जमाना पड़ता। वह कहावत है न—'नाई, धोबी, दर्जी···तीनों बड़े अलगर्जी'।

उस दौर में साल में दो बार ही हमारे कपड़े बनते थे—होली और दीवाली। हाँ, बीच में अगर परिवार में किसी की शादी पड़ गई तो वह मौका बोनस था। इन त्योहारों के दौरान रामचंदर पर काम का भारी दबाव होता। सो उनके यहाँ बैठकर कपड़े सिलवाने पड़ते। रामचंदर के पिता रामनाथ 'आज' अखबार में कंपोजिटर थे। तब लेड के अक्षरों से कंपोजिंग होती थी। खबरें कंपोज करते-करते वे खबरों को जीने लगे थे और अपने को भारी राजनीतिज्ञ समझने लगे थे। गाहे-बगाहे मोहल्ले में कोई मिल जाता तो उसे पूरा भाषण पेल देते।

हालाँकि पूरे वक्त वे मूर्खतापूर्ण बहस ही करते। रामनाथ विचारों से कांग्रेसी थे। गांधी के असर से एक बकरी पालते थे, जिसका दूध पीते थे। देश में इमरजेंसी लगी, तो पूरे इमरजेंसी भर अपने घर की खिड़की पर बैठ आज कौन नेता पकड़ा गया, इंदिराजी ने क्या बहादुरी के काम किए···यह सब चिढ़ाने के अंदाज में बताते। क्योंकि पिताजी जे.पी. की संघर्षवाहिनी के पदाधिकारी थे, इसलिए मुझे बुरा लगता था। गोकि कपड़ा सस्ता सिलवाना था, सो भाषण तो सुनना ही पड़ता। एक बार गजब हुआ। मेरे पिताजी को लोग शहर में 'मास्टर साहब' कहते थे। उनके गुरु बेढब बनारसी (कृष्णदेव प्रसाद गौड़) उनसे पहले शहर में 'मास्टर साहब' के नाम से विख्यात थे। हमारा घर 'बेढबजी' के घर के पास ही था। बेढबजी के बाद अदब और तालीम के लोग पिताजी को ही मास्टर साहब कहने लगे। मोहल्ले में मेरे घर में ही फोन था, जिसका नं. 5574 अभी तक मुझे याद है। पड़ोसियों के अकसर फोन आते तो मुझे ही उन सबको बुलाना पड़ता।

पड़ोस में एक जज साहब थे। सामने एक मुसलिम परिवार रहता था। इन सबके फोन मेरे घर आते थे। एक रोज एक फोन आया। उधर से कोई मोहतरमा बोल रही थीं। पूछा, "मास्टर साहब हैं?" मैंने कहा, "बात करवाता हूँ" और पिताश्री को बुला दिया। पिताजी ने फोन पर कुछ सेकंड ही बात की होगी और थोड़े गुस्से में यह कहते हुए कि 'आपने गलत नंबर लगा दिया है' फोन पटक दिया। फिर मुझे डपटते हुए बोले कि अब आप मुझसे भी मजाक करने लगे हैं। मैं समझ नहीं पाया और पीछे-पीछे उनके अध्ययन-कक्ष तक गया, पूछा कि मेरी क्या गलती थी? "वह मोहतरमा किसी टेलर मास्टर को पूछ रही थी, जो उनका ब्लाउज सिल रहे हैं। उन्हें उसमें कुछ बदलाव करवाना था।" मेरी हँसी फूटने को थी। पर रोकने में बड़ी मशक्कत करनी पड़ी। अब मेरा काम बढ़ गया था। पता करना था, आखिर यह हुआ कैसे? तहकीकात की तो पता चला, श्रीमान रामचंदर ने अपना कोई विजिटिंग कार्ड छपवाया था, जिसमें उन्होंने मेरे घर का पी.पी. नंबर दे दिया था। उन दिनों पी.पी. नंबर देने का चलन था, यानी आप उस नंबर पर संबंधित व्यक्ति को बुलवा सकते हैं।

मुझे लगा कि इस कांड से पिताजी नाराज होंगे। पर वे नाराज नहीं हुए, क्योंकि उनके पैंट-शर्ट भी रामचंदर ही सिलते थे। हाँ, कोट और शेरवानी गांधी आश्रम के प्रबंधक हरिभाई अपने दर्जी रियाज मियाँ से सिलवाते थे। वक्त बदला। पैंट की मोहरी चौड़ी होने लगी। 'ड्रेन पाइप' को 'बेलबॉटम' का धक्का लगा। अब हम बेलबॉटम युग में थे। बदलती दुनिया में रामचंदर पुराने पड़ने लगे। तो मेरे भाई साहब के आधुनिक टेलर रामकटोरा पर एक सरदारजी हुए। वे मेरे अगले दर्जी थे। थोड़े दिन में सरदारजी ने पहनावे में मेरा कायाकल्प कर दिया। तभी एक रोज प्रधानमंत्री इंदिरा गांधी की नृशंस हत्या हो गई। देश भर में सिख विरोधी दंगे हुए। कुछ उपद्रवियों ने सरदारजी की दुकान जला दी। उसमें मेरे भी दो कपड़े जल गए। डर से सरदारजी भूमिगत हो गए। उनका कुछ पता नहीं चला। उनकी दुकान खँडहर में तब्दील थी और सरदारजी गायब हो गए। कुछ दिन बाद मालूम चला कि सरदारजी का एक भाई दंगों में मार दिया गया और सरदारजी पंजाब लौट गए। मैं भी लौटकर फिर रामचंदर पर आ गया। पर यह सवाल अब भी सालता है कि सिलने, जोड़ने और कपड़ों की तुरपाई के हुनर में माहिर सरदारजी भी आखिर दंगों की भेंट कैसे चढ़ गए। हमारे समाज ने अगर दर्जी से यही कला सीख ली होती,

तो आज हम टूटते रिश्तों की तुरपाई कर ध्वस्त होते सामाजिक रिश्तों को बचा सकते थे।

अब तक रोजी-रोटी की तलाश में मैं बनारस से लखनऊ रवाना हो चुका था। पर नाई, धोबी और दर्जी बनारसवाले ही चल रहे थे। लखनऊ के चौक में स्व. लालजी टंडन (जो बाद में बिहार और मध्य प्रदेश के राज्यपाल भी बने) की चिकन के कपड़ों की दुकान थी। जब उधर जाता, वहाँ अपनी बैठकी लगती। आतिथ्य में टंडनजी का कोई मुकाबला नहीं था। एक बार अच्छे दर्जी की बात चली तो टंडनजी ने ही हमें एक दर्जी से मिलवाया। ये खुर्शीद मियाँ थे। मेडिकल कॉलेज चौराहे की चरक लैब के पीछे उनकी दुकान थी 'हिंदुस्तान टेलर'। शेरवानी, अँगरखा, अचकन और सदरी बनाने में माहिर। कुर्ते सिलने में भी देश में उनका कोई जोड़ नहीं था। पूरा कुर्ता हाथ से सिलते थे। 1935 में यह दुकान उनके पिता तफ्जुल हुसैन ने खोली थी। उनके पितामह वाजिद अली शाह के खानदानी दर्जी थे। बड़े ही जहीन और नफीस आदमी। उन्हीं से मुझे तेपची, मुर्री, बखिया, तुरपाई, कील की समझ बनी। अवधी सिलाई और चिकनकारी के ये तरीके थे। खुर्शीद को इस बात का मलाल है कि नई पीढ़ी अँगरखा के बारे में नहीं जानती। न कोई अँगरखा और शेरवानी सिलवाने आता है। अपनी दुकान में खुर्शीद भाई अकेले मास्टर और बस दो कारीगर थे। ज्यादा काम नहीं होता था। अवध की ध्वस्त हुई नवाबी परंपरा की कहानी सुनाती थी उनकी अस्त-व्यस्त पुरानी दुकान।

'जनसत्ता' के संपादक प्रभाष जोशीजी कुर्तों के शौकीन थे। एक बार उन्होंने मुझसे अच्छा कुर्ता सिलनेवाला पूछा। मैं प्रभाषजी को उनकी दुकान पर ले गया। खुर्शीद भाई प्रभाषजी के पाठक निकले। लंबी बतकही के बाद नाप-जोख हुई। संपादकजी उनके व्यक्तित्व से बहुत प्रभावित थे। कुर्ता सिला तो प्रभाषजी खुर्शीद मियाँ की सिलाई पर भी आसक्त हो गए। उसके बाद यह सिलसिला रुका ही नहीं। एक साथ संपादकजी के दस-बारह कुर्ते यहीं सिले जाते। इससे पहले प्रभाषजी सिर्फ कोट-टाई में ही दिखते थे। अगर खुर्शीद मियाँ न मिलते तो शायद प्रभाषजी टाई सूट न छोड़ते। उसके बाद संपादकजी ने पैंट-शर्ट कभी पहना ही नहीं। जब प्रभाषजी स्वर्गवासी हुए, उस वक्त भी उनके कुछ कुर्ते खुर्शीद भाई के पास सिलने के लिए पड़े हुए थे। मैं जब उन कुर्तों को लेने गया तो खुर्शीद मियाँ ने कुर्तों की

हिन्दुस्तान
टेलर

सिलाई लेने से इनकार कर दिया। संपादकजी के उन कुर्तों में से दो कुर्ते मेरे हिस्से आए। मैं उन्हें आज भी पहनता हूँ।

खुर्शीद मियाँ ने ही मुझे बताया था कि 'सारे जहाँ से अच्छा हिंदोस्ताँ हमारा' गानेवाले अल्लामा इकबाल के वालिद भी 'दर्जी' थे। अमेरिका के राष्ट्रपति एंड्रू जॉनसन भी दर्जी थे। खुर्शीद भाई की बातों ने दर्जी समाज की विरासत और इतिहास में मेरी दिलचस्पी को और भी गहरा किया। 'दर्जी' शब्द के पीछे इतिहास का एक विस्तृत अध्याय है। दर्जी हमारे समाज में कपड़े सिलनेवाला हिंदू और मुसलमान दोनों का व्यावसायिक समुदाय है। भारत में यह शब्द फारस से आया। 'दर्जी' मूलतः फारसी का शब्द है। 'दर्जी' का मूल फारसी का 'Darzan' शब्द है, जिसका अर्थ सीवन या 'सुई' (Sew) होता है। बाद में दर्जी जाति हो गई, जो हिंदू-मुसलमान दोनों में पाई जाती थी। दर्जी की विरासत में वैदिक काल के अंश भी शामिल हैं। वैदिक काल में कातने और बुनने की कला का ज्ञान था। 'अथर्ववेद' के एक रूपक में दिन को ताना और रात को बाना कहा गया है। वैदिक साहित्य में बुनकर स्त्री के लिए 'वाईय' और 'सीयो' शब्द का इस्तेमाल हुआ है। बौद्ध काल में भी दर्जी के प्रमाण मिलते हैं। बुद्ध के पास भी कपड़ा सिलनेवाला कोई था। बौद्ध साहित्य के महावग्ग के 'कथिन उत्सव' में सिलाई कला की तफसील से चर्चा है। इस उत्सव में भिक्षुओं के लिए सिलकर तैयार सूती कपड़ों के बाँटने का जिक्र है। इसलिए अंग्रेजों का यह दावा कि मुसलमानों के साथ सिलाई भारत आई, सही नहीं है। हाँ, मुसलमानों के साथ कढ़ाई, जरी, जरदोजी जरूर आई। बौद्ध साहित्य में तो सूई, कैंची, प्रतिग्रह (सूई से उँगली की रक्षा करनेवाला उपकरण) का भी उल्लेख है।

भारत इस कला के मामले में दुनिया को राह दिखाता आया है। विश्व इतिहास में कपास का इस्तेमाल पहले-पहल भारत में ही हुआ। 2500 ईसा पूर्व से पहले से ही मनुष्य प्रजाति का एक तबका वस्त्र निर्माण और उसका डिजाइन बनाने के काम में लगा था। बाद में भारत में वैदिक और उत्तरवैदिक काल में जाति व्यवस्था बनी। मध्यकालीन इतिहास के भी कई प्रतिष्ठित अध्याय दर्जियों के नाम हैं। हमारा भक्ति आंदोलन कपड़ा बुनने और सिलनेवालों के हाथ ही रहा। कबीर कपड़ा बुनते थे। संत नामदेव और संत पीपा दर्जी थे।

शायद इसीलिए भक्त कवियों ने समाज के ताने-बाने को ठीक करने की पहल की। दर्जी समुदाय के लोग संत पीपाजी को अपना आराध्य देव मानते हैं। बाड़मेर जिले के समदड़ी कस्बे में संत पीपा का एक विशाल मंदिर है, जहाँ हर साल मेला लगता है। जब तक सिलाई का काम हाथ से होता था। तब तक सिलने की कला महँगी और समयसाध्य थी, इसलिए वह आम आदमी की पहुँच से वह बाहर थी।

सूती कपड़ों से पहले खाल और फर सिलनेवाली सूईयों का सबसे पुराना प्रमाण करीब 17,500 बीसी का है। मानव विज्ञानियों के मुताबिक इन सूईयों से तन ढकने के उपाय शुरू हो चुके थे। अलबत्ता चीन के पुरातत्त्वविदों ने इस मामले में कुछ नया ही खोजा, जब उन्हें कपड़ा सिलनेवाली सूईयों के प्रमाण मिले, जो ईसा से करीब 200 साल पहले के थे। ये सूइयाँ हान वंश के युग की थीं, यानी तब तक कपड़े सिलने की शुरुआत हो चुकी थी। इसके बाद सिलाई को आधुनिक होने में बहुत लंबा वक्त लगा। कपड़ों में लगनेवाले बटन का आविष्कार 12वीं सदी में हुआ। मशीनी सूईयाँ और मशीन से धागा बनाने की शुरुआत जर्मनी और ब्रिटेन में 1730 के आसपास हुई। अलबत्ता इस क्रांति तक आने से पहले ब्रिटेन में बड़ा बावेला हुआ। तब ब्रिटेन के लोग पूरे साल ऊनी कपड़े पहनते थे। सूती कपड़े पहली बार बजरिए ईस्ट इंडिया कंपनी ब्रिटेन पहुँचे तो ऊन उत्पादक भड़क उठे, आयात का विरोध हुआ।

ब्रिटेन के तत्कालीन शासन ने कुख्यात कैलिको एक्ट लागू किया, जो सूती कपड़ों के कारोबार पर पाबंदी लगाता था और ऊनी कपड़ों के अनिवार्य इस्तेमाल की शर्त रखता था। इतिहास के कई दस्तावेज इस बात का प्रमाण हैं कि ब्रिटेन में भारतीय सूती कपड़े को रोकने के लिए प्रायोजित विरोध कराए गए। ऊन उत्पादक सामंतों ने खासी रिश्वतें दीं, ताकि कैलिको एक्ट कानून को बनाए रखा जाए, लेकिन वक्त बदला तो बदलता गया। 18वीं सदी के मध्य तक औद्यौगिक क्रांति शुरू हो गई। कैलिको एक्ट रद्दी के टोकरे में फेंक दिया गया, वहाँ कपड़ों की मिलें लग गईं। मशीनों पर धागे बनने लगे और कपड़ों की दुनिया ही बदल गई।

ऑक्सफोर्ड डिक्शनरी में 'टेलर' शब्द पहली बार 1297 में दर्ज हुआ। 'टेलर' का उद्गम था फ्रेंच शब्द 'टेल्लर', जिसका मतलब होता था—कट या

काटना…लैटिन में 'टेलर' को 'सॉर्टर' कहते थे, यानी एक ऐसा पेशा जिसमें कपड़ों पर पैवंद लगाए जाते हैं या उन्हें सुधारा जाता है। इसी शब्द से जन्मा अंग्रेजी का शब्द 'सार्टोरियल' जो पुरुषों की पोशाक सिलनेवाले दर्जी के लिए इस्तेमाल होता है। मध्ययुगीन यूरोप में कपड़ों की हाथ से सिलाई शुरू की गई थी। 12 से 14वीं सदी में सिलाई का मतलब चोगेनुमा कपड़े थे, जिसे दोनों तरफ सिला जाता था। 12वीं सदी आते-आते टेलरिंग एक स्थापित पेशा बन चुका था। किंग हेनरी प्रथम ने ऑक्सफोर्ड के दर्जियों को शाही वरीयता से नवाजा। लंदन में 1299 में और फ्रांस में 1293 में गिल्ड ऑफ टेलर्स एंड लिनेन आर्मर्स बने। 1588 में सभी फ्रेंच दर्जियों ने मिलकर एक बड़ा गिल्ड (समूह) बना लिया।

यूरोपीय पुनर्जागरण युग में ढीले-ढाले चोगे चुस्त होने लगे यानी शरीर की नाप के आधार पर कपड़े बनाने का चलन शुरू हुआ। यह दर्जियों के पेशे में कला का प्रवेश था और लोगों के जीवन में फैशन का। 18वीं सदी में ब्रिटेन में पहली टेलर गाइड छापी गई, जो कपड़े सिलने के तरीके बताती थी। यूरोप में फैशन की नींव रखी एक किताब ने, जिसे 'यूरोपीय वस्त्र कला की बाइबल' का दर्जा हासिल है। यह थी ई.बी. गिल्स की किताब 'द हिस्ट्री ऑफ आर्ट ऑफ कटिंग', जो 1889 में छपी थी। यह किताब न केवल इतिहास की दृष्टि से मास्टरपीस मानी गई, बल्कि 19वीं सदी में फैशनेबल कपड़ों और दर्जियों (बीस्पोक टेलरिंग) की प्रेरणा भी बनी।

हालाँकि सिलाई मशीन का आविष्कार 18वीं सदी के अंत में हुआ। थॉमस सेंट ने सिलाई मशीन का पहला पेटेंट हासिल किया। उसी के साथ सिलाई आसान होकर आम लोगों तक पहुँच गई। लेकिन अभी एक क्रांति होनी बाकी थी। वह थी रेडीमेड कपड़े, यह युद्ध की जरूरत थी। यह युद्ध दुनिया के कई आविष्कारों का जनक रहा है। रेडीमेड कपड़े भी युद्ध में सैनिकों की जरूरत के लिए बनने शुरू हुए। इस दौरान बड़ी गारमेंट फैक्ट्रियाँ लगीं, जो युद्ध समाप्त होने के बाद आम लोगों के लिए परिधान बनाने लगीं और इस तरह कपड़ा सस्ता और सर्वसुलभ हो गया।

समय ने बहुत-कुछ बदला। बीसवीं सदी में 'टेलर' कब 'डिजाइनर' में तब्दील हो गए, पता ही नहीं चला। समय की इस तेज उड़ान में दर्जी कहीं गुम

हो गए। मगर उनकी कारीगरी की छाप आज भी कायम है। अब सिले हुए कपड़ों के डिजाइन नए हैं। फैशन नया है। कसीदाकारी नई है। मगर इन सिले हुए कपड़ों में वह बात नहीं है, जो रामचंदर और खुर्शीद भाई के कपड़ों में हुआ करती थी। क्योंकि तब कपड़े की सिलाई में रिश्तों के धागे हुआ करते थे। अब अर्थ-ही-अर्थ बाकी सब व्यर्थ।

□

देखो हमरी काशी

6

अजीज भाई

ज्यों की त्यों धर दीनी चदरिया!

अजीज भाई मेरे बेहद अजीज थे। वे बनारसी साड़ियाँ बुनते थे। जरी और सिल्क की अलग-अलग डिजाइनवाली जैसी खूबसूरत साड़ियाँ वे गढ़ते थे, वैसा ही वैविध्यपूर्ण उनका व्यक्तित्व भी था। अजीज उस बनारसी सामाजिक ताने-बाने के प्रतीक थे, जिसमें काशी और काबा दोनों की साझेदारी थी। वे कबीर की परंपरा के वाहक थे। जिन बनारसी साड़ियों का दुनिया भर में जलवा है, उसे अजीज जैसे लोग ही बनाते हैं। यह अलग बात है कि दुनिया में वह पहचानी जाती है, बड़े-बड़े गद्दीदारों और शोरूमवालों के जरिए। अजीम जैसे बुनकरों की हाड़तोड़ मेहनत पर ही इनकी संपन्नता का तंबू तना है।

अजीज बनारस के कॉटन मिल कंपाउंड की बुनकर बस्ती में रहते थे। बनारस की कॉटन मिल बीसवीं सदी की शुरुआत में खुली थी और आजादी के बाद बंद हो गई। लेकिन मिल का परिसर बुनकरों की बस्ती में तब्दील हो गया। इसी बस्ती के दो कमरों

के एक मकान में दो करघे लगाकर अजीज अपने नौ बच्चों और माता-पिता के साथ रहते थे। घर के बाहर मैदान में वे अपनी तूरिया (लकड़ी का वह गोल लट्ठा, जिस पर साड़ी का ताना लपेटा जाता है) पर तन्नी तानते। क्योंकि इस काम के लिए पंद्रह से बीस मीटर लंबी जगह की दरकार होती है। तूरिया पर तन्नी तानने के बाद उसे करघे पर चढ़ा बुनाई शुरू करते। पंद्रह से बीस रोज में जब एक सामान्य साड़ी तैयार होती तो अजीज भाई साड़ी ले जा गद्दीदार को बेचते। हाँ, कुछ खास साड़ी बुनने में पाँच से छह महीने भी लगते हैं। सौदा पटा तो गद्दी या कोठीदार उन्हें एक महीने आगे का चेक देता। अगर पैसा फौरन चाहिए तो गद्दीदार की गद्दी के नीचे ही चेक भुनानेवाली जमात बैठी रहती, जो तीन-चार परसेंट काटकर चेक का नकद भुगतान कर देते हैं। गद्दीदार फिर बड़े-बड़े होलसेलर को साड़ी देता है और वहाँ से रिटेल दुकानदारों के यहाँ साड़ी पहुँचती है। बुनकर से दुकान तक पहुँचने की इस यात्रा में साड़ी का दाम तीन से चार गुना हो जाता है। मित्रो, यही है बनारसी साड़ी का अर्थशास्त्र और यही है बनारसी बुनकरों की व्यथा-कथा। विसंगति देखिए, बुनकर धागा नकद खरीदता है और साड़ी एक महीने की उधारी पर बेचता है।

यह संयोग ही है कि अजीज जहाँ साड़ी बुनते थे, उसी से एक किलोमीटर दूर नरहरपुरा में कोई साढ़े चार सौ साल पहले कबीर के माता-पिता नीरू और नीमा का भी करघा था। आज भी कबीर का करघा, नीरू और नीमा का कमरा कबीर की मूल गादी में सुरक्षित है। यानी सोलहवीं सदी से वह इलाका जुलाहों का था। कबीर जुलाहा को जाति नहीं, सृष्टि का निर्माता कहते थे। इसी मोहल्ले में करघे पर बैठ एक तरफ कबीर समाज की विसंगतियों पर चोट करते थे; दूसरी तरफ उनका ध्यान रहता कि धागा जहाँ कहीं टूटे, उसे ढंग से जोड़ते जाओ। ऐसा जोड़ो कि धागा धागे में मिल जाए। कोई गाँठ न पड़े। फिर टूटने की संभावना भी न रहे। यही कबीर के समाज का समरसता सूत्र भी है। तभी तो उन्होंने कहा—

झीनी झीनी बीनी चदरिया
काहे कै ताना काहे कै भरनी
कौन तार से बीनी चदरिया
इड़ा पिङ्गला ताना भरनी

सुखमन तार से बीनी चदरिया
आठ कँवल दल चरखा डोलै
पाँच तत्त्व गुन तीनी चदरिया
साँ को सियत मास दस लागे
ठोंक-ठोंक कै बीनी चदरिया
सो चादर सुर नर मुनि ओढ़ी,
ओढ़ि कै मैली कीनी चदरिया
दास कबीर जतन करि ओढ़ी,
ज्यों कीं त्यों धर दीनी चदरिया

इससे लगता है, कबीर के लिए करघा ही जीवन था। क्योंकि वह कर्म भी है, ज्ञान भी है और भक्ति भी है।

हम घर सूत तनहि नित ताना।

कपड़ों की सिलाई का यूरोपीय इतिहास जितना उर्वर और घटनाबहुल है, उससे कहीं ज्यादा गहरा और व्यापक। हड़प्पा और मोहनजोदड़ो ने सभ्यताओं के पहले प्रमाण जब सौंपे तो उनमें बुने हुए कपड़े भी शामिल थे। अंग्रेजों को समझने में वक्त नहीं लगा कि आखिर भारत के बुने सूती कपड़े पूरी दुनिया में इतने लोकप्रिय क्यों हैं? दरअसल कपड़ों की बुनाई का भारतीय इतिहास सबसे प्राचीन है। भारत में बने सूती कपड़े और मलमल दुनिया का पहला ग्लोबल ब्रांड थे। मार्को पोलो ने 1288 में और तर्वेनियर ने 1660 में अपने संस्मरणों में भारतीय बुने हुए वस्त्रों के ग्लोबल ब्रांड बन जाने को प्रमाणित किया। ढाका से लेकर मध्य भारत तक और महाराष्ट्र के भीतरी हिस्सों से लेकर सिंध तक फैला कपड़ा व्यापार का विराट् नेटवर्क अस्त्राखान और रूस तक सूती कपड़ों की आपूर्ति करता था।

बात आजादी से पहले की है, अंग्रेजों को भारत के गर्वीले इतिहास को जानने की रुचि जग चुकी थी। अफ्रीका में गुलामों के सौदागर भी गुलामों के बदले भुगतान में भारतीय लिनेन की माँग करते थे। फारस से लेकर चीन और जापान तक भारतीय बुने हुए सूती वस्त्र का डंका बज रहा था। तब तक गुजरात से लेकर ढाका तक और पूर्वी उत्तर प्रदेश से लेकर सुदूर दक्षिण तक करघों की खट-खट पूरी लयकारी में गूँज रही थी। ईस्ट इंडिया कंपनी जो भारत में पहले

मसाले का कारोबार करने आई थी, उसे कुछ वक्त बाद समझ में आया कि भारत तो कपड़ों की बुनाई का पावरहाउस है। यह भारत का सबसे बड़ा और पुराना उद्योग व हस्तकला है। मशीनी बुनाई और धागा निर्माण की शुरुआत से पहले 18वीं सदी में ही भारत में हथकरघे से बुनाई के कई केंद्र बन चुके थे। इस नई तकनीक से बुनकर इतने पैटर्न बुन सकते थे कि आज की मशीनें उन पर रश्क करें।

मुगलों के आने के बाद बुनाई की कला में कढ़ाई, जरी, जरदोजी, एप्लीक जैसी दूसरी कई विधाओं का इस्तेमाल शुरू हुआ और भारत दुनिया के सबसे खूबसूरत बुने हुए कपड़ों का केंद्र बन गया। कपड़ों की बुनाई क्लस्टर भारत के सबसे पुराने औद्योगिक क्षेत्र थे, इसलिए अंग्रेजों ने कपास पहुँचाने और कपड़ों के कारोबार के लिए भारत में रेल लाइनें बिछाने का काम शुरू किया। यह कारोबार ब्रिटेन तक पहुँचा। तब कैलिको एक्ट आया, जो भारतीय सूती कपड़ों के बर्तानवी बाजार में प्रवेश को रोकता था।

बनारस से आजमगढ़, फैजाबाद, भदोही तक फैला बुनाई का यह क्लस्टर भारत के सबसे पुराने औद्योगिक भूगोल का हिस्सा है, पर बनारस में कबीर से पहले वैदिक काल में भी बनारसी कपड़ों का जिक्र मिलता है। कहते हैं कि बुद्ध के अंतिम संस्कार के लिए बनारस से मलमल मँगाया गया था। बौद्ध साहित्य के मुताबिक बुद्ध ने मरने से पहले आनंद से कहा, "मेरे मरने पर मेरी अंत्येष्टि चक्रवर्ती सम्राट् की तरह करना।" वह कैसे? पूछने पर बुद्ध ने बताया, "शव को नहलाकर नवीन वस्त्र में लपेटना, फिर नई रुई से ढकने के बाद शव को पुनः नवीन कपड़े में लपेटकर लोहे की द्रोणी में रखना।" शव को द्रोणी सहित चिता पर रखना।' (बुद्ध की इसी द्रोणी में बची अस्थियों को उस समय वहाँ मौजूद सात राजाओं ने अपने-अपने राज्यों में ले जाकर स्तूप बनवाए थे।)

अब इस घटना से इतना तो तय ही हो जाता है कि काशी की वस्त्र परंपरा बुद्ध से भी पुरानी है। अजीज भाई के बहाने इस वस्त्र परंपरा के इतिहास में भी भ्रमण हो गया। बनारसी कपड़ों में सोने (जरी) का इस्तेमाल कब हुआ, यह स्पष्ट नहीं है। वेदों में हिरण्यमयी वस्त्र आता है। स्वर्ण की उपस्थिति को शुद्धता का प्रतीक माना गया। उस दौर में कपड़ों पर जरी या सोने का कहीं उल्लेख नहीं

मिलता। यहाँ तक कि प्राचीन मंदिरों में आभूषण तो दिखते हैं। पर सुनहले वस्त्र नहीं दिखाई देते। अजंता की गुफाओं की पेंटिंग में भी नहीं। जरी या जरदोजी के लिए सोने के बारीक तार की कला मुगलों के साथ भारत आई। जहाँगीर ने ईरान से एक तारकश बुलवाया, ऐसा उल्लेख मिलता है। यहीं से होती है भारत में जरी की शुरुआत।

जरी मुगल काल में फली-फूली, जब किमखाब से बने वस्त्रों का चलन था, जिसे राजा-महाराजा खास मौके पर पहनते थे। 'हिरण्य द्रापि' नामक वस्त्र संभवत: किमखाब की कसीदाकारी से बनता था। 'अथर्ववेद' के मुताबिक नवविवाहिता वधू जिस पालकी में बैठती थी, उसमें सुनहरी कलाबत्तू की चादर बिछाई जाती। इस पर जरी का काम है, जिसे 'जरदोजी' भी कहते हैं। इस फारसी शब्द का अर्थ है—सोने की कढ़ाई। कलाबत्तू रेशम के धागे पर लपेटा सोने-चाँदी का तार होता है, जिससे कपड़े पर बेल-बूटे बनते थे। गुप्तकाल में सोने के घोल में सूत को रँगकर कलाबत्तू बनाया जाता था।

अजीज मियाँ बनारस की इस प्राचीन और युगीन परंपरा के आधुनिक नायक थे। वे सिल्क जरदोजी के उस्ताद थे। मेरे घर अकसर आते। मेरे यहाँ साड़ियाँ उन्हीं से ली जातीं। दोस्त मित्र और बृहत्तर परिवार के लोगों को भी मैं अजीज से ही साड़ी दिलवाता। वजह उनसे सीधे लेने पर साड़ी काफी सस्ते में मिलती। और बीच से कोठीदार, थोक और रिटेल व्यापारी का मुनाफा गायब होता। हमें साड़ियाँ सस्ती मिलतीं और अजीज को पैसा भी तुरंत मिलता। इसलिए अजीज से अपना घरोपा बढ़ता रहा। अजीज बनारसी साड़ी की कोई डिजाइन देने पर उसी तरह का बुन भी देते थे। आदमी शालीन थे। किसी से अपनी लाचारी नहीं बताते थे। हँसी-मजाक में उनका मन रमता था।

अजीज साड़ी बुनते और बेचते, इस मजदूरी से होनेवाली आमदनी से ही उनका परिवार पलता था। परिवार बड़ा था और आय के कोई और स्रोत नहीं थे। मेहनत और भोजन के इस अर्थशास्त्र में उनके जीवन का इकलौता मकसद 'हज' पूरा नहीं हो पा रहा था। अजीज हर साल हज पर जाने के लिए पैसे जोड़ने की कोशिश करते, मगर तब तक उनके घर में एक बच्चे की किलकारी गूँज जाती। फिर क्या था, नवजात की सेवा-शुश्रूषा में सारे पैसे खर्च हो जाते और अजीज का हज टल जाता। हज का इंतजार करते-करते उनके नौ बच्चे हो गए।

हर साल होनेवाले बच्चे से उनका बजट तो बिगड़ता, पर फायदा यह होता कि बड़े होने पर यही बच्चे उनके साथ खड्डी और करघे पर बैठने लगते और अजीज को बुनकरी के लिए हेल्पिंग हैंड मिल जाते।

धीरे-धीरे अजीज मेरे घरेलू हो गए। मैं जब भी छुट्टियों में बनारस जाता, अजीज मिलने जरूर आते। एक बार अजीज ने मुझसे कहा कि हर मुसलमान की एक ही इच्छा होती है, हज पर जाने की। मेरी भी है। कोशिश कई साल से कर रहा हूँ, पर जा नहीं पा रहा हूँ। आप चाहें तो सरकार के कोटे से मुझे भिजवा सकते हैं। मैंने पूछा, यह कौन सा कोटा है ? वे बोले, हाजियों की संख्या के आधार पर सरकार अपने खर्चे से खादिम भेजती है। वे हाजियों की सेवा और देखभाल के लिए जाते हैं। इन्हें 'खादिम-उल-हुज्जाज' कहा जाता है। हज कमेटी के खर्च पर सऊदी जानेवाले ये खादिम हज के दौरान हाजियों की मदद करते हैं और देश में उनके परिवारवालों से संपर्क में रहते हैं।

तब उत्तर प्रदेश में कल्याण सिंह की सरकार थी। उसके हजमंत्री एजाज रिजवी थे। एजाज रिजवी कोई बड़े नेता नहीं थे। लखनऊ के शिया मुसलमान थे और सरकार में सिर्फ अल्पसंख्यक प्रतिनिधि के नाते मंत्री बने थे। मैंने अजीज भाई से दरख्वास्त लिखवाई और मंत्रीजी से निवेदन किया कि ये मेरे जाननेवाले हैं। मैंने इनसे वादा किया है कि आपको हज पर भेजूँगा। आप इसे अपनी सरकारी सूची में शामिल कर लें। खादिम कोटे में जाने की कई शर्तें थीं। एक, पहले कभी आप उमरा के लिए गए हों। दो, आपको अरबी आती हो, आदि-आदि। इंटरव्यू में अजीज भाई से पूछा कि आप अरबी जानते हैं? अजीज ने कहा, "जेतना बोलित हैं, ओतना जानित हैं, न पढ़े जानित है न लिखे।" एजाज रिजवी भले आदमी थे। कहा, "पंडितजी, ये कुछ जानते नहीं हैं, पर आपका हज का वादा हम जरूर पूरा करेंगे।'

अजीज का नाम सरकार द्वारा भेजे जानेवालों की सूची में आ गया। मुझे इस कदर खुशी हुई कि लगा, मैं ही हज पर जा रहा हूँ। लेकिन अजीज के घर में ही मामला फँस गया। उनके पिता जीवित थे और उनकी परंपरा में पिता को हज कराए बिना बेटा हज पर नहीं जा सकता। सो अजीज का मामला लटक गया। वे दुःखी हो गए। मैंने उन्हें आश्वस्त किया, कहा, देखता हूँ। फिर मशक्कत की। सूची में नाम बदलवा उनके वालिद का नाम जोड़ा गया और अजीज के

वालिद हज की मुकद्दस यात्रा पर चले गए। मैंने अजीज से अगले साल उन्हें भी भिजवाने का फिर वादा किया। अजीज मियाँ के लिए यह डबल धमाका था। दूसरे साल मैंने ठौर बदला। इस बार अजीज की दरख्वास्त मुख्यमंत्री के प्रमुख सचिव नृपेंद्र मिश्र के यहाँ लगाई। नृपेंद्रजी ने अजीज का नाम खादिमों की सूची में डलवा उन्हें भी हज पर रवाना करवा दिया। हज से लौटकर अजीज अब हाजी अजीज हो गए। काशी से काबा का सफर पूरा कर आए। लौटकर अजीज ने अपने यहाँ दावत रखी। मुझे फोन किया, आपका आना जरूरी है। मैंने कहा, "अजीज भाई, काशी में रहते हो और काबा हो आए अब बचा क्या यार? मौज करो।"

एक तो अजीज मियाँ का स्नेह और दूसरे बनारस हमारी कमजोरी। मैं हमेशा बनारस जाने का बहाना ढूँढ़ा करता हूँ। सो मैं गया। बुनकर बस्ती में मेरा बड़ा जलवा हुआ। अजीज के रिश्तेदार मेरा हाथ चूम रहे थे। अजीज मियाँ के चेहरे पर एक अद्‌भुत संतोष दिखाई दे रहा था। मानो वे अब जीवन से पूरी तरह संतुष्ट हों। कोई और ख्वाहिश बाकी न रह गई हो। इसी संतोष भरे जीवन के साथ एक रोज अजीज ने आँखें मूँद लीं। उनके बाद उनके बेटे शम्सुल ने काम सँभाला। लेकिन अब वह बात नहीं थी। न बुनकारी में और न ही व्यवहार में। उनका बेटा सिर्फ चरक और छोटे-मोटे काम करने लगा। अजीज भाई का हुनर और उनकी शख्सियत दोनों ही उनके साथ विदा हो गए। उत्तराधिकार में रह गईं सिर्फ उनकी यादें। जब कभी भी बनारसी साड़ी का जिक्र होता है, अजीज भाई की याद जेहन के किसी कोने में दस्तक देने लगती है। मुझे हमेशा से लगता आया है कि बनारस को समझने के लिए आपको कबीर को पढ़ना पड़ेगा और किसी अजीज से मिलना पड़ेगा। मैं सौभाग्यशाली हूँ कि मुझे ये दोनों ही नेमतें हासिल हुईं।

□

7

देखो हमरी काशी

चूहड़मल और पप्पू चायवाले

आध्यात्मिकता की सीढ़ी!

चाय सर्वहारा का पेय है। हमारे ज्ञान चक्षु को खोलती है। हमें चैतन्य करने का सस्ता-सुंदर टिकाऊ पेय है। कल्पना कीजिए, चाय न होती तो आम आदमी क्या पीता। चाय थकान मिटाती है। ऊर्जा देती है और देती है हमें बौद्धिक विमर्श की खुराक। चुनाँचे इस मुल्क में चायखानों में होनेवाली बहसों को देखें तो लगेगा कि बस अब क्रांति होने ही वाली है। वैसे चायखानों से अगर क्रांति होती तो इस देश में रोज कोई-न-कोई क्रांति होती।

आजादी से अब तक बनारस में चाय के ऐसे अड्डे क्रांतिधर्मी लोगों का केंद्र रहे हैं। जहाँ अर्थ भरे भाव से घंटों व्यर्थ की बातें होती थीं। मेरे मोहल्ले में ऐसी ही बौद्धिक जुगाली का एक केंद्र था, चूहड़मल की चाय की दुकान। पर गफलत में मत रहिएगा। इन चूहड़मल का उन टोडरमल से कोई संबंध नहीं था, जो अकबर के दरबार के नौ-रत्न थे। हालाँकि उन टोडरमल की भी बनारस में रुचि थी। हमारे चूहड़मल सिंधी थे। बँटवारे में

उनके पिताजी सिंध से बनारस आए और यहीं चाय की दुकान खोल ली। बनारस की चायमिजाजी निराली है। यहाँ इन्हीं चायखानों से साहित्य, संगीत और अध्यात्म के सूत्र निकलते थे। इन पर होनेवाले बहस-मुबाहिसों को देख कभी-कभी लगता है कि काशी में शास्त्रार्थ की जो परंपरा आचार्य शंकर और मंडन मिश्र से चली थी, वह अब इन चाय की अड़ियों पर सिमट गई है।

चूहड़मल मेरे मोहल्ले में रहते थे, पर दुकान उनकी कबीर चौरा पर थी। वही कबीर चौरा जहाँ कबीर को ज्ञान के सूत्र मिले थे। चाय के अलावा उनकी दुकान का मक्खन टोस्ट और आमलेट पूरे बनारस में प्रसिद्ध था। चूहड़मल की दुकान में कुल दो टेबल थी, जिन पर सिर्फ आठ लोग ही बैठ सकते थे। बाकी के कोई तीस-चालीस लोग सड़क पर रखी बेंचों पर बैठ वैचारिक मिसाइल दागते थे। जाति, धर्म, संप्रदाय के दुराग्रह से आगे चाय की इस अड़ी पर होनेवाली बहस किसी संसद् से कम नहीं होती। कबीर चौरा के संगीत घराने, पत्रकार और सामाजिक लोगों के जमावड़े से यह चाय की दुकान हमेशा गुलजार रहती। उस वक्त आठ पेज के 'आज' अखबार को चार टुकड़ों में बाँट अलग-अलग कोनों में खड़े लोग, अखबार में अपनी अगली बहस की सामग्री तलाश रहे होते। मैं उधर से आते-जाते अकसर इस चाय की अड़ी पर खड़ा हो ज्ञान प्राप्त करता। राजनीतिक विमर्श का अभ्यास मुझे यहीं हुआ। बनारस में चाय की दुकानों में गजब का राजनीतिक विमर्श होता है। दुकान चाहे चूहड़मल की हो या फिर पप्पू की, सबकी राजनीतिक चेतना चरम पर होती है।

चूहड़मल पढ़े-लिखे नहीं थे। जीवन का उद्देश्य भी चाय के तसले के आगे कुछ नहीं था। उनके दो बेटे दुकान चलाने में उनका हाथ बँटाते थे। निहायत मरियल सा उनका एक बेटा था, जो झक सफेद 25 इंच मोहरी का बेलबॉटम और सफेद शर्ट के कॉलर पर लाल रूमाल खोंस अँगीठी पर टोस्ट सेंकता था। चूहड़मल ने चाय बनाना किसी अंग्रेज से सीखा था। वे खौलते तसले में दूधवाली चाय तो बनाते ही थे। साथ ही 'लिपटन ग्रीन लेबल', जो उस वक्त अभिजात्य की चाय होती थी, का अर्क निकाल उसमें नीबू निचोड़ और लवणभास्कर डाल एक अलग ही किस्म की बेहद ऊर्जावान चाय भी बनाते थे। इसे वे 'भास्कर चाय' कहते थे।

दूसरे विश्वयुद्ध के दौरान चाय के ऐसे बौद्धिक द्वीप बनारस में खूब

सक्रिय रहे। मेरे तो खून में ऐसी अड़ीबाजी है। पिताजी ऐसी ही एक अड़ी में पले और बढ़े। वे दारानगर के रामधन सरदार की चाय की दुकान पर जोर-जोर से अखबार पढ़ वहाँ मौजूद लोगों को खबरें सुनाते थे। बनारस के दारानगर तिराहे पर रामधन सरदार की दूध, चाय, रबड़ी और मलाई की दुकान थी। उनके सामने जीउत सरदार की मिठाई की दुकान थी। दारानगर मोहल्ले का नाम औरंगजेब के भाई दाराशिकोह के नाम पर पड़ा था। यहीं रहकर उसने संस्कृत की पढ़ाई की थी। 1941 के दूसरे विश्वयुद्ध का जमाना था। मोहल्ले में सिर्फ रामधन सरदार की दुकान पर ही अखबार आता था। वहाँ जमा ज्यादातर लोग युद्ध की खबरें जानने की आतुरता में होते। अखबार एक होता और खबर जाननेवाले अनेक थे। इसलिए सुबह-सुबह पिताश्री की ड्यूटी अखबार बाँचकर लोगों को सुनाने की थी। वे एक बेंच पर खड़े होकर बुलंद आवाज में हिरोशिमा-नागासाकी के बरबाद होने की खबरें बाँचते। एकदम रामधन सरदार की दुकान के एंकर के लहजे में। अखबार वाचन के बदले में रामधन सरदार पिताजी को एक गिलास दूध और जिऊत साव एक दोना बूँदियाँ देते, जिससे पिताजी की पेट की भूख मिटती और श्रोता-समाज की खबरों की भूख। पिताजी की माली हालत ठीक नहीं थी। रामधन सरदार के दूध से उनका शरीर पुष्ट हो रहा था और दूसरी तरफ पराड़करजी तथा पं. कमलापति त्रिपाठी का संपादकीय बाँच उनमें भाषा के संस्कार बन रहे थे। अब आप समझ सकते हैं कि मामूली सी दिखनेवाली ये चाय की दुकानें हमारे सार्वजनिक जीवन में कितनी उपयोगी हैं।

चूहड़मल की चाय की दुकान साहित्य, संगीत और समाज का तिराहा थीं। यहाँ नियमित आनेवालों में राजन, साजन मिश्र, उनके चाचा पं. गोपाल मिश्र, शारदा सहाय और तबला सम्राट् गुदई महाराज भी थे। चूहड़मल की दुकान तो गुदई महराज के ड्राइंगरूम जैसी थी। अपनी गली से निकलकर कमर में लुंगी बाँधे, कंधे पर गमछा रखे, हाथ में कपड़े का झोला पकड़े, ओठ के दोनों कोरों से पान की रिसती हुई पीक के साथ वे अकसर यहाँ बैठे मिलते थे। यह रोजमर्रा का दृश्य था। अगर गुदई महराज आपको पायजामा पहने मिलें तो यह मान लीजिए कि वे या तो एयरपोर्ट जा रहे हैं या कहीं बाहर से लौट रहे हैं। वरना वे बनारस में हमेशा लुंगी और गमछे में ही होते थे। लुंगी-गमछा बनारसियों की राष्ट्रीय पोशाक है। गुदई महराज के तबले की गूँज से पूरा मोहल्ला गुंजायमान

होता था। फिल्म 'मेरी सूरत, तेरी आँखें' के गीत 'नाचे मन मोरा मगन तिक ता धिक् धिक्' में तबले पर उनकी ही उँगलियों का जादू था। फिल्म 'शोले' के उस दृश्य में, जिसमें गब्बर सिंह के डाकू बसंती का पीछा करते हैं और वह अपने ताँगे से भाग रही होती है, उसकी पृष्ठभूमि से आती तबले की आवाज गुदई महराज की उँगलियों का ही कमाल है।

अस्सी की पप्पू की चाय की दुकान पर तो फिल्म भी बन चुकी है। इस अड़ी की तवारीख में बड़े-बड़े राजनेता, साहित्यकार, पत्रकार और कलाकार दर्ज रहे हैं। बवासीर की दवा से लेकर फ्रांस की क्रांति तक, तुलसीदास की भक्ति से लेकर नासा के अभियान तक, पाइथागोरस से लेकर चीनी वायरस तक, लोहिया से लेकर हॉब्स, लॉक, रूसो और सुदामा से वास्को डि गामा तक, यहाँ घंटों बिना बात के बहस चलती है। आलम यह है कि दक्षिण अफ्रीका में अगर कोई कवि मर जाए तो फौरन इस चाय की दुकान पर उसकी भी शोकसभा हो जाती है। भले उस कवि के बारे में किसी को जानकारी न हो।

पप्पू यानी विश्वनाथ सिंह के बाबा आजादी के बाद सोनभद्र से बनारस आए। उनके पूर्वज फौज में थे। वहीं की अफसर मेस में बननेवाली चाय के अंग्रेजी तरीके का उन्होंने बनारसीकरण कर लोगों में अपनी चाय की लत लगा दी। अब तो पप्पू के बेटे मनोज इस परंपरा को चलाने के लिए तैयार हैं। इनका चाय बनाने का तरीका भी एकदम अलग है। पप्पू की चाय का पानी घंटों पकता है। वे उस पानी से कपड़े वाली छननी में चाय रख हर गिलास में उसका अर्क बूँद-बूँद टपकाते हैं। फिर अलग से दूध-चीनी मिलाई जाती है। एक खास तरीके से पप्पू का चम्मच हिलाना उनके चाय बनाने के कर्मकांड का हिस्सा है। पप्पू की चाय पीने से ज्यादा मजा उसे बनाते हुए देखने में आता है, बिल्कुल वैदिक कर्मकांड की तरह।

आपने चाय की दुकानों पर टोस्ट, समोसा, नमकीन बिकते देखा होगा, मगर यह दुनिया की इकलौती चाय की दुकान है, जहाँ चाय के साथ भाँग भी मिलती है। 1967 के हिंदी आंदोलन से लेकर जे.पी. आंदोलन तक का सक्रिय केंद्र यह चाय की दुकान रही। फिल्म 'वाटर' के विरोध का आंदोलन तो इसी दुकान से निकला। मौलिक, क्रांतिकारी, रेडिकल और दायाँ-बायाँ, सब तरह के लोगों का यहाँ जमावड़ा रहता है। यहाँ असल भारत की झलक मिलती

है। पप्पू की अड़ी पर जनता की नब्ज समझने के लिए समाजवादी नेता जॉर्ज फर्नांडिस, राजनारायण, भाजपा नेता राजनाथ सिंह, कलराज मिश्र, मोहन प्रकाश, अनिल शास्त्री, सुनील शास्त्री और रुस्तम सैटिन का आना-जाना लगा रहता था। यहाँ अड़ी लगानेवाले साहित्यकारों की भी एक नामचीन विरासत थी, जिसमें डॉ. नामवर सिंह, केदारनाथ सिंह, पं. चंद्रशेखर मिश्र, काशीनाथ सिंह, कवि धूमिल, रुद्र काशिकेय और राहगीर जैसे ढेर सारे कवि थे। पप्पू की अड़ी छात्र नेताओं का भी अखाड़ा थी। जहाँ डी. मजूमदार, मोहन प्रकाश, चंचल, मार्कंडेय सिंह, रामबचन पांडे, लालमुनी चौबे जैसे नेता शामिल थे, जिन्होंने बाद में देश की राजनीति में अपनी महत्त्वपूर्ण भूमिका निभाई। प्रधानमंत्री नरेंद्र मोदी भी चुनाव प्रचार के दौरान यहाँ आ चाय का आनंद उठा चुके हैं।

पप्पू की चाय की इस दुकान ने बनारस में बौद्धिक विमर्श के नए आयाम स्थापित किए। सिर्फ बनारस ही नहीं, समूची दुनिया में आपको ऐसे चायखाने मिलेंगे, जिनकी दीवारों पर सृजन की बेजोड़ विरासत टँगी है। मैं पेरिस के उस चायखाने में भी गया हूँ, जहाँ अस्तित्ववादी चिंतक ज्याँ-पाल सार्त्र बैठते थे। पेरिस के Cafe de Flore एवं Les Deux Magots में ज्याँ-पाल सार्त्र और उनके रचना-संसार की साथी सिमोन द बोउआर चाय की चुस्कियों के साथ साहित्य रचते रहे। उनकी हस्तलिपि आज भी इस चायखाने में फ्रेम कराकर टाँगी गई है। ये दोनों ही कैफे उस दौर में लेखकों के राइटिंग रूम के तौर पर मशहूर थे। इसी तरह पेरिस का मशहूर चायखाना La Rotonde मशहूर चित्रकार पाब्लो पिकासो के चिंतन की जमीन था।

चाय एक जुनून है। इस जुनून से जुड़ी प्रसिद्ध शख्सियतों का सिलसिला दुनिया भर में पाया जाता है। पाकिस्तान में लाहौर का 'पाक टी हाउस' बौद्धिक विमर्श का एक ऐसा ही मशहूर अड्डा रहा है। 1940 में अपनी स्थापना के वक्त से ही यह अविभाजित भारत की कला, साहित्य और संस्कृति से जुड़ी सुप्रसिद्ध हस्तियों का पसंदीदा ठिकाना रहा। 1947 के विभाजन के बाद पाकिस्तान की प्रगतिशील सोच ने इसी चायखाने को विमर्श का केंद्र बनाया। इस चायखाने की दरो-दीवार पर फैज अहमद फैज, इब्न-ए-इंशा, अहमद फराज, साहिर लुधियानवी, अमृता प्रीतम, मजरूह सुल्तानपुरी, फिराक गोरखपुरी और राजेंद्र सिंह बेदी से लेकर हिंदी कथा साहित्य के सम्राट् मुंशी प्रेमचंद के असरार भी

शामिल रहे हैं। 2003 में प्रधानमंत्री अटल बिहारी वाजपेयी और राष्ट्रपति मुशर्रफ की शिखर वार्त्ता होनी थी। अटलजी की टोली में मैं भी पाकिस्तान गया। बातचीत कश्मीर पर अटकी थी। मैं इस्लामाबाद से लाहौर चला गया मुल्क को समझने के लिए। उन दिनों पाकिस्तान के मशहूर अखबार 'जंग' के संपादक बाराबंकी के रहनेवाले एक किदवई साहब थे। उन्होंने मुझे लाहौर में देखनेवाली चीजों में उस चायखाने का भी जिक्र किया। मैंने लाहौर का सिर्फ अनारकली बाजार ही सुन रखा था। इतिहास से वाबस्ता होने के लिए मैं इस चायखाने में भी गया।

चाय का संसार दुनिया का सबसे दिलचस्प और लोमहर्षक किस्सों से लबरेज है। 1662 में ब्रिटेन के चार्ल्स द्वितीय का विवाह पुर्तगाल की राजकुमारी कैथरीन ब्रिगेंजा से हुआ। कैथरीन विश्व का सबसे अनोखा दहेज लेकर ब्रिटेन के राज-परिवार में पहुँची। यह दहेज था मुंबई या तब का बॉम्बे और चाय की पत्तियाँ। तब तक बर्तानवियों को भारत के बारे में कुछ खास पता नहीं था। पुर्तगाली और डच यहाँ उपनिवेश बना चुके थे। वे चाय के स्वाद से वाकिफ थे। बॉम्बे पर राज के साथ राजकुमारी कैथरीन चाय के कुछ डिब्बे भी लेकर गईं।

दिलचस्प बात यह थी कि तब तक चार्ल्स और उनके दरबारियों को यह पता ही नहीं था कि राजकुमारी के साथ आए दहेज का क्या किया जाए? बॉम्बे का इस्तेमाल संभव नहीं था, क्योंकि ब्रिटेन के पास पुर्तगालियों जैसी नौसेना नहीं थी और न ही ब्रिटिश राज को यह पता था कि चाय क्या होती है? पुर्तगाली राजकुमारी कैथरीन ने जब महल के सेवकों से यह नया पेय सबको पेश करने के लिए कहा, तो कॉफी और वाइन के शौकीन अंग्रेजों ने चाय के नाम पर नाक-मुँह सिकोड़ा। कहते हैं, कैथरीन ब्रिगेंजा ने पूरे दरबार को खुद चाय बनाकर पिलाई और फिर चाय पैलेस के ऐसी मुँह लगी कि छूटी नहीं।

लंदन में कैथरीन के कदम पड़ने तक ईस्ट इंडिया कंपनी को काम करते हुए छह दशक बीत चुके थे। रानी एलिजाबेथ और क्रॉमवेल ने The Honourable Company या जॉन कंपनी को एशिया से कारोबार का एकाधिकार सौंपा था। चार्ल्स की बादशाहत में कंपनी को हमेशा के लिए यह एकाधिकार मिल गया।

कैथरीन की चाय का स्वाद चढ़ने के बाद ईस्ट इंडिया कंपनी ने करीब 1670 में पहली बार जावा की पत्तियोंवाली चाय का आयात किया। ईस्ट इंडिया कंपनी के चाय के कारोबार में आने से पहले चाय की कथा में समुद्री लुटेरों का

भी प्रवेश होता है। राजकुमारी के दहेज पर अंग्रेज ऐसे दीवाने हुए कि अंग्रेजों ने भारत में चाय उगाने की तैयारियाँ कर लीं।

स्कॉटिश नाविक रॉबर्ट फॉरच्यून चीन से इंग्लैंड आ रहे थे। रास्ते में समुद्री डाकुओं से उनकी लोमहर्षक लड़ाई हुई। उनके जहाज की हिफाजत कर रहे चीनी सिपाही कमजोर पड़े, लेकिन रॉबर्ट नहीं। फॉरच्यून पादप विज्ञानी यानी Botanist भी थे। उनके पास रॉयल हॉर्टीकल्चरल सोसाइटी के चिसविकवाले बड़े बगीचे के मुखिया का पद भी था। वे चीन से चाय के पौधे भी ला रहे थे, जो उन्होंने चीन में बड़े शोध के बाद चुने थे। समुद्री लुटेरों से जान पर खेलकर फॉरच्यून ने चाय के सारे पौधे बचा लिये।

19वीं सदी में चाय की एक किस्म कैमेलिया सिनेसिस ने पूर्वी एशिया के पूरे पर्यावरण को ध्वस्त कर दिया। अकाल पड़े और करीब 40 मिलियन लोग मारे गए। कहते हैं, चाय ने एक पूरी पीढ़ी को गरीबी की गर्त में धकेल दिया था। सिनेसिस के अलावा चाय की एक बड़ी पत्तीवाली किस्म भी थी। रॉबर्ट फॉरच्यून इन्हीं किस्मों का मिश्रण लेकर, जो शायद चाय की सर्वश्रेष्ठ किस्में थीं, उन्हें बाद में भारत में लगाया। भारत में चाय बागान की शुरुआत साल 1834 के आसपास हुई। पुर्तगाली राजकुमारी कैथरीन के दहेज में चाय को लंदन पहुँचने के करीब 60 साल के भीतर ही चाय वहाँ इतना बड़ा कारोबार बन गई कि ब्रिटेन की सरकार ने इस पर 200 फीसदी टैक्स लगा दिया। चाय की तस्करी होने लगी। तब तक ईस्ट इंडिया कंपनी ने चाय को अमेरिका के उपनिवेश में पहुँचा दिया था।

चाय ने वहाँ पहुँचकर क्रांति की भूमिका तैयार कर दी। अंग्रेजी हुकूमत की तानाशाही के विरोध में 16 दिसंबर, 1773 को अमेरिकी क्रांतिकारियों के एक समूह ने बॉस्टन के बंदरगाह में घुसकर चाय की पेटियों को समंदर में फेंक दिया। ब्रिटेन की संसद् के 'टी ऐक्ट' के विरोध में अमेरीकियों ने उस अंग्रेजी चाय को खारे पानी में मिला दिया। उस रोज कुल 342 चाय की पेटियाँ समंदर में बहाई गईं। इस घटना को इतिहास में 'बॉस्टन टी पार्टी' के नाम से जाना गया। चाय के नाम हुई क्रांति की इस शुरुआत ने अंग्रेजी हुकूमत की चूलें हिला दीं। और महज तीन सालों के भीतर अमेरिका आजाद हो गया। 4 जुलाई, 1776 की सुबह अमेरिकी आजादी की सुबह थी, जो कोई तीन साल पहले बॉस्टन के समंदर में घुली चाय से पैदा हुए संघर्ष का नतीजा थी।

चाय निर्विवाद रूप से चीन की देन है। चीन में खेती के प्रमाण लगभग 2000 साल पुराने हैं। चाय भी उसी दौर से उगाई गई। कहते हैं, पहले यह पत्तियाँ सब्जी के तौर पर खाई जाती थीं, फिर इन्हें चावल के साथ मिला उबालकर केक बनाया गया। चाय को उबालने के सबसे पहले प्रमाण 220 ईसवी के हैं। पाँचवीं सदी में चीनी यात्री आइचिंग या यी जिंग भारत आया। उसने चाय को उबाले जाने का जिक्र किया। सातवीं सदी में चीन में एक किताब लिखी गई, जिसका था—'क्लासिक ऑफ टी'। ली यू इसके लेखक थे। यह किताब चाय का सबसे पुराना साहित्यिक प्रमाण है। पुर्तगाली और बर्तानवी प्रभाव में पेय के तौर पर लोकप्रिय होने से पहले चाय के दवा के तौर पर इस्तेमाल के संदर्भ मिलते हैं।

चाय अब तमाम रूपों में नमूदार हो चुकी है। इनमें हर्बल टी, स्ट्रेस रीलिविंग टी, रिजुविनेटिंग टी, स्लिमिंग टी जैसे न जाने कितने रूप शामिल हैं। भारत में सबसे महँगी ह्वाइट टी पचहतर हजार रुपए किलो तक मिलती है। एक रिपोर्ट के मुताबिक दुनिया की सबसे महँगी चाय चीन की 'हॉन्ग पाओ टी' है।

फिर बहक गए, लौटते हैं बनारस पर, क्योंकि बनारस में चाय महज एक उत्पाद नहीं, बल्कि जीवन-शैली है। बनारस में चाय के लिए कुल्हड़ का चलन व्यापक है। पर न जाने क्यों चाय की अड़ियों पर काँच के कटिंग गिलास का ही इस्तेमाल होता है। शायद उसमें चाय लेकर देर तक गप्प लड़ाने में सुविधा होती है! चाहे कबीर चौरा पर चूहड़मल की दुकान हो या लंका पर टंडनजी की, अस्सी की पप्पू की चाय की अड़ी हो या चौक का लक्ष्मी चायवाला या फिर लहुरावीर की मोती की कैंटीन, हर जगह चाय के गिलास में ही क्रांति का तूफान पैदा होता है।

बनारसी कुल्हड़ यहीं पिछड़ जाता है। कुल्हड़ के सवाल पर कालजयी साहित्यकार विद्यानिवास मिश्र का कहा अद्भुत है। वे बनारस के बादशाहबाग में रहते थे। उनके घर जाइए तो गरमियों में आँवले का मुरब्बा और सर्दियों में चाय मिलती थी। पंडितजी पूछते, "बालक! चाय पियोगे?" अगर आपने 'हाँ' कहा तो उनका अगला सवाल होता, "चरित्रवान चाय पियोगे या चरित्रहीन?" आनेवाला अचकचा जाता। फिर मोटे चश्मे से झाँकती उनकी आँखें घूरकर खुद बतातीं, "बेटा! चीनी-मिट्टी के कप में जो चाय आती है, वह चरित्रहीन है। हर

बार धुल-पुँछकर नए रूप में, नए साज-सिंगार में आकर पीनेवाले के अधरों को चूमती है! पर जो चाय कुल्हड़ में पी जाती है, वह तो पंचतत्त्वों से स्वयं को तपाकर तैयार होती है और किसी अधर से एक बार जब छू जाए तो अपना नश्वर शरीर त्याग देती है। फिर उसी अग्नि में तपकर नया जन्म लेती है, नए प्रेमी के अधर छूने के लिए।" अब तो आप कुल्हड़ की चाय की आध्यात्मिकता को भी समझ गए होंगे पं. विद्यानिवास मिश्र के जरिए।

बनारसियों के लिए चाय अपने आप में आध्यात्मिकता की एक सीढ़ी है, जो वह दृष्टि पैदा करती है, जिससे सभी समस्याओं का हल चुटकी में होता है। वह दुनिया के किसी भी हिस्से की समस्या सुलझा सकता है। वह चाय का लुत्फ लेते हुए इजराइल और फिलिस्तीन के बीच सुलह भी करवा सकता है और चुनाव हारने के बावजूद डोनाल्ड ट्रंप को अमेरिका का दोबारा राष्ट्रपति भी बनवा सकता है। समुद्र मंथन के समय दो ही विकल्प थे—अमृत और विष। अगर तीसरा विकल्प चाय का होता तो बनारसी अवश्य ही अमृत छोड़कर चाय की ओर लपकते।

□

8

सालिगरामवाँ

सबसे खतरनाक होता है सपनों का मर जाना!

जीवन-यात्रा में दिलचस्प और अद्‌भुत किस्म की शख्सियतों से सामना हुआ। इन शख्सियतों ने न सिर्फ मेरी समझ को परिष्कृत किया, बल्कि मेरी दृष्टि भी व्यापक बनाई है। मुझे सिखाया, माँजा और समावेशी बनाया।

ऐसे ही एक अद्‌भुत चरित्र थे सालिगराम। सालिगराम पागल नहीं थे, पर समाज उन्हें पागल समझता था। वह वक्त के मारे थे, पर जमाने को अपने ठेंगे पर रखते थे। रहन-सहन की बेतरतीबी और कुछ हिले हुए दिमागी संतुलन से वह बनारस में हमेशा कौतूहल का केंद्र रहे। उनके व्यक्तित्व में परोपकार के अद्‌भुत गुण थे। वे कुष्ठ रोगियों के लिए मसीहा थे। निराकार ब्रह्म की तरह उन्हें समूचे शहर में कहीं भी देखा जा सकता था। कोई पच्चीस बरस तक सालिगराम बनारस के सबसे जाने-पहचाने व्यक्तित्व थे। रोगियों और भिखारियों के इलाज के लिए वह

गवर्नर तक को अंग्रेजी में चिट्ठी लिखते थे। सालिगराम के व्यक्तित्व में गजब का विरोधाभास था। वह भीख नहीं माँगते थे, पर भिखारियों के साथ रहते थे। अधोवस्त्र के रूप में गमछा या टाट लपेटते थे। उनके बाल जटाओं की तरह थे। अपने गले में ढेर सारी मालाएँ पहने सालिगराम शिव के बाराती लगते थे। अपनी धुन में मस्त, बेलौस, बेबाक सालिगराम एक दौर में तो बनारसी पहचान के अनिवार्य तत्त्व बन गए थे। मंदिरों से उतरी दर्जन भर मालाएँ पहने और उतनी ही माला सिर पर लादे सालिगराम अकसर कुछ अजीब और दिलचस्प कर गुजरते। मसलन वे कभी-कभी 'सालिगराम जिंदाबाद' के नारे भी खुद ही लगाने लगते। ऐसे सालिगराम के सालिगरामवाँ बनने की कहानी बड़ी मार्मिक है।

कोरोना महामारी के दौरान मेरी स्मृतियों में इन बनारसी सालिगराम की कहानी फड़फड़ाने लगी। 1940 के आसपास आई चेचक महामारी ने सालिगराम को सालिगरामवाँ बना दिया। सालिगराम बिंद बिरादरी के थे। यह समाज बनारस में तारकशी का काम करता था। तीन बच्चों और पत्नी का उनका भरा-पूरा परिवार था। चेचक की महामारी उस दौर में इस परिवार पर कहर बनकर टूटी। यह हँसता-खेलता परिवार यकायक इस महामारी की चपेट में आ गया। एक मनहूस सुबह सालिगराम का एक बेटा चेचक से चल बसा। सालिगराम उसके अंतिम संस्कार के लिए घाट ले गए। उस वक्त चेचक से मरे लोगों के शव को जलाते नहीं थे। गंगा में प्रवाहित करते थे। सालिगराम जब अंतिम संस्कार से लौटे, उनका दूसरा बेटा भी जाता रहा। उसे घाट पहुँचाया और फिर लौटे तो इस बीच तीसरा भी चल बसा। पत्नी इस सदमे को न सह सकी और वह भी चलती बनी। एक दिन में घर से चार लाश!! सालिगराम का दिमाग पत्थर हो गया। सुध-बुध जाती रही, सपने टूट गए, जीवन बिखर गया। नीरज के शब्दों में—

> *स्वप्न झरे फूल-से, मीत चुभे शूल-से, लुट गए सिंगार सभी बाग के बबूल से और हम खड़े-खड़े बहार देखते रहे, कारवाँ गुजर गया, गुबार देखते रहे!*

सालिगराम की आँखों के सामने ही उनकी भरी-पूरी जिंदगी का कारवाँ गुजर गया। फिर कभी लौटकर न आने के लिए। अब उनकी जिंदगी में सिर्फ तकलीफ की धूल और दर्द का गुबार रह गया था!

सालिगराम की जिंदगी के सारे उजले सपनों की अकाल मौत हो गई। इस पारिवारिक हादसे से सालिगराम विक्षिप्तता की ओर चले गए। परिवार के एक-एक कर जाने और कुछ न कर पाने की लाचारी ने सालिगराम का दिमागी संतुलन बिगाड़ दिया। वे घर छोड़कर कहीं चले गए। मुद्दत बाद जब लौटे तो जटाजूट के साथ। साढ़े पाँच फीट के सालिगराम घुटनों तक ढेर सारी माला पहने। कमर में गमछा लपेटे, हाथ में एक चार फीट लंबा ताड़ का पंखा लिये रामकृष्ण मिशन अस्पताल में रोगियों की सेवा करते देखे गए। अपनी इसी वेशभूषा में यह किरदार समूचे शहर में जाना जाने लगा। जहाँ भी कोई गरीब और अशक्त बीमार दिखता, वहीं सालिगराम पहुँच जाते। पहले उसे अपने कंधे पर टँगा पंखा झलते। इतना बड़ा पंखा बनारस में रईसों के घर या बारात में इस्तेमाल होता ही था। यह पंखा सालिगराम की पहचान बन गया था। फिर वे बीमार को अस्पताल ले जाते और उसकी तीमारदारी करते। बाद के दिनों में वे दशाश्वमेध घाट पर कुष्ठ रोगियों की सेवा करने लगे। कुष्ठ रोगियों की मरहम-पट्टी करते-करते अकसर उन्हीं के बीच सो भी जाते। इन रोगियों के लिए वे मुख्यमंत्री से लेकर राज्यपाल तक चिट्ठियाँ लिखते रहते। चिट्ठियों पर दस्तखत करते—'पाखंडी पगला सालिगराम'। यह तखल्लुस उनसे ताउम्र जुड़ा रहा।

समूचे शहर में सालिगराम का सम्मान था। उन्हें कहीं से कभी तिरस्कार नहीं मिला। बच्चे भी उन्हें परेशान नहीं करते थे। शहर में उनके कई अड्डे थे। वे जहाँ पहुँच जाते, बिना माँगे भोजन मिल जाता था। उनके जीवन का इकलौता मकसद था, भिखारियों और कुष्ठ रोगियों का इलाज। रामकृष्ण मिशन के प्रमुख स्वामीजी से लेकर बनारस के सिविल सर्जन, छुतहा (संक्रामक रोग) अस्पताल के डॉक्टर, सब उन्हें न सिर्फ जानते थे, बल्कि उनके द्वारा लाए गए मरीजों का इलाज प्राथमिकता से करते थे। रामकृष्ण मिशन के स्वामीजी लोगों से उनकी बहुत बनती थी। वे लोग सालिगराम का आदर करते थे। मिशन अस्पताल के सामने डॉ. पी.के. बनर्जी का क्लीनिक था। डॉ. बनर्जी मिशन अस्पताल के प्रबंधन से जुड़े थे। सालिगराम उन्हीं से मिशन अस्पताल में सिफारिशी चिट्ठी लिखवाते। डॉ. पी.के. बनर्जी बनारस के अद्भुत समाज-सेवी थे। सालिगराम से उनकी बहुत बनती थी। डॉ. बनर्जी ने जीवन के अंतिम दिनों में अपनी सारी संपत्ति आर.एस.एस. को दान कर दी थी। सालिगराम व्यवस्था से नाराज थे,

पर इतिहास से गौरवान्वित थे। वे कुछ करना चाहते थे। उनकी योजना थी कि वे युवकों का एक समूह बनाएँगे और व्यवस्था में आमूलचूल परिवर्तन के लिए लगेंगे। पर जब उनके जीवन में सबकुछ उजड़ गया तो उन्होंने एक अनंत एकाकीपन ओढ़ अपना रास्ता बदल लिया।

ज्ञानवापी पर सैमसंस और लक्सा पर भारतीय भोग, ये दो ऐसे ठिकाने थे, जहाँ उनके भोजन का इंतजाम रहता था। एक जगह कारोबारी उमरावचंद्र जैन तो दूसरी जगह बनारस के पूर्व सांसद देवेंद्र द्विवेदी के जिम्मे यह इंतजाम रहता। उनके रहने की जगह बनारस के पूर्व मेयर पं. सरयू प्रसाद द्विवेदी (मेरे श्वसुर) के घर का गलियारा थी। द्विवेदीजी का यह गलियारा दो घरों के बीच पड़ता था। सालिगराम टिन, कनस्तर और दूसरे कबाड़ इकट्ठा कर उसी के साथ वहीं रहते थे। मंदिरों की माला इकट्ठा करना, उन्हें पहनना और उन्हीं पर सो जाना उनका शगल था। जब यहाँ रहते तो खाना भी दोनों वक्त इसी परिवार से मिलता था। वरना उनका जीवन रमता योगी बहता पानी जैसा ही था। कुछ दिनों तक उनका ठिकाना लक्सा के अयाचक आश्रम के पास सड़क पर भी था। फिर मैंने उन्हें लक्सा तिराहे के आइलैंड पर कब्जा जमाए भी देखा। शहर के कई मानिंद लोगों के यहाँ सालिगराम हफ्ते-दस रोज में जाते थे। बृजपाल दास, पं. कमलापति त्रिपाठी, पं. सत्यनारायण शास्त्री, महंत वीरभद्रजी, राधा रमनजी या ज्योति भूषणजी जैसे कई बनारसी रईस उन्हें पैसे भी देते थे। पर सालिगराम ने कभी पैसे अपने ऊपर नहीं खर्च किए। पैसे वे हमेशा गरीब बच्चों और भिखारियों को दे देते।

वीणा (मेरी पत्नी) बताती हैं कि सालिगराम बहुत समझदारी की बात करते थे। कार्ल मार्क्स से शुरू हो चर्चिल तक उनकी चर्चा के विषय होते थे। डॉ. लोहिया, गांधी, नेहरू, जिन्ना के बारे में वे तफसील से बातें करते। लालबहादुर शास्त्री और राजेंद्र बाबू के बारे में समान भाव से व्याख्यान देते। राजनीति के अलावा क्रिकेट में भी उनका दखल था। उनकी व्याप्ति बहुत थी। बनारस का हर बड़ा आदमी उन्हें जानता था। व्यवस्था के प्रति अपना असंतोष वे रोज द्विवेदीजी को लिखकर देते थे। पं. कमलापतिजी के पास भी वे अकसर अपनी शिकायत लेकर जाते। जो भी नेता शहर में आता, उसे वे शहर और देश की समस्याओं को अंग्रेजी में सिलसिलेवार लिखकर थमा देते। तब विश्वनाथ प्रसाद 'झिंगन साव' बनारस के विधायक थे। एक रोज विधायकजी को लेकर सालिगराम बनारस

के सिविल सर्जन के पास गए। इस बात की गारंटी के लिए कि उनके लाए मरीजों पर वे ध्यान दिया करें। तब 'लीडर' अखबार का दफ्तर द्विवेदीजी के घर के सामने ही लक्सा पर हुआ करता था। सालिगराम हर दूसरे-तीसरे दिन वहाँ संपादक के नाम पत्र लिखकर छपने को दे आते। न छपने पर नाराज होते, पर हताश नहीं होते। लिखने का यह सिलसिला उनकी मृत्यु तक जारी रहा।

सालिगराम विक्षिप्त तो थे, पर कभी किसी ने उन्हें उन्मादित या आक्रामक नहीं देखा। जब सपनों की हत्या होती है या वे बेवक्त टूटते हैं तो मनुष्य विक्षिप्तता की ओर जाने लगता है। शायद इसलिए मशहूर कवि अवतार सिंह 'पाश' लिख गए हैं—

मेहनत की लूट सबसे खतरनाक नहीं होती/पुलिस की मार भी सबसे खतरनाक नहीं होती/गद्दारी और लोभ की मुट्ठी सबसे खतरनाक नहीं होती/सबसे खतरनाक होता है मुर्दा शांति से भर जाना/न होना तड़प का/सबकुछ सहन कर जाना/घर से निकलना काम पर/और काम से लौटकर घर आना/सबसे खतरनाक होता है/हमारे सपनों का मर जाना।

सालिगराम के सपने मर चुके थे, उनके जीवन की सबसे खतरनाक बात यही थी। दिमागी संतुलन बिगड़ने के कई कारण होते हैं। इश्क की नाकामी, पारिवारिक हादसे, दुनिया बदलने की अदम्य आकांक्षा और कुछ न कर पाने की लाचारी, यही वजहें आदमी का दिमागी संतुलन बिगाड़ देती हैं। सालिगराम की जिंदगी पारिवारिक हादसों के सिलसिले का जीता-जागता सदमा थी। पागलपन का अपना चिकित्साशास्त्र होता है। हमारे दिमाग की अनेकानेक विसंगतियाँ हमें पागलपन की ओर ले जाती हैं। इसे आप सनक या मूढ़ता भी कह सकते हैं। इस स्थिति को 'सिजोफ्रेनिया' कहते हैं। मुझे लगता है कि सालिगराम सिजोफ्रेनिया के शिकार थे। इस गंभीर बीमारी का शिकार मरीज सच्चाई और भ्रम, सही और गलत, सच और झूठ जैसी चीजों का अंतर नहीं समझ पाता है।

सालिगराम जिस स्थिति से गुजर रहे थे, वह जाने-अनजाने कितने ही लोगों में पाई जाती है। दुनिया में चिकित्सा विज्ञान की मशहूर पत्रिका 'द लांसेट' की रिपोर्ट कहती है कि भारत का हर सातवाँ व्यक्ति ऐसे किसी मानसिक रोग का शिकार है। देश की आबादी का कोई 15 फीसदी हिस्सा, यानी कोई 20 करोड़ लोग, किसी-न-किसी तरह की मानसिक बीमारियों से जूझ रहे हैं। इनमें 4.57 करोड़ लोग डिप्रेशन या अवसाद और करीब इतने ही लोग एंजाइटी, यानी घबराहट के शिकार हैं। साल-दर-साल यह तादाद बढ़ती ही जा रही है। मानसिक उलझनों के इन चक्रव्यूह की एक नहीं, बल्कि कई थ्योरी हैं। चोरी करना जब आदत में शुमार हो जाता है और अकसर जब आदमी अनायास ही चोरी करने लगे तो उसे मनोविज्ञानी 'क्लपटोमीनिया' कहते हैं। नशेबाजी की गहरी आदत 'डिपसोमीनिया' कहलाती है, पदार्थों को नष्ट करने की अदम्य अभिलाषा 'वायरोमीनिया' कहलाती है। दूसरों को कष्ट पाते देखकर मजा लूटने का स्वभाव 'म्यूटिलोमीनिया' कहलाता है। यौन कुत्साएँ, जो बेतरह मन पर छाई

रहती हैं, 'निंफोमेनिक' कहलाती हैं। इसी तरह दिमाग की स्लेट जब खाली होने लगे तो उसे 'डिमेनशिया' कहते हैं।

सालिगराम शांत स्वभाव के थे। मानसिक रोगों से जूझ रहे लोगों की हालत एक-सी नहीं होती। कुछ लोगों के मन में हमेशा उठापटक चलती रहती है। वे अकसर बड़बड़ाते दिखते हैं। दूसरों के कामों में जबरन हस्तक्षेप करते हैं और लड़ने-मरने पर उतारू रहते हैं। आत्मप्रशंसा, दर्प-प्रदर्शन, धमकी और दूसरों का तिरस्कार जैसी हरकतों में लिप्त रहते हैं। यह बीमारी 'हैब्रेफ्रेनिक' कहलाती है। जब शारीरिक और मानसिक तनाव बढ़ा-चढ़ा रहे, चैन से न बैठने और न बैठने देने की स्थिति हो तो उस स्थिति को 'कैटाटोनिक' कहा जाएगा। किसी अदृश्य से हमेशा डरते रहना, तरह-तरह की डरावनी आवाजें सुनना, पीड़ा-प्रताड़ना को सहने का आभास होना, इस पागलपन को 'पैरेनोइया' कहा जाता है। ऐसे भी लोग होते हैं, जो अपनी कल्पनाएँ जेहन में इतने दिन तक सँजोए रहते हैं, फिर उन्हें वह असलियत जैसी लगने लगती है, इसे 'कोर्साकोफ्स सायकोसिस' कहा जाता है। सिद्ध योगियों के साथ बातचीत, देवी-देवताओं से संवाद और भूत-प्रेतों के चमत्कारों को आँखों देखी घटना की तरह बतानेवाले इसी रोग के मरीज होते हैं। 'अल्जाइमर' एवं 'लोप्रेशर हाइड्रोसेफल्स' रोग में लोग प्रायः बुढ़ापे में याद्दाश्त खोने के साथ ही विक्षिप्तता की ओर बढ़ जाते हैं। 'सठियाना' इसी को कहते हैं।

चलिए, वापस लौटते हैं सालिगराम की कहानी पर। अभी इस कहानी के कई बेहद दिलचस्प शेड्स बाकी हैं। एक दिन यकायक सालिगराम के जीवन में एक मोड़ आया। इस विक्षिप्त आदमी की जिंदगी में एक महिला आ गई। लोगों को आश्चर्य हुआ, वह महिला बंगाली थी और बड़ी बात यह कि किसी ने उसे कभी बोलते नहीं देखा था। वह भी किसी हादसे से पथराई-सी लगती थी। अब सालिगराम सड़कों पर जोड़े के साथ दिखने लगे। सालिगराम उसे अपने साथ चलने से मना करते तो भी वह नहीं मानती थी। साये की तरह उसके साथ चलती थी। सालिगराम का यह 'सहजीवन' शहर में चर्चा का विषय था। यह भी सालिगराम पर बाबा विश्वनाथ की ही कृपा थी कि सत्तर बरस की उम्र और इस दिमागी अवस्था में उन्हें जीवनसाथी मिला। आखिरी समय जब सालिगराम बीमार पड़े तो फिर नहीं उठे। इस महिला ने उनकी बहुत सेवा की। यह महिला

कौन थी, कहाँ से आई थी, और सालिगराम के जाने के बाद कहाँ चली गई? यह आज भी बनारसियों के बीच रहस्य का विषय है।

सालिगराम का एक सपना था। वे भिक्षुकों और कुष्ठ पीड़ितों के लिए बनारस के मणिकर्णिका घाट पर एक मरणशाला बनवाना चाहते थे। बार-बार वे इस काम के लिए लोगों को ज्ञापन देते। जब पं. सरयू प्रसाद द्विवेदी मेयर बने तो उन्हें अकसर वे इस काम के लिए याद दिलाते। बाद में कुछ साल सालिगराम काशी विश्वनाथ और अन्नपूर्णाजी के मंदिरों की सफाई में भी लगे रहे।

फिर एक रोज विधाता को अपनी इस अद्भुत कृति की याद आ गई। उनकी विदाई का दिन आ गया। उस दिन सालिगराम बाँसफाटक पर डॉ. रजनीकांत दत्ता के चबूतरे पर लेटे मौत से लड़ रहे थे। जटाजूट और नाखून बढ़े हुए सालिगराम अचेत। जब द्विवेदीजी को पता चला तो उन्हें रामापुरा घर पर लाया गया। सालिगराम की उलटी साँसें चल रही थीं। मुँह में तुलसी और गंगाजल लेकर सालिगराम ने पं. सरयू प्रसादजी के चबूतरे पर अंतिम साँस ली। उनकी शवयात्रा किसी रईस और ओहदेदार से कम नहीं थी। कई मोहल्लों से बहुत सारे लोग उन्हें देखने और फूल चढ़ाने आए। बैंड-बाजे के साथ शवयात्रा निकली, जिसमें सैकड़ों लोग शामिल थे। दूसरे रोज अखबारों में भी सालिगराम के अवसान की फोटो और खबर छपी। उनकी शवयात्रा और अखबार में छपी खबरों से लोगों को पता चला कि सालिगराम की व्याप्ति और लोकप्रियता क्या थी। सालिगराम मेरी नजर में जीवन की सार्थकता की जीती-जागती प्रयोगशाला थे। परिस्थितियाँ कितनी भी विषम हों, संकट कितना भी विकट हो, जीवन के वाद्ययंत्र के समूचे तार क्यों न बिखर चुके हों, पर मनुष्य की जिजीविषा कभी ठहरती नहीं, रुकती नहीं, हार नहीं मानती। सालिगराम आदम जात की इसी अजेय जिजीविषा के जीवट बनारसी हस्ताक्षर थे। इनसान सफलता, सुख, समृद्धि और ऐश्वर्य का चरम हासिल कर लेता है। बावजूद वह परमार्थ के रास्ते की ओर कभी आँख उठाकर नहीं देखता। जो पहला इनसानी मकसद है। सालिगराम जीवन में सबकुछ खो चुके थे, मगर इनसानियत का यह अमृत उनके पास था। इसी अमृतधारा के चलते वे हमारी स्मृतियों में जिंदा हैं। उन्हें प्रणाम!

□

9

देखो हमरी काशी

बापू अखबारवाला

कभी अखबार पढ़ लेना कभी अखबार हो जाना!

बापू ने देश को आजादी दिलवाई। उनकी शख्सियत बेमिसाल थी। उनके बारे में देश-दुनिया में बहुत-कुछ लिखा-पढ़ा गया है, मगर मैं यहाँ जिस बापू की बात कर रहा हूँ, वह गुमनाम रहा। उसके बारे में लिखने का सौभाग्य मुझे ही हासिल है। इस बापू का आजादी की लड़ाई से दूर-दूर तक कोई ताल्लुक नहीं था। मगर वह इस आजाद मुल्क की नब्ज पर हाथ रखता था और इस नब्ज के नीचे से गुजरनेवाली देश की हर छोटी-बड़ी घटना का हिसाब करता था। वह इन घटनाओं को अलग-अलग अखबारों की शक्लों में सहेजकर हमारे दरवाजे तक ले आता था। वाकई गजब किरदार था उसका। कोई पहचान का मिल जाता तो उससे चिपक लेता। उसके कान में फुसफुसाकर कोई रोचक खबर बताता और जाते-जाते उनके हाथ में दिल्ली का कोई अखबार थमा देता। उसके व्यक्तित्व में इतना कौतुक था कि

उससे जान छुड़ाना मुश्किल था। परम स्नेही, गजब का जिंदादिल। दिल्ली की राजनीति की सदाओं से लेकर सड़क पर झाड़ू लगानेवाली की अदाओं तक वह बेतकल्लुफी से बातें करता था। वह पैदायशी खबरी था। उसे पूरे शहर की खबर रहती। था तो वह अखबार का मामूली हॉकर, पर हर किसी का दिमाग पढ़ लेने की उसे महारत हासिल थी।

'बापू' मेरा हॉकर था, मेरे लिए कोई चौदह-पंद्रह अखबार रोज लाता था। सरकारी दस्तावेजों में उसका नाम बृजेंद्र सिंह दर्ज था। पढ़ा-लिखा ज्यादा नहीं था, पर किसी पढ़े-लिखे से ज्यादा वाकफियत रखता था। रोज तड़के वितरण केंद्र से अखबार लेने और ग्राहकों को बाँटने के बाद सुबह कोई आठ बजे के आसपास बापू लौटते वक्त मेरे घर से होकर जाता। उससे अखबार में छपी खबरों पर चर्चा होती, शहर का हाल-चाल होता। फिर बापू चाय पीता, कुछ खाता और चला जाता। बापू हॉकर यूनियन का पदाधिकारी भी था। इसलिए उसकी दबंगई लखनऊ के सभी अखबारों के सर्कुलेशन विभाग में चलती थी। थाना-पुलिस से संपर्क उसका शौक था और अखबार दफ्तरों में होनेवाली राजनीति की खबर रखना उसका शगल।

बापू वीणा को ढेर सारी पत्रिकाएँ भी पढ़ने के लिए दे जाता। पत्रिकाओं के कवर का मास्ट हेड फाड़कर। तब मुझे समझ नहीं आता, ऐसा वह क्यों करता है। बाद में पता चला कि फटे हुए मास्ट हेड वाली कतरन वह एजेंसी में वापस जमा कर देता। उसकी यह कारगुजारी पत्रिका की वापसी मानी जाती थी। बापू की इस सदाशयता से वीणा ढेर सारी पत्रिका मुफ्त में पढ़ती थीं और बापू ने इसी रास्ते घर के किचन में अपनी आमदरफ्त भी बना ली थी।

बापू चलता-फिरता अखबार था। कृशकाय, फौजी हेयरकट, हमेशा उतावली की साइकिल पर चढ़ा बापू सदर छावनी में रहता था, क्योंकि उसके परिवार में कोई फौज में था। साइकिल पर सवार बापू आपको शहर में कहीं भी मिल सकता था। मिलते ही कान में कुछ-न-कुछ फुस-फुसाकर खबर देता और फिर सीधे आगे बढ़ जाता, बिना आपकी प्रतिक्रिया का इंतजार किए। बापू अगर अखबार न बाँटता तो देश का चोटी का निशानेबाज होता। वह एक पाँव पर साइकिल टिका, साइकिल पर बैठे-बैठे ही घंटी बजाता और तीन मंजिल ऊपर बालकनी या खिड़की में अखबार को रॉकेट की तरह प्रक्षेपित कर देता। उसका निशाना अचूक था और याददाश्त बेजोड़। उसे हमेशा पता रहता था कि कौन

सा अखबार किसे देना है। अपने काम के प्रति गजब का सम्मान और हमेशा आसपास घटती घटनाओं पर कान। यह खूबी मैंने उससे ही सीखी।

बापू मेरी पत्रकारिता से बहुत प्रभावित था, पर 'जनसत्ता' अखबार से असंतुष्ट रहता था। वजह तब जनसत्ता सिर्फ आठ पेज का अखबार होता था और उसका न्यूज प्रिंट भी वजन में दूसरे अखबारों की तुलना में काफी हलका होता। इसलिए वह बहुत दूर तक फेंका नहीं जा सकता था। बापू जब भी किसी ग्राहक को 'जनसत्ता' फेंकता, वह आधे रास्ते से लौट आता। इसे वह अपनी नाकामी समझता और झल्लाता। मुझसे अकसर यही शिकायत करता कि भइया, आप हलके अखबार में क्यों काम करते हैं? आप थोड़े मोटे, भारी-भरकम अखबार में काम किया करो, ताकि उसे मैं पाठकों तक तो पहुँचा सकूँ। मैं बापू को आखिर तक यह नहीं समझा पाया कि अखबार अपने वजन से नहीं, विचारों से भारी होता है।

संसाधनों के अभाव के बावजूद बापू सबका मददगार था। अकसर सहकर्मी हॉकरों के लिए वह किसी-न-किसी से मारपीट कर लेता और शाम को थाने में होता। फिर उसे बाहर निकालने का उपक्रम करना होता। वह जब भी ऐसा करता, उस वक्त वह रासायनिक असर में होता। तब बापू मुझे देखते ही फौरन आवाज लगाता, "भइया, बताइए किसे ठीक करना है?" बापू वज्र स्वाभिमानी था। बातें किसी से भी हों, पूरी बराबरी से करता था। उसे कभी आप हरिशंकर तिवारी के यहाँ देख सकते थे तो कभी बीरेंद्र शाही के यहाँ भी। उ.प्र. के समाज में दोनों अपराध और राजनीति में एक-दूसरे के धुर विरोधी थे। पर बापू दोनों को साधकर रखता था। पुलिस, अपराधी और राजनीतिज्ञ बापू के तीन पसंदीदा वर्ग थे। लगता है कि उसे यह बात समझ में आ गई थी कि हमारे लोकतंत्र के वर्गीय चरित्र में तीनों के अन्योन्याश्रित संबंध हैं।

मुझे एक वाकया भूलता नहीं है। सुभाष मिश्र मेरे अनन्य मित्र थे। कोरोना ने उन्हें असमय हमसे छीन लिया। वे 'फाइनेंशियल एक्सप्रेस' के राज्य संवाददाता थे। यह भी एक्सप्रेस समूह का ही अखबार था। 'जनसत्ता', 'इंडियन एक्सप्रेस' और 'फाइनेंशियल एक्सप्रेस' का दफ्तर एक ही फ्लैट में हुआ करता था। सुभाष को सरकारी मकान अलॉट हुआ। तब लखनऊ में पत्रकारों को सरकारी मकान मिलता था। सुभाष को जो मकान मिला, उस पर पड़ोस में रहनेवाली किन्हीं

महिला का कब्जा था। वे भाजपा की कार्यकर्ता थीं। अलॉटमेंट सुभाष के नाम था और ताला उन महिला का लगा था। सुभाष परेशान थे। वे एक रोज अखबार पढ़ने जी.पी.ओ. सेंटर पर आए। मैंने उनसे कहा कि आज शाम को हम आपके आवंटित फ्लैट पर आएँगे और वहीं उन महिला से निवेदन करेंगे कि जब अलॉटमेंट आपका है तो वे काहे को विवाद कर रही हैं। बापू हमारी और सुभाष की बात अन्यमनस्क हो सुन रहा था। अखबार के बंडल बाँधते हुए उसके कान हमारी बातचीत की तरफ थे। तय समय के मुताबिक हम मौके पर पहुँचे। सुभाष हमारा इंतजार कर रहे थे। हम आपस में बात कर ही रहे थे, तभी पचास-साठ लोग साइकिल पर सवार डंडे के साथ आते दिखाई दिए। मैं अचंभित था। बापू उनका नेतृत्व कर रहा था। वे सब हॉकर थे। अखबार बाँटकर इधर ही कूच कर गए थे, भइया का काम करने। आते ही बापू चिल्लाया, "भइया, कौन सा ताला तोड़ना है?" मैंने बापू से अप्रसन्नता जताते पूछा कि तुम्हें किसने बुलाया? आप लोग कृपया वापस जाएँ। इस भीड़ को देख बाकी फ्लैट के लोग खिड़कियों से झाँकने लगे। वहाँ तनाव फैल गया, लगा कि कहीं हमला होना है। इतने लोगों को इकट्ठा देखकर उस महिला ने बिना कुछ कहे खुद जल्दी से ताला खोला और मौके से गायब हो गई। हमने किसी से बात भी नहीं की और काम भी हो गया। इस प्रकरण का जिक्र महज इसलिए कि बापू अपने परिचितों के लिए कितना और किस हद तक 'कंसर्न्ड' रहता था। उसकी उपस्थिति मात्र से एक लंबे समय के विवाद का खात्मा हुआ।

अखबार बाँटने को देशसेवा से कम न समझनेवाले बापू का मानना था कि यह काम बड़े-बड़े लोगों ने किया है। "देश के राष्ट्रपति ए.पी.जे. अब्दुल कलाम अपने जीवनयापन के लिए अखबार बाँटते थे। बिजली के बल्ब के आविष्कारक थॉमस अल्वा एडीसन घर चलाने के लिए अखबार बाँटते थे। तो भइया, मैं भी किसी-न-किसी दिन जरूर बड़ा आदमी बनूँगा, बस आप अपना हाथ मेरे ऊपर रखे रहें।" बापू ऐसी ही ऊल-जलूल पर मजेदार बातों का उस्ताद था।

अखबार और पाठक के बीच हॉकर सबसे महत्त्वपूर्ण कड़ी होता है। सड़ी गरमी, कड़कड़ाती ठंड और हाहाकारी बरसात में भी हॉकर हर रोज समय पर आपके दरवाजे पर होता है। कोहरे की सर्द रातों में जब कुछ सुझाई नहीं देता था, बापू तड़के चार बजे घर से निकल लेता। हाथ-मुँह धो, मौसम के मुताबिक

कपड़े पहन ठिठुरती ठंड में साइकिल पर सवार हो बापू विधानसभा मार्ग के पायनियर वितरण सेंटर पहुँचता। वहीं दो बार अदरकी चाय डकारता। यहीं से हरिचंद, मुन्नू (हॉकर यूनियन के नेता थे) और बाकी न्यूजपेपर हॉकरों के साथ उसका दिन शुरू होता। पूरी शिव की बारात थी यह। अखबार के बंडल समेटते हुए बापू दूसरे हॉकरों के दुःख-दर्द सुनता, यूनियन के मसलों से लेकर दो-चार साथियों की घरेलू प्रॉब्लम, वह सुबह-सुबह ही चुटकियों में निपटा देता। अखबारों के सर्कुलेशन मैनेजरों से त्योहारी, बोनस या फिर कोई और माँग पूरी करवाने की उनकी रणनीति इसी पायनियर सेंटर पर ही बनती थी। आदतन ऐसी बैठकों में ही बापू जोरदार भाषण देता था। भाषण भी ऐसा, जिसमें तंज और गालियाँ खुल्लम-खुल्ला होती थीं।

वैसे तो लखनऊ में अखबारों के कई वितरण केंद्र थे, पर दिल्ली से आनेवाले अखबार दोपहर में बँटते थे। उसके लिए एक ही जगह तय थी। जी.पी.ओ. पार्क के सामने पेट्रोल पंप से सटे फुटपाथ पर दिल्ली के अखबार बँटते थे। यहीं हम दिल्ली के अखबारों में काम करनेवाले सारे पत्रकार जमा होते थे। वहीं पटरी पर मुझे बैठा देखकर बापू दिल्ली के सारे अखबार लाकर सामने रख देता। हम अखबार पढ़ रहे होते, बापू अपने बंडल बाँध रहा होता और साथ-साथ उसकी रनिंग कमेंट्री चालू रहती—"भइया, फलाँ पत्रकार का आजकल फलाँ के साथ टाँका भिड़ा है। कल भइया (विनोद शुक्ल) ने फलाँ पत्रकार को दफ्तर से निकाल दिया। फलाँ अखबार में आजकल संपादकजी किनारे कर दिए गए हैं।" बापू ऐसी खबरों का 'कनफुकवा ब्रॉडकास्टर' था।

स्कूल और कॉलेज के वक्त भी मेरे भीतर खबरों के संस्कार ऐसे ही एक हॉकर ने गढ़े थे। कॉलेज और यूनिवर्सिटी के दौरान मैं हर शाम उन अखबारवालों के पास फुटपाथ पर बैठ दिल्ली के सारे अखबार पढ़ता था। वे मुझे अखबार और पत्रिकाएँ देते, मैं वहीं बैठ पढ़कर उन्हें लौटा देता। क्योंकि तब इतने अखबार खरीदने की हैसियत नहीं थी। मेरे भीतर खबरों के संस्कार गढ़नेवाले ये सज्जन थे पं. सोमेश्वर नाथ द्विवेदी। वे मेरे हॉकर अभिभावक थे। खबरों की व्यापक समझ मुझे उनके साथ फुटपाथ पर बैठ अखबार पढ़ने से ही बनी। चौक पर इंडियन वॉच एंड ग्रामोफोन कंपनी के ठीक सामने श्मशान गणेश मंदिर के बगल में वे फुटपाथ पर अखबार और पत्रिकाएँ लगाते थे।

बनारस के जिन चार-पाँच जगहों पर दिल्ली के सारे अखबार आते थे, उनमें एक सोमेश्वरजी की दुकान भी थी। किसी जमाने में सोमेश्वरजी घरों में भी अखबार पहुँचाते थे। पर बढ़ती उम्र के चलते बाद में वे घरों में अखबार डालने का काम छोड़ अपनी दुकान पर ही बैठते थे। बहुत ही सख्त और ब्राह्मणी आत्मसम्मान वाले सोमेश्वरजी अपने बुक स्टॉल पर पत्रिकाएँ और अखबार किसी को छूने नहीं देते थे। जो लोग बिना इजाजत पत्र-पत्रिकाएँ उलट-पलटकर नीचे रखते, सोमेश्वरजी उन लोगों पर बरस पड़ते। उनके लिए उन्होंने एक डंडा भी रखा था। गजब का आतंक था उनका, लोग डर-डरकर पत्रिकाएँ लेते थे उनसे।

सोमेश्वरजी देश की आजादी के सिपाही थे। आजादी की लड़ाई में वे 'रणभेरी' बाँटते थे। काम मुश्किल था। रणभेरी पर पुलिस की पाबंदी थी। सरकार की नजरें बचाकर बाँटना होता था। कई बार पकड़े भी गए। पलामू (बिहार) के रहनेवाले कर्मकांडी ब्राह्मण सोमेश्वरजी बनारस संस्कृत पढ़ने आए थे, पढ़े भी। फिर किसी मंदिर में पुजारी का काम भी किया, तभी आजादी की लड़ाई में उन्हें लोगों तक सूचनाएँ पहुँचाने का काम मिला। काम भा गया और वे पुजारी से हॉकर बन पत्र-पत्रिकाओं के कारोबार में लग गए।

लेकिन मेरे प्रति सोमेश्वरजी का भाव हमेशा स्नेहिल था। मैं जैसे ही जाकर राजा कटरा की सीढ़ियों पर बैठता, वे दिल्ली के अखबार और पत्रिकाएँ मेरी तरफ बढ़ा देते। चुपचाप पढ़कर मैं उन्हें वापस कर देता। इसकी एक वजह यह भी थी कि सोमेश्वरजी की दुकान के ठीक पीछे मेरे भाई साहब का कारोबारी कार्यालय था। जब तक 'आज' अखबार का सायंकालीन संस्करण निकला, वे लोगों के घरों में उसे पहुँचाते थे। बाद में सन् पैंसठ के आसपास चौक के राजा कटरा की सीढ़ियों को उन्होंने अपना न्यूजपेपर स्टॉल बनाया।

बापू और सोमेश्वरजी सदियों पुरानी उस परंपरा के प्रतिनिधि थे, जब 1605 में अखबार की शुरुआत यूरोप में हुई और अखबार के हॉकर का नया पेशा नमूदार हुआ। भारत में पत्रकारिता की शुरुआत 1780 में बंगाल के 'हिक्की गजट' या 'द कलकत्ता जनरल एडवरटाइजर' के जरिए हुई। इस देश में 'हिक्की गजट' के जरिए हॉकर सार्वजनिक जीवन में दर्ज हुए। 30 मई को कलकत्ता से जब पं. युगल किशोर सुकुल ने 'उदंत मार्तंड' निकाला तो इसके वितरण में कंपनी सरकार ने अड़ंगा लगाया, क्योंकि यह अखबार व्यवस्था विरोधी था।

कंपनी सरकार ने दूसरे अखबारों को तो डाक की सुविधा दी, पर 'उदंत मार्तंड' को यह सुविधा नहीं मिली। लिहाजा 'उदंत मार्तंड' को अपने लिए खुफिया हॉकर रखने पड़े। देश की आजादी और फिर उसके बाद इंदिरा गांधी की इमरजेंसी में छपनेवाले ऐसे स्वतंत्रचेता अखबारों को खुफिया हॉकर ही बाँटते थे। बापू को देख हॉकरों की यह गौरवशाली परंपरा बरबस याद आती थी।

बापू की एक और खासियत थी। जनसंपर्क में उसका कोई जवाब नहीं था। वह वापसीवाले अखबारों और कॉम्प्लीमेंट्री कॉपियों को फ्री में कुछ चुनिंदा अफसरों को सुबह-सुबह बाँट देता था। इस फेहरिस्त में कुछ पुलिस इंस्पेक्टर, सी.ओ. और थानेदार भी होते। निजी चैनल तब बाजार में नहीं आए थे, इसलिए अखबारों की अपनी अहमियत थी और बापू ने इन्हीं अखबारों के जरिए एस.पी., डी.एम. और यहाँ तक कि मंत्री-विधायकों तक पैठ बना लेता था। शाम के वक्त बापू अकसर हजरतगंज के तत्कालीन सी.ओ. राजेश पांडेय के दफ्तर में चाय पीते मिल जाता था। उस दौर के एस.पी. अनिल रतूड़ी को दिल्ली के अखबारों का शौक था, सो बापू खुद 'इंडियन एक्सप्रेस' और 'ट्रिब्यून' की प्रति लेकर एस.पी. साहब के दरबार में हाजिर रहता। कई बार जो खबरें और किस्से अखबार में नहीं छपते थे, वे बापू की जुबान पर होते। अकसर पुलिस अफसरों को उनके मतलब की 'ब्रेकिंग न्यूज' बापू से ही मिलती। माफिया डॉन बबलू श्रीवास्तव से लेकर अन्ना और बक्शी भंडारी से लेकर सूरज पाल तक के कारनामे बापू को रटे हुए थे। शायद यही वजह थी कि शहर के कई नए-नवेले क्राइम रिपोर्टर बापू को मुफ्त की चाय पिलाने लगे थे। कुछेक तो बापू पर ऐसे फिदा हुए कि यदा-कदा शाम को उसे बोतल पकड़ा देते। बदले में बापू उनकी खबरों में कुछ-न-कुछ 'वैल्यू एडिशन' कर देता।

पुलिस और क्राइम रिपोर्टरों के बीच उठने-बैठने से बापू ने हॉकरों में अपनी थोड़ी हनक बना ली थी। किसी को अस्पताल में भर्ती कराना हो, किसी की थाने में रपट लिखानी हो या फिर किसी के बच्चे का स्कूल में एडमिशन हो, बापू हॉकरों के छोटे-मोटे काम कराने में हमेशा आगे रहा। वैसे उन दिनों हॉकरों की यूनियन शहर के टैक्सी या टेंपो यूनियन से कहीं ज्यादा मजबूत थी। वजह कि अगर हॉकर हड़ताल कर दें तो शहर बेखबर हो जाए। कर्फ्यू के दौर में तो हॉकरों की अपनी धमक रहती थी। बापू सबको पास दिलाने में अपनी नेतागीरी

चमका लेते थे। लखनऊ के डी.एम. अशोक प्रियदर्शी उसे नाम से जानते थे। बापू के लिए इतना ही बहुत था।

बापू के ठौर-ठिकाने फिक्स थे। उसकी सुबह अगर पायनियर पर गुजरती, तो दोपहर हजरतगंज के रंजना पेट्रोल पंप वाले सेंटर पर। दोपहर की उसकी जमघट में क्राइम रिपोर्टर की जगह अधिकतर राजनीतिक रिपोर्टर और राष्ट्रीय अखबारों के ब्यूरो चीफ होते थे। जब मैं दिल्ली आ गया तो बापू से संपर्क उतना जीवंत नहीं रहा। एक रोज बापू का फोन आया कराहती आवाज में। आवाज पहचानी नहीं जा रही थी। बापू दर्द से तड़प रहा था। बातचीत में पता चला, उसे फेफड़े का कैंसर है। बापू बस इतना चाहता था कि मैं उससे आखिरी बार मिल लूँ। यह मेरे लिए झटका था, क्योंकि बापू मुझसे उम्र में छोटा था। मैं एक-दो रोज परेशान रहा, फिर लखनऊ पहुँचा। एयरपोर्ट से सीधे बापू के घर। मुझे देखकर बापू की आँखों की चमक देखते बनती थी। बापू पुरानी स्मृतियों में डूब गया। अतीत की यादों ने उसके दर्द को कम कर दिया था। बापू को मालूम था, वक्त उसके पास कम है। काफी देर बाद मैं लौट तो आया, पर मन वहीं रह गया था। चार-पाँच रोज बाद खबर आई कि खबर बाँटनेवाला बापू खुद खबर बन गया। मुझे संतोष था कि बापू, जो मुझसे कहना चाह रहा था, उसे मैंने सुन लिया था।

कोरोनाकाल में भी हॉकर जान पर खेल अखबार पहुँचाते रहे। इस दौरान बापू रोज याद आया। बापू अगर होता तो कोरोना के दौर की तमाम चिंताओं को अखबारों के बीच लपेटकर दूर फेंक देता। उसे हमेशा से वजनी अखबार की तलाश थी। उसकी यादों का वजन आज मेरे लिए बहुत भारी है।

□

10

पेल्हू पंडा

पंडा की मूरत हैं बैठी!

बनारस के पंडे दुनिया भर में मशहूर हैं। वे लोक से लेकर परलोक, पुनर्जन्म और मोक्ष तक का हिसाब चुटकियों में सेट कर देते हैं। पितरों को तार देते हैं, बाधाओं को निवार देते हैं, दुश्मनों को मार देते हैं। आपका बिगड़ा भविष्य सुधार देते हैं। बनारस के पंडे अपनी इस अद्‌भुत अदृश्य शक्ति से कुछ भी कर सकते हैं। वे अमेरिकी एटमी मिसाइलों से सुरक्षा का कवच तैयार कर सकते हैं! वे नासा से पहले मनुष्य को मंगल ग्रह पर सशरीर भेज सकते हैं! और आप यह जानते हुए कि यह सब असंभव है, उन पर यकीन भी कर लेते हैं। यही उनकी सबसे बड़ी ताकत है। पेल्हू गुरु बनारसी पंडों के प्रतिनिधि चरित्र थे। लंबे-चौड़े, गौर वर्ण, पूरे ललाट पर अष्टछाप चंदन और बीच में रोली का गोल टीका। मुँह में पान की गिलौरी, आँखों में सूरमा, नंग-धड़ंग बदन। 'सच्चा हीरा' ब्रांड की मसलिन धोती, कंधे पर सोने का जरीवाला डबल बॉर्डर का दुपट्टा। गले में रुद्राक्ष, स्फटिक आदि की

दर्जन भर माला, उनकी बाँहों की गुल्लियाँ उनके कसरती शरीर की गवाही देती थीं। संस्कृत के नाम पर सिर्फ 'मासानाम उत्तमे मासे, अमुक पक्षे, जंबू द्वीपे, भरतखंडे आर्यावर्त देशांतरगते, अमुक नाम संवत्सरे'''पिता का नाम लीजिए, गंगा मइया का नाम लीजिए और फिर समर्पयामि'''गुरु को बस इतना ही आता था। हाँ, संकल्प मंत्र को पढ़ते-पढ़ते उसी स्टाइल में ही गुरुआ कभी-कभी माँ-बहन की धाराप्रवाह गाली भी देता था। पेल्हू गुरु मुँह अँधेरे ही घाट के अपने ठीहे पर आ जाते। च्यवनप्राश का सेवन करते, वहीं दंड पेलते, बावजूद उनका पेट कोहड़े की तरह निकला था। फिर पेल्हू आराम से भाँग छान अपने आसन पर विराज स्नानार्थियों का परलोक सुधारते।

घाटों पर विदेशी यात्रियों का जमावड़ा रहता है। उनके लिए पेल्हू गुरु कामचलाऊ अंग्रेजी भी जानते थे। 'कमऑन मेमसाहेब दिस साइड' टाइप। गुरु विदेशी भक्तों से गंगा का पूजन और संकल्प अलग तरीके से कराते थे। यजमान को मूर्ख बनाने के लिए वे उनकी समस्याओं को भी संकल्प मंत्र में जोड़ देते हैं। विदेशियों का संकल्प वे अंग्रेजी में कराते और उनके समाज की सोशल प्रॉब्लम को वे संकल्प मंत्र में जोड़ देते हैं, ताकि विदेशी यजमान को ज्यादा अच्छे से समझ में आए और वसूली भी ठीक हो। पेल्हू विदेशी यात्रियों को संकल्प कराते वक्त उनके हाथ में नारियल, फूल, अक्षत देते। उसके बाद शुरू करते अंग्रेजी में संकल्प का कर्मकांड।

'दिस इज दशाश्वमेध घाट मॉर्निंग टाइम, इवनिंग टाइम, डेली टाइम, यू कम टुगेदर गंगा, योर मनी कंट्रोल, योर हसबैंड कंट्रोल, योर वाइफ कंट्रोल, योर चाइल्ड कंट्रोल, पुट द कोकोनट ऑन हेड एंड टेक द डिप इन होली मदर गंगा।' इस तरह पेल्हू विदेशी यजमानों से संकल्प कराते थे।

बनारस के घाटों पर परंपरागत तरीके से पूजा-पाठ, धार्मिक कार्य एवं कर्मकांड करानेवाले पुजारी को 'पंडा' कहते हैं। पंडा, घाटिया और तीर्थ पुरोहित—इनकी तीन श्रेणियाँ हैं। गंगा घाट पर बाँस की छतरी के नीचे कई पीढ़ियों से बैठकर पूजा-पाठ करानेवाले को यहाँ तीर्थ पुरोहित कहते हैं। सनातन धर्म में गंगा नदी के घाटों पर अस्थि विसर्जन, श्राद्ध कर मृतात्मा को शांति दिलानेवाले 'पंडों' का महत्त्वपूर्ण स्थान है। काशी मोक्ष की नगरी है। यहाँ अर्धचंद्राकार गंगा के किनारे कोई 84 प्राचीन घाट हैं। अस्सी से आदिकेशव घाट तक यहाँ कोई 35

हजार से ज्यादा पुजारी, पंडित और पंडा समाज के लोग रहते हैं। इनकी रोजी-रोटी इन्हीं 84 प्राचीन घाटों पर निर्भर है। काशी के पाँच पौराणिक घाटों अस्सी, दशाश्वमेध, मणिकर्णिका, पंचगंगा और आदिकेशव की मान्यता सबसे ज्यादा है। मानते हैं कि पंचगंगा घाट पर गंगा के साथ यमुना, सरस्वती, धूतपापा और किरणा नदियाँ मिलती हैं। इसलिए नाम हुआ पंचगंगा। पंचगंगा घाट पर ही रामानंद रहते थे। जो कबीर के भी गुरु थे। उनका श्रीमठ आज भी यहाँ मौजूद है। यह रामभक्ति शाखा की सबसे बड़ी पीठ है। यहीं रामानंद से तिरस्कृत होने के बावजूद कबीर ने रात के अँधेरे में रामानंद से गुरुमंत्र पा लिया था।

पेल्हू गुरु बोलते कम थे, पर उनकी नजरें घाट की गतिविधियों पर चौकस रहतीं। गुरु चहकती-महकती देवियों को प्रसाद बाँटने को लालायित रहते। अपनी इस प्रवृत्ति के चलते वे 'अछूतोद्धार' के लिए भी जाने जाते। अकसर उन्हें मुँह अँधेरे घाट के किसी कोने-अंतरे से कान पर जनेऊ टाँग आते-जाते देखा जाता। वे कार्य संपादित करके आते, गंगा में खट से डुबकी लगाते और उनका सारा किया-धरा धुल जाता। ऐसी उनकी मान्यता थी। फिर गुरु दूसरों का लोक-परलोक बनाने में लग जाते। उनके ठीहे पर बाँस की छतरी के नीचे ढेर सारी कंघी, आईना और कई रंग का चंदन होता। दक्षिणा के हिसाब से वे यजमानों को चंदन लगाते। कम पैसा देनेवाले को सिर्फ एक टीका। ठीक-ठाक असामी को पूरे ललाट पर पीतल के खाँचे से डिजाइनर टीका लगाते। गुरु मुल्तानी मिट्टी को चोकर में मिलाकर कुछ खास लोगों को नहाने के लिए भी देते और बताते कि इससे चमड़ी की आभा बनी रहती है। पेल्हू गुरु का छोटा लड़का बड़ा हरामी था। वे हमेशा उसे आवाज दे बुलाते रहते, पर वह मौके से गायब रहता। भीड़भाड़ के वक्त टीका-चंदन के लिए पेल्हू अपने इस लड़के को भी अपने साथ ही रखते। लड़कवा विदेशी महिलाओं के आंगिक सौंदर्य को निहारता वहीं घूमता रहता। सीढ़ियों के नीचे बैठ उसकी नजरें ऊपर बैठी विदेशी सैलानियों के भीतर तक झाँकतीं। एक बार पेल्हू गुरु ने मेरे सामने उसे डाँटते हुए बुलाया।

"अरे···वाले कहाँ रहले बे?"

"नीचवैं त रहलीं।"

"का करत रहले निचवा?"

"कब्बूतर गिनत रहलीं।"

तभी से कबूतर गिनना मेरे लिए एक बिंब बनाता है।

उनका मझला लड़का मोटी बुद्धि का था। जो तीज-त्योहार पर जब भीड़ ज्यादा होती, तभी प्रकट होता। पता नहीं पिता का हाथ बँटाने या माल साफ करने। बड़ावाला दिमागी तौर पर कुछ खिसककर अपनी लाइन बदल लिया था। उसने पेल्हू गुरु की चौकी के सामने ही पुराने मंदिर के नीचे एक छोटी चौकी रख अपना साम्राज्य स्थापित किया था। चौकी पर एक तेलिया मसान की खोपड़ी रखकर वह जीवन से निराश लोगों की खोई हुई ताकत वापस लाता और वशीकरण व बाजीकरण की दवा भी देता था।

उसकी चौकी पर कई शीशियाँ होतीं, जिसमें वह उल्लू की आँख, शेर का पंजा, गधे का नाखून, गैंड़े की खाल, गूलर का फूल, साँड़ की पूँछ, घोड़े के शरीर के खास इलाके का बाल, जैसे दुर्लभ तत्त्वों के रखने का दावा करता था। इन्हीं तत्त्वों से वह खोई हुई जवानी वापस लौटाने की तरकीब बताता। दूर-दराज से आए तीर्थयात्रियों की वहाँ भीड़ जमा होती। विदेशी भी कौतूहलवश वहाँ मौजूद रहते। लड़का भस्म-भभूत लगाता, विभिन्न रंगों के कपड़े पहन अजूबा दिखता। पेल्हू से ज्यादा भीड़ उनके लड़के के अड्डे पर रहती। इसलिए पेल्हू गुरु उससे नाराज रहते। लगातार भुनभुनाते और मुझसे कहते, "अधकपारी हौअ ओहर मत जाया। नाहीं त तोहरो दिमाग घूम जाई।" गुरु का वह लड़का मन से अड़ियल, देह से कड़ियल और स्वभाव से उत्पाती था। हालाँकि ग्रहण और दूसरे स्नान पर्व पर वह भी गोदान कराने के लिए गुरु के ठीहे पर ही होता, क्योंकि उस रोज इधर आमदनी ज्यादा होती।

मेरे बचपन में बनारस के गंगा घाट कभी सोते नहीं थे। रात एक बजे तक लोग वहाँ अड्डेबाजी करते। फिर तड़के तीन बजे से नहानेवालों का रेला लगता। बनारस के आसपास के इलाकों से लोग आधी रात से ही गंगा स्नान के लिए आना शुरू कर देते हैं। वह महान् दृश्य होता, सब तरफ मनुष्य होता। वहाँ आकर आदमी आत्मविस्मृत-सा हो जाता। तब लगता कि इस दुनिया से परे भी एक दुनिया है। जहाँ न एटम बम है, न जीवन की बेबसियाँ। सारी दुनिया का गम घाट पर चिलम की एक कश और गंगा में एक डुबकी में निकल जाता।

बचपन में हर बड़े पर्व पर चाहे कितनी ही कड़कड़ाती ठंड हो, मैं गंगा में डुबकी जरूर लगाता था। तब उसका उत्सवी स्वरूप बड़ा व्यापक था।

गंगास्नान, दान और लौटते वक्त ताजी सब्जियाँ खरीद हम घर लौटते थे। मैं बाऊ के साथ मुँह अँधेरे गंगा स्नान के लिए जाता था। दशाश्वमेध घाट पर यही पेल्हू गुरु बाऊ के घाटिया (पंडा) थे। बाऊ हमारे पितातुल्य पारिवारिक मित्र थे, जिन्हें हम 'बाऊ' कहते थे। गंगा स्नान करने वे ही मुझे ले जाते थे। गरमी की छुट्टियों में तो यह रोज का उपक्रम था। शीतला घाट और दशाश्वमेध के बीच आजकल जहाँ जल पुलिस का थाना है, ठीक उसी के नीचे पेल्हू गुरु की चौकी थी। हम उन्हीं की चौकी पर कपड़े रख स्नान करते। बाऊ को जब उनके कुछ और दोस्त मित्र मिल जाते तो कभी-कभी हम नाव से उस पार भी जाते। पर्व-त्योहार पर गजब की भीड़ होती थी। ग्रहण का मौका तो घाटों पर लाखों की भीड़ उलीच देता। तिल रखने की जगह नहीं होती। तब दिसंबर-जनवरी के महीनों में बेइंतहा ठंड भी पड़ती थी। स्नान के बाद गोदान होता। महज आठ आने और सवा रुपए में लोग गोदान का पुण्य कमा लेते। कड़कड़ाती ठंड में तड़के, टाट से ढके बछड़ों की सिर्फ पूँछ ही दिखाई पड़ती, जिसे पकड़ दर्शनार्थी गोदान करते थे।

यह वाकया दिसंबर या जनवरी का रहा होगा। चंद्रग्रहण था। आधी रात के बाद स्नान शुरू हुआ। सड़कों और घाट पर तिल रखने की जगह नहीं थी। बाऊ के साथ मैं भी तड़के कोई तीन बजे गंगा स्नान के लिए गया। घाट पर लोग-ही-लोग थे, कुछ सूझ नहीं रहा था। पानी में डुबकी लगाते ही सुध-बुध खो रही थी। हम पेल्हू गुरु की चौकी पर कपड़ा रख स्नान करने जानेवाले ही थे कि पेल्हू चिल्लाए, "कपड़वा हमरे गद्दी के नीचे रखा, भीड़ बहुत हौउ, गिरहकट घूमत हउऊन।" पेल्हू गुरु के तीनों लड़के अपनी-अपनी बछिया को टाट ओढ़ा अँधेरे में गोदान करा रहे थे। पानी बरस रहा था, मैं सामने से ठंड से काँपता अपने गोदान की बारी में था। आठ आने और सवा रुपए के संकल्प के साथ गोदान हो रहा था। बछिया की सिर्फ पूँछ बाहर थी। बाकी शरीर ठंड से बचाने के लिए टाट से ढका था। जिस बछिया की पूँछ पकड़ा पेल्हू गुरु का बालक वैतरिणी पार करा रहा था, वह पौ फटते (उजाला होते) ही जोर-जोर से 'चींपों-चींपों' चिल्लाने लगी। लोगों ने देखा कि अरे, यह तो गधा है। 'पकड़ो-पकड़ो' का हाहाकार। वहाँ मौजूद लोगों ने पेल्हू गुरु के लड़के को दौड़ाया, पर वह भाग गया। लोग इकट्ठे हो गए। पेल्हू गुरु के नथुने फड़क रहे थे, शरीर क्रोध से काँप रहा था, क्योंकि कलाकारी में लड़का उनसे आगे निकल गया था।

वे इतना ही बोले, "सरवा बहुत हरामी हौअ।" पर तब तक उनका बालक गधे की पूँछ पकड़ा हजारों के गोदान करा चुका था। गुरु के लड़के तीन थे, बछिया दो थी। छोटका लड़कवा पहुँचा हुआ था। वह बछिया के अभाव में गधे से गोदान करा रहा था। वैसे…सभी जीवों में परमात्मा का वास माननेवाले बनारस में यह सामान्य बात है।

पेल्हू गुरु साल में एक बार वेश्याओं का नाच देखने भी जाते थे। कोठे पर नहीं, मणिकर्णिका घाट के विश्वेश्वर मंदिर के बाहर। होली के बाद चैत्र नवरात्र में यह आयोजन होता था, यह परंपरा पुरानी है। महाश्मशान में वेश्याएँ अपने नृत्य से शिव को रिझाती हैं। पेल्हू उसके लिए कई रोज से तैयारी करते थे। गुलाब का इत्र लगा वहाँ जाते थे। शीशी हाथ में ही रहती थी, रास्ते में जो मिलता, उसे लगा देते।

पेल्हू गुरु की कहानी का वक्त कब का गुजर गया। बचपन भी चला गया। अब न वह गंगा है, न आस्था, न घाटों पर वह धार्मिकता। गोदानवाली बछिया भी नहीं दिखती। पंडे गोदान के एवज में पेटीएम से दक्षिणा ले लेते हैं। घाट के सारे मठ और घर अब होटल में तब्दील हो गए हैं। बनारस के घाट मुंबई की चौपाटी की शक्ल ले रहे हैं। आज भी जब दिल्ली से बनारस जाता हूँ, इन घाटों पर जरूर जाता हूँ। मेरे भीतर जो आदि बनारसी है, वह इससे ताकत पाता है, क्योंकि गंगा का मतलब गतिशीलता है, प्रवाह है। जो मंद है, उसे तीव्र करना है। हमारे लिए गंगा जीवन की निरतंरता का आश्वासन है। गंगा सिर्फ नदी का नाम नहीं है, इससे हमारे जीवन की बैटरी चार्ज होती है।

प्रायः सभी तीर्थस्थलों में पुजारी, पंडे तथा पुरोहित रहते हैं, लेकिन जितनी ठगी, लालच और धूर्तता की कहानी बनारसी पंडों की है, उतनी कहीं और की नहीं है। जब गांधीजी पहली बार बनारस आए थे तो उन्हें स्टेशन से उतरते ही पंडों ने घेरा था। किसी पंडे ने उन्हें ठगा भी था। उस वक्त भी यात्रियों के पीछे पंडे ऐसे ही पड़ते थे, जैसे गुड़ के पीछे चींटा। महात्मा गांधी बनारस में कुल 13 बार आए, लेकिन सबसे महत्त्वपूर्ण रही उनकी सबसे पहली व्यक्तिगत तीर्थयात्रा। इस यात्रा का वृत्तांत उन्होंने खुद लिखा है। वे लिखते हैं कि काशी में गंगा स्नान के बाद सीढ़ियाँ चढ़ते वक्त घाट पर बैठे एक पंडे की कथा ने मुझे काफी प्रेरित किया। मुझे अंग्रेजों से लड़ने का आत्मबल वहीं से मिला। उस पंडे की कहानी सुनकर

मुझमें विश्वास जगा कि एक दिन हम भी इस ब्रिटिश हुकूमत पर फतह हासिल कर सकते हैं।

यह कहानी 1903 की है, जब गांधीजी पहली बार काशी आए। तब वे न महात्मा बने थे, न ही उनका इतना नाम था। वे बस मोहनदास करमचंद गांधी थे। गांधी लिखते हैं कि वे गंगा स्नान कर दशाश्वमेध की सीढ़ियाँ चढ़ ही रहे थे कि देखा, घाट पर बैठे हुए एक व्यास रामकथा सुना रहे थे। कथा प्रसंग राम-रावण युद्ध का था। व्यासजी तुलसीदासजी की इस चौपाई का भाष्य कर रहे थे—'रावण रथी विरथ रघुवीरा।' गांधी खड़े होकर सुनने लगे कि युद्ध के मैदान में विशाल सुसज्जित रावण की सेना के सामने राम, बंदर-भालुओं की जमात में तीर-धनुष लिये नंगे पाँव बिना रथ के जमीन पर खड़े थे। रावण की इस वैभवशाली सेना से राम की दीन-हीन सेना भला कैसे जीत सकती है। बावजूद इसके अंततः विजय तो राम की ही होती है और उसका सबसे बड़ा कारण यह था कि रावण असत्य के रथ पर सवार था और राम सत्य के रथ पर आरूढ़। गांधी को मंत्र मिल गया था। गांधी के मन में धारणा बनी कि असत्य के साथ जहाँ रावण खड़ा था, वहीं तो आज अन्यायी ब्रिटिश साम्राज्य खड़ा है और जहाँ सत्य की ध्वजा लिये राम खड़े थे, वहाँ हम सब खड़े हैं। सत्य के सहारे एक रोज ब्रिटिश साम्राज्य को हरा सकते हैं। फिर यही आत्मविश्वास उनकी जीत का मंत्र बना।

बनारसी पंडों की ठगी कबीर के वक्त में भी थी। तभी तो उन्होंने लिखा—'माया महा ठगनी हम जानी, तिरगुन फाँस लिये कर डोले बोले मधुरे बानी, पंडा के मूरत वे बैठी तीरथ में भई पानी।' काशी में मुक्ति की कामना के लिए आनेवालों का इतिहास जितना पुराना व विलक्षण है, उतना ही रोमांचक इतिहास है गंगापुत्रों, पंडों या तीर्थ पुरोहितों का। 19वीं सदी तक तो काशी की गंगा में डूबकर प्राण देने या मुक्ति लेने की प्रथा भी चलती थी। पुराने दस्तावेज बताते हैं कि लोग दो घड़े बाँधकर गंगा में उतर जाते थे और उनके पानी भरने पर डूब जाते थे। अंग्रेजों ने इस प्रथा को रोकने की पूरी कोशिश की।

काशी से गया जाते हुए लोग पिशाचमोचन पर पिंडदान करते थे। पिंडदान के अलावा गंगा दर्शन और शिव मंदिर यात्राएँ पंडों के अधिकार में थे। 18वीं सदी में भी गंगापुत्र जात्रा के बहीखाते रखते थे, जैसा कि आज भी पुरी के

जगन्नाथ मंदिर में देखने को मिलता है। इस बही में नाम दर्ज होने पर काशी में आनेवाले लोग पीढ़ियों से किसी खास पंडा परिवार के यजमान होते थे। और अकसर इस यजमानी को लेकर गंगापुत्रों में झगड़े भी होते।

18वीं सदी में पंडों का उत्पात इस कदर बढ़ गया कि ब्रिटिश गवर्नर जनरल वॉरेन हेस्टिंग्स ने गंगापुत्रों पर सख्ती की या यूँ कहें, इनका दमन किया। गंगापुत्रों के आतंक की एक और वजह महाराष्ट्र से तीर्थ पुरोहितों से उनका विवाद भी था। काशी के पंडे घाटों-तालाबों पर अपना मौरुसी हक मानते थे। मराठों की आवाजाही के साथ मराठी पुरोहित भी काशी में आ बसे और दक्षिणा में हिस्सा बँटाने लगे। इससे काशी के गंगापुत्रों और पंचद्राविड़ पुरोहितों में लठैती ही नहीं, कानूनी झगड़े भी हुए।

बनारस गजेटियर में दर्ज है कि मुहम्मदाबाद के काजी ने पंचद्राविड़ पुरोहितों के पक्ष में फैसला दिया, जिसमें उन्हें मराठी व दक्षिण भारतीय यजमानों को पुजवाने और दक्षिणा लेने का हक दिया गया था। इसके बाद गंगापुत्रों और पंचद्राविड़ पुरोहितों के बीच एक सुलहनामा भी हुआ।

फिर भी सन् 1735 में बाजीराव पेशवा की माँ राधाबाई काशी आईं, तो पंडों ने मराठी सरदारों को समझा-बुझाकर बाजीराव और चिमणजी आपा के वंशधरों की पूजा कराने का अधिकार अपने नाम लिखा लिया और राजसी दान-दक्षिणा ले उड़े। मराठी पंडितों को नुकसान हुआ। इसका जिक्र नारायण राव दीक्षित के पत्र में मिलता है, जो उन्होंने पेशवा को लिखा था।

सन् 1776 में पूना से खबर उड़ी कि राव साहब की अस्थियाँ विसर्जन के लिए बनारस जाएँगी। यह सुनते ही काशी के गंगापुत्रों ने महीपतराव कृष्ण चाँदवडकर को जा घेरा, जो पेशवाओं के प्रतिनिधि थे। यहाँ गंगापुत्रों और मराठी पुरोहितों के बीच कहासुनी के बाद मारपीट हुई। कइयों के सिर फूटे।

सन् 1803 में लॉर्ड वेलेंशिया ने ऐसी ही एक और घटना का और जिक्र किया है। उस साल नागपुर के राजा की बहन यात्रा के लिए काशी आई थीं। पंडों ने इतनी दक्षिणा की शर्त रख दी, जो राजपरिवार के वश में नहीं थी, फिर कंपनी के नुमाइंदों ने बीच में पड़कर सुलह कराई तब उनकी पूजा यात्रा पूरी हो सकी।

सवाल यह भी है कि पंडे आखिर ठगी छोड़ें कैसे? समाज में हर किसी के श्रम और मजदूरी के न्यूनतम दाम तय हैं, पर पंडों का सेवा-शुल्क तय नहीं

है। दुनिया 21वीं सदी में है, सबकी आमदनी बढ़ी है। चीजों के दाम आसमान छू रहे हैं। लोग लाखों की शादी करते हैं, पर पंडित की दक्षिणा 11 या 21 रुपए के आगे नहीं बढ़ रही है। उनकी भी घर-गृहस्थी का खर्च है, वे अगर ऐसी कलाकारी न करें तो आखिर क्या करें?

पंडे बनारस की सांस्कृतिक जड़ों का हिस्सा हैं और बनारस अपनी जड़ों को सहेजकर रखने की परंपरा का प्रतीक है। आधुनिकता की आरी ने इन जड़ों को काटा है। इस चोट की प्रतिक्रिया में इन पवित्र घाटों पर पंडों की शक्ल में बाजार और व्यवहार के नए खरपतवार उग आए हैं। ये खरपतवार आस्था के दुश्मन हैं। पंडा संस्कृति कभी आस्था और मानवता के दोआब में जनमी थी। इसे बचाकर रखना बनारस को बचाना होगा। हमारी पीढ़ियों के कंधों पर यह कर्ज है। इसे उतारे बिना हम परंपरा और विरासत के सनातन कर्ज से मुक्त नहीं हो सकते। पेल्हू पंडा आज भी मुझे इस अदेय ऋण की याद दिलाते हैं।

□

11 देखो हमरी काशी

चंपाबाई

मैं तवायफ हूँ मुजरा करूँगी!

चंपाबाई। यह नाम सुनते ही जैसे मन के किसी कोने में अचानक चंपा के फूल खिलने का अहसास हो जाता है। चौंकिए मत! इस कहानी का सिरा आपकी सोच से बाहर का है। चंपाबाई, बनारस की दालमंडी की मशहूर तवायफ थीं। बला की खूबसूरत, नामवर नर्तकी। संगीत के जानकार उसके गाने पर जान देते थे। तहजीब, शराफत, पेश आने के तरीके, हाजिरजवाबी, सबमें बेजोड़। लोग उनकी महफिल में अदब और आदाब सीखने आते थे। महफिल में उनके कदम पड़ते ही लोगों के दिल मचल उठते और होशो-हवास वक्त के किसी 'इंटरवल' में गुम हो जाते थे। ऐसी थी उनकी शोहरत।

आचार्य चतुरसेन के शब्दों में—"उसकी देहयष्टि जैसे किसी दिव्य कारीगर ने हीरे के अखंड टुकड़े से यत्नपूर्वक खोदकर गढ़ी थी। जिससे तेज आभा, प्रकाश, माधुर्य, कोमलता और सौरभ का झरना झर रहा था। इतना रूप, सौष्ठव और अपूर्वता कभी

किसी ने एक जगह इकट्ठा नहीं देखी होगी। अपने कोठे पर वह रूप, यौवन, मद, सौरभ बिखेरती चलती थी।" इस चंपाबाई की एक झलक पाने को बनारस का श्रेष्ठिवर्ग बड़े यत्न करता था। कुछ ऐसे भी थे, जो जान पर खेल जाते थे। मैं चंपाबाई से कब, कहाँ और कैसे मिला ? इसका जिक्र बाद में।

मित्रो, चंपाबाई की इस कहानी को शुरू करने से पहले आपको दालमंडी की गलियों में ले चलता हूँ। सुरों की गली, अदब की महफिल, गुणवंतों की इबादतगाह, हुनर की मंडी और बनारसी रईस परंपरा को दालमंडी कहते हैं। महाकवि जयशंकर प्रसाद और आधुनिक हिंदी के जन्मदाता भारतेंदु की यह आश्रयस्थली थी। यहाँ न कोई छोटा, न बड़ा, सब बराबर। दालमंडी में आने के लिए बस संगीत में रुचि, वहाँ की तहजीब की जानकारी और अंटी में माल होना चाहिए। 'बनारसी संगीत' की एक विशाल परंपरा है और दालमंडी उस परंपरा का अबूझ-सा स्रोत। समझनेवाली बात यह भी है कि दालमंडी वेश्यालय नहीं था। यहाँ सुरों की महफिल सजती थी। और संगीत की दुनिया रौशन होती थी।

वक्त ने दालमंडी को इतना बदनाम कर दिया है कि दालमंडी की शोहरत दुनिया में तो हुई, लेकिन बनारस के राजस्व दस्तावेजों में इस मोहल्ले का नाम तक दर्ज नहीं है। कभी इसी मोहल्ले में पारसी थियेटरकार आगा हश्र काश्मीरी रहा करते थे। भारतरत्न बिस्मिल्ला खाँ का घर इसी बस्ती के सराय हड़हा में था। दरअसल चौक से नई सड़क के बीच जिस गली को लोग दालमंडी के नाम से जानते हैं, उस गली का नाम हकीम मोहम्मद जाफर मार्ग है। इस गली के एक ओर चहमामा है तो दूसरी ओर रेशम कटरा मुहल्ला। किशोरावस्था में मैं जब भी चौक से घर लौट रहा होता तो रास्ता दालमंडी से होकर ही गुजरता। गली में पहुँचते ही कहीं ठुमरी, कहीं पूरबी, कहीं घुँघरुओं के सुर, कहीं तबले की थाप, कहीं सारंगी की तान सुनाई देती। लगता था कि हम किसी संगीत गुफा से निकल रहे हों।

रास्ते में मौसमी इत्रों से भीने रसिक और चंपा-चमेली की मालाएँ हाथ में लपेटे साजिंदे पान की दुकानों पर सजे होते। इस चकाचौंध रौनक के बीच अपनी बारी का इंतजार करते लोग भी चाय-पान की दुकानों में मौजूद रहते। पूरा इलाका गुलजार रहता। अगर कोई एक बार इस गली से पार हुआ तो उसके घुटने और टखने में चोट जरूर लगती थी। वजह यह कि गली तंग थी, लोग चलते वक्त ऊपर

बालकनी पर लगी चिकों के पीछे से झाँकते सौंदर्य को तजबीजते और आगे चल रहे साइकिल या रिक्शे से टकरा जाते। गली के बाहर निकलते-निकलते आपको अपने घुटनों को निहारते, सहलाते ढेर सारे लोग मिल जाते।

शहनाई नवाज उस्ताद बिस्मिल्लाह खाँ कहते थे कि अगर कोठे नहीं होते, तवायफें नहीं होतीं तो आज बिस्मिल्लाह, बिस्मिल्लाह नहीं होता। उनका मानना था कि जितनी पक्की गायकी कोठे पर थी, वह कहीं और नहीं मिलती थी। बृजबाला मुजफ्फरपुर की तवायफ थी। खाँ साहब डुमराव के रहनेवाले थे। एक महफिल में दोनों की मुलाकात हुई और इस तवायफ ने बिस्मिल्ला को बिस्मिल्ला बना दिया। 'गूँज उठी शहनाई' में भरतव्यास का वह गीत 'दिल का खिलौना हाय टूट गया' बृजबाला की ही धुन थी। खाँ साहब इससे अमर हो गए। खाँ साहब कहते थे, "मैं उनके साथ बहुत रियाज करता था। उनकी बंदिश को मैंने शहनाई में उतारा और मेरी वह फूँक अमर हो गई।" यह बात दीगर है कि खाँ साहब भारतरत्न बने और बृजबाला गुमनामी के अँधेरे में गुम हो गईं।

तवायफ, वेश्या, गणिकाएँ, वारांगना, नगरवधू, पतुरिया, रंडी-मुंडी देश के सांस्कृतिक इतिहास की ये रवायतें कोई ढाई से तीन हजार साल पुरानी हैं। अवध, बनारस और मुजफ्फरपुर का चतुर्भुज स्थान इस इतिहास के जिंदा केंद्र रहे हैं। बौद्ध काल में भी गणिकाओं का उल्लेख मिलता है। आम्रपाली की कथा तो आप जानते ही होंगे। बुद्ध ने उसकी प्रतिभा देख उसे अपने विहार में पहले-पहल प्रवेश दिया था। तब तक महिलाएँ बौद्ध विहारों में प्रतिबंधित थीं। पारंपरिक मुजरा, गीत, गजल, बंदिशों के बोलों को भावपूर्ण नृत्य-शैली में अंजाम देनेवाली नर्तकी को 'तवायफ' कहते हैं। ये नर्तकियाँ 'पेशवाज' पहनकर नृत्य करती थीं, जिसमें शरीर के ऊपरी भाग में घेरेदार अँगरखा और पैरों में चूड़ीदार पाजामा पहना जाता था।

तवायफें अमूमन जिस्मफरोशी नहीं करती थीं। आमतौर पर किसी राजा, नवाब, रईस या गोरे साहब की रक्षिता (रखैल भी पढ़ सकते हैं) के तौर पर ये तवायफें अपना जीवन गुजारती थीं। हर शाम कोठे पर महफिल सजाना और उपशास्त्रीय गायन ही इनके जीवन का मकसद था।

संस्कृत में 'गणिका' का मतलब वेश्या होता है। 'शब्द कल्पद्रुम' में इन्हें लंपटगणों की भोग्या कहा गया है। कौटिल्य के अर्थशास्त्र के मुताबिक उस

वक्त गणिकाओं का इस्तेमाल सूचना इकट्ठा (जासूसी) करने के लिए भी होता था। बाद के दिनों में वेश्या नृत्य-संगीत के अलावा जिस्मफरोशी में भी लग गईं। साधारण तौर पर इन्हें 'कोठेवालियाँ' या 'रंडी' भी कहते हैं। अवध में इन्हें 'पतुरिया' भी कहा जाता था। लेकिन काशी की तवायफ परंपरा काफी समृद्ध थी, तभी तो भारतेंदु ने अपने नाटक 'प्रेमयोगिनी' में लिखा है—"आधी कासी भाट भटेरिया बाम्हन औ संन्यासी। आधी कासी रंडी-मुंडी राँड़ खानगी खासी॥ देखी तुम्हरी काशी लोगो, देखी तुम्हरी काशी।"

भारतेंदु के इस कथन से भ्रम फैलता है कि तवायफ रंडी नहीं है। तवायफ और गणिका में बड़ा झीना अंतर है। 'तवायफ' अरबी 'तायफा' का बहुवचन है, जिसका अर्थ है—व्यक्तियों का दल, विशेषत: गाने-बजानेवालों का दल। इस मंडली में शामिल नाचनेवाली को ही 'तवायफ' कहा गया है। मध्य युग में रईस और जमींदारों के घरों में विवाह या अन्य उत्सवों में मुजरा होता था। मुजरे में कई तवायफ अपनी साथिनों के साथ शामिल होती थीं। तवायफों की जो परिभाषा शब्दकोश में मिलती है, उसके मुताबिक मुजरे में नाचनेवाली नर्तकियों को तवायफ कहा जाता है।

भारत में ब्रिटिश उपनिवेशवाद के दिनों में अंग्रेजों ने गड़बड़ की। सभी नाचनेवालियों को एक ही श्रेणी में रख इन्हें 'नॉचगर्ल' कहा। इसी के चलते समझ में यह अंतर मिटने लगा। अंग्रेजी चश्मे से लिखे गए इन अभिलेखों, क्रॉनिकल, गजेटियर में इन सबको 'नॉचगर्ल' करार दिया गया। इस विषय पर सबसे प्रामाणिक लेखन अंग्रेज लेखक प्राण नेविल और फ्रांसिस्का ओर्सिनी का है। जबकि हिंदी में यथार्थवादी लेखन अमृत लाल नागर की 'ये कोठेवालियाँ' है।

तो भंतो! लौटते हैं चंपाबाई से मेरी उस मुलाकात पर। दरअसल बी.एच.यू. के हिंदी विभाग में मेरे गुरु जौनपुर के एक बाबू साहब थे। छात्रों के बीच अति लोकप्रिय मेरे गुरुदेव के मित्रों का समाज बड़ा व्यापक था। हर किसी की मदद को तैयार गुरुजी के सब टेढ़े-मेढ़े काम मेरे जिम्मे आते थे। उनके खास रिश्तेदार आजमगढ़ के बाबू साहब (बाबू साहब पूरब में राजपूतों को सम्मान में कहा जाता है) के यहाँ विवाह था। बनारस से नाच जाना था। पर नाच तय कौन करे, कैसे करे? उस वक्त की सर्वोत्तम बाईजी कौन हैं? सवाल बड़े ही जरूरी पर जटिल थे और गुरुजी के हाथ-पाँव फूल रहे थे। मामला मेरे पास आया। शर्तें

सामने रख दी गईं। मुझे नृत्य की गुणवत्ता भी जाँचनी थी। बाईजी नामी हों और पैसा भी ज्यादा न लगे, इसका खयाल भी रखना था।

इस महान् काम के लिए मेरा कोई अनुभव नहीं था। मेरे साथ पढ़नेवाले अरुणजी संगीत में सिद्ध थे। वे कभी तवायफों के साथ हारमोनियम पर संगत भी कर चुके थे। आजकल बिहार के मोतिहारी में प्रोफेसर हैं। सो मैंने उन्हें साथ लिया। कोई गड़बड़ न हो, इसलिए चौक थाने से एक सिपाही का इंतजाम किया। थानेदार परिचित थे, इसलिए यह काम आसानी से हो गया। हम निकल पड़े इस अनोखी 'गुरु दीक्षा' के ऐतिहासिक काम पर।

मैं कभी कोठे पर नहीं गया था, सो भीतर से मन में संकोच था और बाहर लोक-लाज का भय भी। हालाँकि मैंने मुंशी प्रेमचंदजी के 'सेवासदन' उपन्यास में दालमंडी के कोठे का वर्णन जरूर पढ़ रखा था। मन बहुत जिज्ञासु था, पर काम बड़ा मुश्किल। कोठे पर जाना, नर्तकी का नृत्य देखना और फिर सट्टा लिखवाना। यह भी तय करना कि नर्तकी किस 'कैटेगरी' की है और उसका तवायफ परंपरा में क्या स्थान है?

थोड़ी देर में हम उसी बदनाम गली में थे। ऊपर कोठा और नीचे भरा-पूरा बाजार। विदेशी घड़ियों से लेकर लालटेन तक का बाजार। बाजार के बीच से ही पतली, अँधेरी और खड़ी सीढ़ी थी। हम कोठे पर चढ़ रहे थे। मन अजीब दुविधा में था। एक ओर चकाचौंध भरी इस दुनिया को देखने की जिज्ञासा और दूसरी ओर बदनामी का डर। कोई देख लेगा तो क्या सोचेगा, यह कल्पना कर ही सिहरन होती थी और हुआ भी यही। मेरे एक परिचित तभी कोठे की सीढ़ियों से उतरते हुए दिखे। वे अपना चेहरा छुपाने की असफल कोशिश में थे। मेरा भी हाल उनसे कोई अलग नहीं था।

जब हम ऊपर पहुँचे तो देखा, एक साठ-पैंसठ बरस की अवकाशप्राप्त तवायफ पनडब्बे के साथ बैठी थीं। बड़ी अदा और तहजीब से उन्होंने हमें गद्दे पर बैठने का इशारा किया। उस हॉलनुमा कमरे में संगीत के साजिंदे पहले से ही अपने निर्धारित स्थान पर काबिज थे। फिर चाय और पान से हमारा स्वागत हुआ। 'रिटायर्ड तवायफ' ने कुछ इशारा किया और साज से आवाज फूटने लगी। उस मोहक धुन की थाप पर अचानक ही थिरकती हुई चंपाबाई नमूदार हुईं। उनके साथ एक एक्स्ट्रा कलाकार भी थी। चंपाबाई का सौंदर्य देखते ही बनता था।

वह किसी फिल्मी गाने पर नृत्यरत थीं। उनके नृत्य में अभिनय का जबरदस्त पुट था। जब वह एक आवर्तन पूरा कर अंतरे से मुखड़े पर आतीं और फिर जब सम आता तो उस वक्त उस नर्तकी की भाव-भंगिमा गजब की होती। उसका दूसरा गाना था, 'मैं तवायफ हूँ, मुजरा करूँगी।' फरमाइश करने पर उन्होंने ठुमरी और दादरा भी सुनाया। वस्तुतः बनारसी ठुमरी में जो खुसूसगी है, उसका बहुत सारा अंश इन्हीं कोठों से आया है। कोठों ने हमारे संगीत को संरक्षित करने में बड़ी अहम भूमिका निभाई है। कुछ गाने चंपाबाई ने बैठकर भी सुनाए। जैसे—'हमसे करके हो बहाना सैंया कँहवाँ गइला ना' और फिर यह दादरा—

भीगे पसीनवा से अँगिया
बलम तनि बेनिया डोला द ना!

सब झूमने लगे। फिल्मी गाने के साथ। कजरी, चैती, होरी, ठुमरी और दादरा झूला की प्रस्तुतियाँ चंपा को अलग किस्म का फनकार बता रही थीं। चंपाबाई के व्यक्तित्व में सौंदर्य, अदा और कलाकारी का गजब समन्वय था। बज्म उठ गई और फिर औपचारिक सट्टा लिखा गया। सट्टा पेशगी रकम के साथ किया गया एक तरह का करारनामा होता है, जिसे बनारसी में 'बयाना' भी कहते हैं। इस अनुबंध की भाषा भी विचित्र थी, 'मैं चंपाबाई आज तारीख''' को'''फलाने सिंह की बारात में अपने नृत्य और संगीत की महफिल के लिए इस इकरारनामे को मंजूर करती हूँ, जिसका महसूल'''रुपया होगा। पेशगी में'''हमें इतने रुपए नकद मिले। किसी भी आसमानी, सुलतानी अथवा मुल्तानी आफत में यह इकरारनामा रद्द माना जाएगा।'

तवायफों को महफिल में जाने से पहले पेशगी और लौटते वक्त रुखसताना पेश किया जाता था। रात के कोई दस बज चुके थे। हम चलने को थे कि चंपाबाई आ गईं। वे बतियाना चाह रही थीं और हम लजा रहे थे। उन्होंने ही शुरुआत की। मुझसे पूछा, "कैसा लगा आपको नृत्य?" मैं बातचीत के लिए तैयार नहीं था। थोड़ा हिचकिचाते हुए मैंने बोलना शुरू ही किया, "जी'''बहुत'''", तब तक वे मुझे रोककर बोल उठीं, "बाबू साहब, बुलावा लेकर आए हो और इतना शरमा रहे हो। ऐसे कैसे चलेगी बाबू साहबी।"

वे मुसकराईं। मुझे लगा कि वे मुझे मुजरे का पुश्तैनी और खानदानी

कद्रदान समझ बैठी हैं और उन्हें यह गफलत हो गई है कि उन्हें मेरे ही समारोह में चलना है। मैं बताना चाह रहा था कि मैं तो महज डाकिया हूँ। मैंने उनकी गलतफहमी दूर करने की कोशिश की।

मैंने कहा, "जी, मैंने पहले कभी ऐसा देखा नहीं। मेरे लिए यह पहला अनुभव है देवीजी, मैं पहली बार किसी कोठे पर आया हूँ।" वे फिर मुसकराईं। इस बार उनकी मुसकान पहले से कुछ अलग थी। उसमें एक अबूझा-सा वात्सल्य नजर आ रहा था। "तो कैसा लगा पहली बार कोठे पर आकर?" सवाल खत्म करते-करते वे खिलखिला उठीं। मैंने कहा, "अभी सोचा नहीं है, आपके व्यक्तित्व की चकाचौंध से फुरसत मिले तो फिर सोचूँ।" अब मेरे चेहरे पर मुसकराहट तैर गई। वे खिलखिला उठीं, बोलीं, "बड़े हाजिर-जवाब लगते हैं। मेरे कोठे पर पहली बार आए हो और पहली बार में ही छाप छोड़कर जा रहे हो।" मैंने कहा, "देवीजी (बाईजी कहना अच्छा नहीं लग रहा था), आपका बड़ा नाम सुना था। जैसा सुना था, वैसा ही पाया।" उन्होंने कहा, "मैं समझ सकती हूँ। कोठे में पली-पोसी गायकी का जिक्र बहुत शर्मिंदगी और झिझकते हुए किया जाता है।" मैंने महसूस किया कि चंपा में एक इज्जतदार जिंदगी जीने की हुड़क थी।

वे कुछ देर के लिए खामोश हो गईं। फिर धीमी आवाज में कहा, "इस कोठे पर नाम ही तो नहीं बचता है। लेकिन मैंने वही बचाकर रखा है...खैर!" मेरी और उनकी बातचीत चल ही रही थी कि इसी बीच एक प्यारी सी बच्ची दौड़ती हुई आई। मैंने उत्सुकतावश पूछा, "यह कौन है?"

उन्होंने कहा, "मेरी बच्ची है।"

मैंने उससे पूछा, "पढ़ती हो?"

उसने कहा, "हाँ।"

"किस क्लास में?"

बच्ची बोली, "केजी-2 में।"

"किस स्कूल में?"

वह बोली, "सेंट जॉन्स।"

स्कूल का नाम सुनकर मेरे पैरों तले जमीन खिसक गई। यह बनारस का नामी स्कूल था। बड़े-बड़े लोगों के बच्चे वहाँ पढ़ते थे। बड़ा खर्चीला स्कूल

था। अपनी बेटी को बेहतर शिक्षा दिलाने का हौसला देख चंपाबाई की छवि मेरे मन में एक झटके में बदल गई। मैंने उत्सुकतावश चंपाबाई से पूछ ही लिया, "बेटी के लिए क्या सोचा है?"

"बेटी जो चाहेगी, वह करेगी। पर इतना तय है कि उसकी दुनिया चाहे कहीं भी हो, लेकिन इस कोठे पर नहीं।" मैंने उनकी आँखों में एक अजीब किस्म की दृढ़ता देखी। बेटी अब तक उनका पल्लू पकड़कर झूल रही थी। मैंने विदा माँगी। उन्होंने मुसकराते हुए कहा, "मैं यह तो नहीं कहूँगी कि यहाँ फिर आइएगा, मगर अपनी जिंदगी के इस पहले कोठे को याद जरूर रखिएगा।"

मैंने भी हलकी मुसकराहट के साथ जवाब दिया, "जी, कोठा याद रहेगा या नहीं, इसकी गारंटी तो नहीं दे सकता, मगर कोठेवाली जरूर याद रहेगी।" वे एक पल को खामोश हुईं, फिर हँस पड़ीं, "यहाँ आनेवालों के मुँह से तो गारंटी की बहुत बातें सुनती आई हूँ, पर पहली बार किसी जानेवाले ने गारंटी की बात की है। याद रखूँगी।"

"जी शुक्रिया" कहकर मैं सीढ़ियाँ उतर वापस चल पड़ा। लेकिन लगा, कुछ वहीं छूट गया।

उनकी खिलखिलाहट मेरे कानों में देर तक गूँजती रही। हम लोग चंपाबाई से दुआ-सलाम के साथ वापस लौट आए। कोठा देखने और समझने की ललक अब शांत हो चुकी थी। सट्टा हो गया, गुरु के आदेश का पालन हुआ। हालाँकि, मैं न शादी में गया, न चंपाबाई से दुबारा मिला। लेकिन चंपा स्मृतियों में दर्ज हो गई।

चंपा अपने आप में एक विरासत की कड़ी थीं। यह बनारस की बेहद समृद्ध विरासत थी। बनारसी संगीत के साथ-साथ यहाँ की तवायफों की शोहरत चारों ओर थी। पंद्रहवीं शताब्दी में अकबर के नवरत्नों में से एक राजा मानसिंह ने काशी में भगवान् शिव के एक मंदिर की मरम्मत करवाई। इस मौके पर राजा मानसिंह संगीत नृत्य का कार्यक्रम आयोजित करना चाहते थे, लेकिन कोई भी कलाकार यहाँ आने के लिए तैयार नहीं था। तब श्मशान घाट पर होनेवाले इस महोत्सव में थिरकने के लिए नगरवधुएँ तैयार हो गईं। तभी से धीरे-धीरे यह परंपरा बन गई। चैत्र के सातवें नवरात्र की रात को हर साल यहाँ श्मशान महोत्सव मनाया जाता है। आज भी नगरवधुएँ यहाँ सारी रात नृत्य करती हैं।

आधुनिक हिंदी के जन्मदाता भारतेंदु भी इसी गली की एक नर्तकी मल्लिका पर लट्टू थे। ये बंगभाषी थीं और कविता भी लिखती थीं। भारतेंदु ने मल्लिका पर सबकुछ लुटा दिया। भारतेंदुकालीन तवायफों में गफूरन, नगरसुंदरी और सरस्वती बाई भी मशहूर थीं। ये सब श्रेष्ठ नर्तकी भी थीं। तौकी बाई की समकालीन 'नन्ही पागल' अपने युग की बेजोड़ गायिका थी। मैना कोई विशेष रूपसी तो नहीं थी, लेकिन उसका कंठमाधुर्य ईश्वरीय देन थी। सबके अपने-अपने ठिकाने थे। तौकीबाई (राजा दरवाजा), बड़ी मैना (भार्गव बुक डिपो, चौक), हुस्नाबाई (कन्हैया लाल दामोदर सर्राफ, राजा दरवाजा कोठी के अगले हिस्से में), मशहूर फिल्म अभिनेत्री नरगिस की माँ जद्दनबाई (वर्तमान चित्रा सिनेमा) सब अपने-अपने ठिकानों के लिए मशहूर थीं।

जद्दनबाई बाद में रथयात्रा पर खन्ना बाबू के साथ खन्ना विला में रहने लगीं। नरगिस का जन्म यहीं हुआ था। जानकीबाई (नारियल बाजार), गौहरजान—रायललनजी छगनजी के गणेश बाग (कबीर चौरा), राजेश्वरी बाई (नारियल बाजार), काशीबाई, रसूलनबाई (छत्तातले), कमलेश्वरी, दुर्गेशनंदिनी, छोटी मोती (राजा दरवाजा), चंपा (नारियल बाजार), सिद्धेश्वरी (खत्री मेडिकल हॉल की पहली मंजिल पर चौक), शाहजहाँ बेगम, भौंफटी केसर (दालमंडी) और पन्ना, जूही, रतना—गोविंदपुरा में रहती थीं। विद्याधरी, हुस्नाबाई, बड़ी मोती के आवास पर दरबान का पहरा लगा रहता था। यहाँ बिना अनुमति के प्रवेश निषेध था। ये सारी तवायफें अपने कार्यक्रमों में बग्घी या डोली पर बैठकर जाती थीं। शहर में इनकी प्रतिष्ठा थी। प्राचीन भारत में भी राजा के बाद चँवर और राजदंड केवल 'राजपुरोहित' और 'राजनर्तकी' के लिए ही अनुमन्य था।

चंपाबाई के बहाने एक बात और याद आई। बहुत कम लोग जानते हैं कि दालमंडी में कभी 'तन' का सौदा नहीं होता था, केवल संगीत और नृत्य की ताल गूँजा करती थी। उन दिनों गाने-बजाने और नृत्य व मुजरे की भी एक मर्यादा होती थी। उस जमाने की हुस्नाबाई, धनेसरा बाई, रसूलन बाई, सिद्धेश्वरी बाई, फिल्म अभिनेत्री नरगिस की माँ जद्दनबाई और छप्पन छुरी के नाम से मशहूर जानकी बाई का नाम पूरे मुल्क में रौशन था। इन कलाकारों को प्रोत्साहित करनेवाले शहर के कुछ रईस थे, जो उनकी देखभाल भी करते। अपने जमाने की मशहूर तवायफ उमराव जान भी कुछ रोज के लिए इसी गली में रही थी।

यहीं उनकी मौत हुई। बनारस के फातमान में उनकी भी मजार है। भारतरत्न बिस्मिल्ला खाँ के बगल में।

दालमंडी का इतिहास बेहद समृद्ध है। इसकी तुलना दिल्ली के जी.बी. रोड, मुंबई के कमाठीपुरा या कोलकाता के सोनागाछी से नहीं हो सकती। यहाँ कलाओं का ऐश्वर्य था, सौंदर्य की मिसरी थी। साहित्य की गंगोतरी थी। यहाँ बनारसी संगीत की समृद्ध दुनिया में एक लंबी और बड़ी विरासत मौजूद है। दालमंडी सिर्फ शरीर नहीं है, इसके भीतर एक रूह भी है। इसे समझने के लिए व्यक्ति को जिस्मानी नहीं, बल्कि रूहानी होना पड़ता है। चंपाबाई इसी रूहानी विरासत की कड़ी थीं। मैंने इस विरासत को उसके ऐश्वर्य और गरिमा के साथ देखा है।

चंपाबाई से मुलाकात ने मेरे मन में जमी कई भ्रांतियाँ तोड़ दीं। ये भ्रांतियाँ हमारे आसपास के समाज की बनाई हुई थीं। कुंठा से भरे इस समाज में तवायफ को उपभोग की वस्तु के तौर पर प्रचारित किया गया। मगर चंपाबाई के जरिए मैंने तवायफ का गुणशील, उदात्त और मानवीय रूप देखा था, जिसे लय की पकड़ और समय की समझ थी। तब तक मैंने वैशाली की नगरवधू आम्रपाली की कहानी ही पढ़ी थी, जिसने अपनी मानवीय क्षमता और व्यक्तित्व की गरिमा से बुद्ध को भी विवश कर दिया कि वे उसे बौद्ध संघ में प्रवेश दें। चंपाबाई से मिल मुझे यकीन हो गया कि आम्रपाली की कहानी मिथक नहीं, बल्कि सच्चाई थी। एक ऐसी सच्चाई, जिसकी धुँधली पर बड़ी तसवीर कई सदियों बाद भी जिंदा है।

चंपाबाई जिस दालमंडी में रहती थीं, उस दालमंडी की एक लंबी सांस्कृतिक विरासत थी। इस सांस्कृतिक परंपरा के तार पौराणिक काल से जुड़े हैं। 'मत्स्यपुराण' में काशी को 'गंधर्वसेविता' कहा गया है—'वाराणस्यां नदी पुसिद्धगन्धर्वसेविता। प्रविष्टा त्रिपथा गंगा तस्मिन् क्षेत्रे मम प्रिये।' श्रीमद्भागवत के एकादश स्कंध में भी एक गणिका पिंगला की कथा आती है। कथा के मुताबिक भगवान् दत्तात्रेय ने अपने जो 24 शिक्षा गुरु बनाए हैं, उनमें एक पिंगला नाम की वेश्या भी थी। बुद्ध के आसपास तो कई नर्तकियों का जिक्र मिलता है। बौद्धकालीन साहित्य में 'अट्ठकाशी' नाम की मशहूर वेश्या का एक रात का मनोरंजन-शुल्क एक हजार कार्षापण (तत्कालीन राजकीय मुद्रा) था। जबकि काशी राज्य से काशीराज को प्रतिदिन लगभग इतनी ही आमदनी

होती थी। सोचिए, कितनी मूल्यवान थी अट्ठकाशी। अट्ठकाशी बुद्ध की प्रारंभिक शिष्याओं में थी। 'विनयपिटक' के मुताबिक बौद्ध धर्म में प्रव्रज्या लेनेवालों में जनपदकल्याणी अट्ठकाशी का उल्लेख है। उसका रुतबा देखिए, उसे जनपदकल्याणी कहा गया। प्रव्रज्या के बाद अट्ठकाशी अरहत को प्राप्त हुई। बौद्ध धर्म में अरहत या अरहंत (पाली) उसे कहते हैं, जिसने निर्वाण की अंतर्दृष्टि प्राप्त कर ली हो। महायान बौद्ध परंपरा में इस शब्द का इस्तेमाल बुद्धत्व की चरम अवस्था पाए लोगों के लिए ही किया जाता है।

बुद्ध के समय में आम्रपाली का भी ऐसा ही जलवा था। आम्रपाली अपने समय की विलक्षण सुंदरी थी। वह नगरवधू थी। उसके 'परसोना' ने बुद्ध को भिक्षु संघ का नियम बदलने पर मजबूर कर दिया। बौद्ध धर्म के भिक्षु संघ में प्रवेश पानेवाली आम्रपाली पहली बाहरी महिला थी। उससे पहले आनंद की माँ तो परिवार की ही थीं। आम्रपाली से पहले महिलाओं के भिक्षु संघ में प्रवेश पर पाबंदी थी। काशी की वेश्याओं ने उज्जैन जैसे दूर-दराज के शहरों में भी जाकर यश, मान और प्रतिष्ठा अर्जित की थी। 5वीं शती में लिखे गए 'पादताड़तिकम' नाटक में इसका जिक्र है कि उज्जैन में काशी की 'पराक्रमिका' नामक वेश्या सबसे महँगी थी।

काशी की वेश्या परंपरा के पुरातात्विक प्रमाण भी मिलते हैं। 5वीं सदी (ईसा पूर्व) के वेश्या-जीवन की झलक बनारस के राजघाट की खुदाई से मिली मिट्टी की मूर्तियों के भग्नावशेषों में मिलती है। गुप्तयुगीन पंथा अभिलेख से पता चलता है कि काशी की गलियाँ 'वाररामभिरामा' भी थीं। कश्मीर नरेश जयापीड़ (779-813 ई.) के महामंत्री दामोदर गुप्त ने एक ग्रंथ लिखा 'कुट्टनीमतम्' जिसमें काशी की गणिकाओं पर विस्तार से चर्चा है। मंजर्याख्यान सिंहभट के पुत्र समरभट की कथा है, जो बताती है कि काशी ने स्नान और पूजन के बाद आनेवाले लोग वैश्विक जीवन का रस लेने जाते थे। वृषभध्व शिव मंदिर के हवाले से डॉ. मोतीचंद्र ने वेश्या और सखियों के वार्त्तालाप का संदर्भ दिया है, जो मंदिर के प्रांगण में चलता था। वैश्विक संदर्भों में काशी की एक वेश्या मालती का नाम आता है, जो तत्कालीन वेश्याओं की रोल मॉडल थी।

सबसे रोचक किस्सा कुटिनी वेश्या का है। जिसका राजसेवक भट्टपुत्र चिंतामणि था। वह पाँच अंगुल के केश-विन्यास के साथ कलाबत्तू के काम

से सजी पोशाक पहनकर सोने-चाँदी के गहने से सज नाखून और होंठ रँग बाजार में चौकी लगाकर बैठता था और तरह-तरह की अंट-शंट कथाएँ सुनाता था। इसी बीच उसके सहायक वेश्याओं की मार्केटिंग शुरू कर देते थे, जिसमें नर्तकियों की प्रशंसा होती थी।

जब भीड़ जुट जाती, तो कुटिनी भट्टपुत्र की चौकी पर अपनी खास दूती भेजती। दूती नए-नवेले रईस को आकर्षित करने के लिए किसी विरहाकुल वेश्या का संदेश सुनाती थी। बस, फिर क्या था! नया रईस कुटिनी के ठिकाने पर पहुँच जाता। कुटिनी अपने चेलों-चेलियों को यह मंत्र देती थीं कि राजसेवक, शौल्किकाध्यक्ष (टैक्स कलेक्टर) धनी पिता का इकलौता स्वतंत्र बेटा, चित्रकार, कामशास्त्र का ज्ञाता, पाशुपताचार्य और हट्टपति यानी बाजार का मुखिया सबसे पहले फँसाए जाने चाहिए, क्योंकि उनसे बड़ा माल मिलता है।

मध्ययुग में इन नर्तकियों का एकछत्र राज था। गुप्तकाल में महाजन पर्व की जातककथा के अनुसार काशीराज के दरबार में 'छत्रमंगल-दिवस' पर एक हजार नर्तकियाँ एक साथ नृत्य करती थीं। जातकों में काशी की सामा (श्यामा) नामक गणिका का भी उल्लेख है। उसके घर पर पाँच सौ दासियाँ काम करती थीं। उसने मोटा धन देकर नगर गुत्तिक को खरीद लिया था और अपने दोस्त एक डाकू सरदार को छुड़वा उसकी जगह किसी और आदमी को फाँसी पर चढ़वा दिया था। इससे ऐसा लगता है कि बुद्ध के समय इन लोगों की खूब चलती थी। पूरा परिदृश्य रंगीन था।

उस वक्त के साहित्य से पता चलता है कि गणिकाओं और वेश्याओं की समाज में काफी प्रतिष्ठा थी, उन्हें राज्याश्रय भी मिलता था। उनकी उचित देखभाल के लिए शासन की ओर से एक 'वेश्याध्यक्ष' की भी व्यवस्था थी। चाणक्य के अर्थशास्त्र में भी गणिकाओं के लिए शुल्क निर्धारण, राज्यकर और दंड आदि की चर्चा है। 'उभयाभिसारिका' में वेश्यागामिता की निंदा और संभवतः शूद्रक रचित 'पद्मप्राभृतकम्' में वेश्या-आवास को दुःखप्रद माना गया है।

अवध, बनारस और चतुर्भुज स्थान—तवायफों और गणिकाओं के यही तीन बड़े केंद्र थे। इसी कारण लखनऊ में मुजरे की शानदार परंपरा रही है। उमराव जान, बेगम अख्तर अवध की सरजमीं की नायाब हस्ती थीं। राहुल देव हमारे संपादक रहे हैं। भाषा के साथ-साथ कला में भी वे शुद्धता के आग्रही

हैं? गालिब के बाद मयखानों के भी वे सबसे बड़े जानकार हैं। उनका कहना है कि शुद्ध और खानदानी मुजरा तीस बरस पहले तक लखनऊ में उन्होंने देखा था। चौक में जरीना बेगम का नृत्य देखने वे जाया करते थे। एक बार कार्ल्टन के दरबार हॉल में महफिल जमी। परियों जैसा सौंदर्य था उनका। क्या नफासत थी? संपादकजी याद करते हैं, "खानदानी रवायतों में पगी ऐसी महफिल फिर नहीं जमी। शोखी और नैसर्गिक चुलबुलेपन से मँजा वह नृत्य अब तक दिमाग पर अंकित है। क्या गायन था? गजब था उनका जादुई कंठ और स्वर लहरी।" राहुलजी कहते हैं, "जरीना बेगम के साथ लखनऊ से वह कला चली गई।" जरीना बेगम अंग्रेजी बोलती थीं। राहुलजी उनकी शास्त्रीयता पर लट्टू थे। याद करने की कोशिश में वे भावुक हो गए। शून्य की ओर उनकी आँखें टँग गईं और बात रुक गई। उनके हाव-भाव से मैंने कुछ सूँघा और समझ गया कि मामला संवेदनशील है।

अवधी रवायत बेगम अख्तर का जिक्र बगैर अधूरी रहेगी। वे अवध की मशहूर तवायफ थीं। उन्होंने दिल के टूटने को भी दिलकश बना दिया था। महाराज जगदंबिका प्रताप सिंह अयोध्या के राजा थे। अख्तरी बाई फैजाबादी, जो बाद में 'बेगम अख्तर' कहलाईं। वे अयोध्या राजदरबार की प्रतिष्ठित गायिका थीं। जगदंबिका प्रताप सिंह आजादी तक अयोध्या के राजा थे। राजा साहब बेगम अख्तर के एक दादरे पर ऐसे फिदा हुए कि साठ एकड़ का एक बाग उनके नाम कर दिया। अख्तरी बाई उनके दरबार की लंबे समय तक गायिका थीं। अख्तरी बाई जब फैजाबाद छोड़कर जाने लगीं तो वह बाग राजा साहब को लौटाने गईं। राजा साहब के मना करने पर वे अड़ी रहीं और कहा कि हुजूर, आपने मेरी वजादारी की, इसके लिए ताउम्र शुक्रगुजार रहूँगी। लेकिन अगर मैं इसे बेचकर जाती हूँ तो फैजाबाद के लोग मेरे बारे में क्या सोचेंगे? तवारीख मुझे माफ नहीं करेगी कि एक गानेवाली बाई ने राजा के उपहार में दिए बाग का सौदा कर लिया। इसलिए आप इसे वापस रख लें, ताकि इतिहास में आपके साथ ही मेरा नाम भी सम्मान के साथ लिया जाए। राजा साहब के मना करने पर उन्होंने राजा साहब के दामाद को वह बाग लौटा दिया।

आज भी दस्तावेजों में उस जमीन के कागज अख्तरी बाई फैजाबादी बनाम डॉ. रमेंद्र मोहन मिश्र के तौर पर दर्ज हैं। रमेंद्रजी, राजा जगदंबिका प्रताप नारायण

सिंह की इकलौती बेटी राजकुमारी विमला देवीजी के पति थे, यानी कवि मित्र यतींद्र मिश्र के बाबा। अब चतुर्भुज स्थान चलते हैं। पद्मभूषण छन्नूलाल मिश्र ने यहीं शागिर्दी कर उपशास्त्रीय संगीत में अपनी पहचान बनाई। उनका पानी की तरह हारमोनियम पर चलता हाथ यहीं सधा। वे यहीं पहले बजाते थे, बाद में गाने लगे। उनके गुरु अब्दुल गनी खाँ साहब यहीं के एक कोठे पर विराजते थे। भारतीय संगीत की दुनिया के कई बड़े नाम चतुर्भुज स्थान में ही पले-बढ़े।

बनारसी हूँ, सो बनारस की विरासत और परंपराओं का अध्ययन किया है। आप यह जानकर दंग रह जाएँगे कि इन्हीं तवायफों ने अपने कंधे पर बनारस की कलाओं की इस समृद्ध विरासत को सँजो रखा था। प्रतिकूल परिस्थितियों में भी सामाजिक, आर्थिक, मानसिक कुंठा, संत्रास, आघात एवं घुटन में भी इन तवायफों ने बनारसी संगीत की परंपरा को ऊर्जावान और प्राणवान बनाए रखा। भारतेंदु को पढ़ते हुए मुझे इस परंपरा का ज्ञान हुआ। कुछ कहानियाँ बुजुर्गों से भी सुन रखी थीं। इनकी गायकी से तवायफी और फिर देह व्यापार की कहानियों के बदलते रंग फनकार, हुस्न, आशिक, माशूक, फरेब, तालीम और कठिन रियाज से पगी मुहब्बत व फरेब की अनेक कहानियाँ सुनीं। अपमान और जलालत से भरे दुःखद जीवन के अफसाने। जगमगाती गलियों की अधूरी कामनाओं की अनकही कहानियाँ पढ़ीं। इन सबके जमाने भर की नफरत और निंदा बर्दाश्त करते मुसकराते और गुनगुनाते हुए किरदार यहाँ मिल जाते थे।

18-19वीं शती में काशी की सुप्रसिद्ध गायिकाओं में चित्रा, इमामबाँदी, गुलबदन, सुखबदन आदि का नाम दर्ज है। करम इमाम की लिखी किताब 'म-अदन-उल मौसिकी' में इनके ब्योरे मिलते हैं। वे सन् 1855 ई. में अवध के नवाब के दरबार में थे। काशी की चित्रा एवं इमामबाँदी ने टप्पा गायकी के आविष्कारक शोरी मियाँ के शिष्य गामू खाँ और उनके शिष्य शादी खाँ से टप्पे की विशिष्ट शिक्षा पाई और टप्पा गायकी पर अपना वर्चस्व स्थापित किया। नृत्य-क्षेत्र में गुलबदन और सुखबदन ने खूब नाम कमाया। महाराजा चेत सिंह का राजदरबार अनेक मूर्धन्य घरानेदार कलावंतों के साथ ही दुलारी, कज्जन, किशोरी, रुक्मिणी और छित्तनबाई के नृत्य-संगीत से जीवंत रहा।

कभी बनारस में एक 'तवायफ संघ' भी था। इसे गांधीजी ने बनवाया था। महात्मा गांधी जब बनारस आए तो इन गाणिकाओं ने उनसे मिलकर

अपनी समस्याएँ रखीं। तब बापू ने उन्हें 'तवायफ संघ' बनाने की प्रेरणा दी। काशी की हुस्नाबाई इसकी पहली अध्यक्षा चुनी गईं। इस मौके पर गांधीजी का भाषण भी हुआ। उनका भाषण 'वारवधू-विवेचन' नामक किताब में छपा है। अपने संबोधन में महात्मा गांधी ने उन्हें आत्मवादी सुधार कर आजादी की लड़ाई में भाग लेने की राय दी। काशी की ख्यातनाम गायिका विद्याधरी से बापू ने आग्रह किया कि आप देश के किसी हिस्से में अपना संगीत कार्यक्रम करें। तो साथ-साथ वहाँ अंग्रेजी हुकूमत के खिलाफ राष्ट्रीय गीत गाकर आजादी के लिए जनसमर्थन भी जुटाएँ। फिर क्या, अंग्रेजी हुकूमत की परवाह न करते हुए विद्याधरी ने महात्मा गांधी की आज्ञा का पालन किया। उनका यह गीत भीड़ खींचने लगा।

चुन-चुन के फूल ले लो, अरमान रह न जाए।
ये हिंद का बगीचा, गुलजार रह न जाए॥

बनारस की तवायफों से जुड़े कई और रोचक किस्से हैं। एक महफिल में बनारस की एक नामी गायिका, जो देखने में दुबली-पतली और छोटे कद की थीं। वे नृत्य के लिए पेश हुईं। संयोगवश उनके पेशवाज के रेशमी धागों में फँसकर उनकी पैर की एक जूती आँगन तक आ गई, जिसे देखकर एक परिहासी संगीत-प्रेमी ने कहा, "अरे! आपका जोड़ा यहाँ तक साथ-साथ चला आया!" इस व्यंग्य से गायिका का चेहरा लाल हो गया। तत्काल उसने उत्तर दिया, "हुजूर! मेरा जोड़ा तो मेरे साथ है, मगर आपका जोड़ा तो नौकर के पास है।" उन सज्जन का चेहरा देखने लायक था।

हिंदी साहित्य के पन्ने भी इन तवायफों की कला की गहराइयों से रँगे हुए हैं। प्रसिद्ध साहित्यकार पांडेय बेचन शर्मा 'उग्र' ने 1920 में बनारस में हुई एक संगीत महफिल का जिक्र किया है। उन्होंने लिखा है, "कहानीकार विनोदशंकर व्यास के मान मंदिर-आवास की छत पर पूर्णिमा की चाँदनी रात में आधी रात तक जमाई गई सिद्धेश्वरी देवी की संगीत महफिल जीवनपर्यंत स्मृतिपटल पर अंकित रहेगी, जिसमें प्रख्यात रससिद्ध साहित्यकार जयशंकर प्रसाद की फरमाइश पर कोकिलकंठी गुणवंती गायिका सिद्धेश्वरी देवी की तानों से सारा वातावरण रससिक्त हो उठा था। 1928 में लखनऊ से पधारे मित्र रूपनारायण व्यास के स्वागत में मित्रों के मन में उल्लास उठा कि आज फिर चाँदनी रात

की उज्ज्वल छटा में विनोदशंकर व्यास की छत पर मात्र चार अभिन्न यारों के साथ जयशंकर प्रसाद, उग्र, रूपनारायण एवं विनोदशंकर की मौजूदगी में सिद्धेश्वरी देवी के संगीत का आनंद लिया जाए। सिद्धेश्वरी देवी को संदेश भेजा गया। वे आईं और संगीत महफिल के समापन के बाद प्रसादजी से मेरे (उग्र) विषय में पूछा। गायिका की आँखें उठीं और मेरी अलकें। प्रसादजी ने मनचली मुसकराहट और आकर्षक दुष्टता से उत्तर दिया, "ये बड़े पहुँचे हुए एक औलिया फकीर हैं।" कार्यक्रम खत्म होते ही गायिका ने उतनी ही नाटकीयता से 'जयशंकर' कहकर प्रसाद को नमस्कार किया। हम सभी गायिका के उक्त कटाक्ष से प्रमुदित हो उठे।' पं. विनोदशंकर व्यास प्रसादजी के समकालीन कहानीकार थे। उनके बेटे प्रेमशंकर व्यास मेरे पिता के साथ पढ़े थे और उनका बेटा प्रकाश शंकर मेरा सहपाठी था। आज भी उनका घर मान मंदिर घाट पर है।

भारतेंदु भी गजब के रसिक थे। ठठेरी बाजार के भारतेंदु भवन में उनकी अकसर निजी महफिलें होती थीं। ऐसी ही एक महफिल में काशी की अनुपम नर्तकी बड़ी मैना किसी पद के गायन भाव के साथ नृत्य कर रही थीं। महफिल में रसिक तन्मयता से आनंदविभोर थे। भारतेंदु के मन में विचार आया कि इस पद के अर्थभाव को ध्यान में रख नृत्य के आनंद को रफ्तार दी जाए। भारतेंदु अपने को रोक नहीं पाए और मैना से वैसा भाव दिखाने को कहा। भरी महफिल में बड़ी मैना को भारतेंदु की फरमाइश अच्छी नहीं लगी और उन्होंने व्यंग्यात्मक लहजे से कहा, "हुजूर! कह देना सरल होता है, करके दिखाना कठिन।" यह सुन भारतेंदु का कलाकार जाग गया। उस महफिल में भारतेंदु ने पैरों में घुँघरू बाँधकर जो नाचना शुरू किया तो बड़ी मैना सहित सारी महफिल अवाक् थी। बाद में बड़ी मैना ने अपने कहे पर भारतेंदु से माफी माँगी।

वाकई इस दालमंडी की कहानी बेहद दिलचस्प, रोमांचक और हैरतअंगेज है। दालमंडी उन दिनों कला और संगीत का शिखर हुआ करती थी। इसकी अपनी सपनीली और रूमानी दुनिया थी। बड़े-बड़े राजे-रजवाड़े दालमंडी की उँगलियों पर नाचते थे। बंगाल की एक रियासत से बेदखल राजा साहब बनारस में समय काट रहे थे। उस वक्त हुस्नाबाई की ख्याति शीर्ष पर थी। एक बार इन्हीं राजा साहब की कोठी पर हुस्ना ने गाना शुरू किया। कुशल संगीत-प्रेमी राजा साहब ने तबले की जोड़ी खींच ली और शुरू किया तिरकिट धा…

फिर संगीत की ऐसी महफिल जमी कि रात कब बीत गई, किसी को पता ही नहीं चला। हुस्नाबाई अपनी गायकी के अलावा अपनी उदारता, अदब-कायदे, अनुशासनप्रियता और साहित्य-प्रेम के लिए भी जानी जाती थीं। हर कोई उनके कोठे पर चढ़ने की हिम्मत नहीं करता था। वे अदब-कायदे की इतनी पाबंद थीं कि घर आए आगंतुकों के प्रवेश, बैठने और बातचीत से ही उसकी शिष्टता, कुलीनता का अनुमान लगा लेती थीं और उसी के अनुसार उसे महफिल में दाखिला मिलता।

मैनाबाई की एक कहानी मशहूर है। एक बार मैनाबाई काशी नरेश के न्योते पर उनके दरबार में पेश हुईं। उस समय महाराज बनारसी आम खा रहे थे। खाने के बाद मजाक में महाराज मैना से बोले, "अब क्या आई हो, क्या कोइली (गुठली) लोगी?" मैना चतुर थी, तत्क्षण बोली, "महाराज के मुँह से कोइली निकला है तो अब हमें वही चाहिए।" महाराज ने तुरंत काशी राज्य का 'कोइली' गाँव मैना के नाम कर दिया। बनारस के काशीपुरा मोहल्ले में 'दतिया कोठी' होती थी। यह वही जगह है, जहाँ से पहले 'संसार' और बाद में 'जनवार्त्ता' अखबार छपता था। इसी कोठी में किसी रईस की बारात टिकी थी। खास लोगों के लिए कोठी के भीतरी कक्ष में बाहर से आई गायिकाओं का कार्यक्रम था, जबकि कोठी के बाहर मैदान में काशी की मैनाबाई का कार्यक्रम था। बाहर के पंडाल में मैना ने ऐसी महफिल जमाई कि कुछ समय बाद कोठी के अंदर चल रही महफिल के सारे विशिष्ट संगीत-प्रेमी और गानेवालियाँ दोनों बाहर आ गए। समूची महफिल को मैना ने अपनी रससिद्ध गायकी से लूट लिया।

बनारस की विद्याधरी बाई की भी गायन में बहुत इज्जत थी। एक वाकया है। काशीराज के प्राइवेट सेक्रेटरी के बेटे का विवाह था, जिसमें नगर के अनेक गणमान्य रईसों के साथ स्वयं राजा साहब भी मौजूद थे। विद्याधरी गा रही थीं, लेकिन सुननेवाले राजा साहब की खुशामद में लगे थे। यह माहौल देखकर विद्याधरी गाते-गाते चुप हो गईं। विद्याधरी ने राजा साहब से बड़ी शालीनता से कहा कि ये रईस तो बड़े लोग हैं महाराज, अपनी बात तो आपके किले पर भी जाकर सुना सकते हैं। मैं तो मात्र एक गरीब संगीत दासी हूँ, इसलिए आज सिर्फ मेरी ही सुनी जाए। महफिल में सन्नाटा छा गया और फिर विद्याधरी ने

अपनी कला का ऐसा समाँ बाँधा कि बैठकी झूम उठी। जयदेव के 'गीतगोविंद' को, जिसने भी विद्याधरी के मुँह से सुना, वह ताउम्र उसे भूल नहीं पाया। काशी की सिद्देश्वरी बाई की समकालीन गायिकाओं में केसरबाई, हीराबाई, गँगूबाई (बंबई), खुर्शीद (पंजाब), नूरजहाँ (कलकत्ता), बनारस की शैलकुमारी, काशीबाई, रसूलनबाई, अख्तरी बाई फैजाबादी (बेगम अख्तर) और रौशन आरा बेगम आदि थीं।

दालमंडी की यह संगीत परंपरा समय के साथ लुप्त हो गई, लेकिन उसका इतिहास आज भी सुरक्षित है। कला की इतनी बारीक समझ, गीत-संगीत की इतनी गहन योग्यता, नृत्य का ऐसा विराट् समागम, गुण-ग्राहकता की ऐसी अनूठी मिसाल अब कहाँ? वक्त को न रोकना मुमकिन है और न ही बीते हुए वक्त में लौटना। मगर फिर भी जब कभी दालमंडी का जिक्र आएगा, वक्त का वह बीता हुआ हिस्सा स्मृतियों में अपने आप कौंध जाएगा। मैंने इस परंपरा को बीच से देखा है। यानी ऐश्वर्य को उजड़ते और व्यापार को बसते। फिर भी दालमंडी कभी मरेगी नहीं। उसकी कला का ऐश्वर्य ही उसके कालजयी होने की गारंटी है।

□

12

देखो हमरी काशी

सरदार अहमद बढ़ई

लकड़ी पर शायरी!

दुनिया में कुछ रिश्ते अजीब से होते हैं। आप चाहकर भी उन्हें नाम नहीं दे सकते। सरदार अहमद से मेरा कुछ ऐसा ही नाता था। सरदार अहमद से मेरी दोस्ती नहीं थी, पर आत्मीयता बहुत थी। मैं उनकी वल्दियत, सुकूनत से भी वाकिफ नहीं हूँ। पर उनकी शख्सियत और पुरखुलूसी से अब भी सराबोर हूँ। उनके वालिद ने उनका नाम रखा था सरदार, वे थे भी बड़े ही असरदार। उनके व्यक्तित्व और प्रकृति में उनके नाम की सार्थकता थी। सरदार अहमद लखनऊ के एक फर्नीचर कारखाने में बढ़ई थे। या यों कहें, फर्नीचर के रंगसाज। लगभग रोज दुपहरी मेरी उस कारखाने में बैठकी होती थी; क्योंकि कारखाने के मालिक नवीन तिवारी लखनऊ की कला, तहजीब और संगीत में रुचि रखते थे। नारी सौंदर्यशास्त्र के भी वे अध्येता थे। वहाँ रोज किसी-न-किसी बात पर बौद्धिक विमर्श चलता था। कई रसूखदार लोग उस अड्डे पर आते थे। प्रबुद्ध लोगों का जमावड़ा होता था। सरदार साहब फर्नीचर पर हाथ दिखाने के

अलावा अदब में भी हाथ आजमाते थे। अकसर फर्नीचर पर रेगमाल करते-करते वे अपने एक-दो ताजा शेर भी जड़ देते। जब भी मैं उस कारखाने में जाता, सरदार साहब से मिले बगैर नहीं आता था। सरदार साहब बाज वक्त फुटकर पुर्जों पर ही अपने असरार लिखकर मुझे थमा देते।

उनका हुलिया और पहनावा आज भी मेरे सामने तैरता है। इकहरा बदन, गोरे-चिट्टे, सफेद कुर्ता-पायजामा और दुपलिया टोपी में सरदार अहमद अवध की खँडहर होती नवाबी विरासत के नमूने-से दिखते थे। उनकी दुश्वारी यह थी कि उनके फेफड़ों में कुछ गड़बड़ थी। इसलिए सरदार अहमद की साँस हमेशा फूलती रहती। वे जैसे-तैसे अपना घर चलाते थे। उनका परिवार बड़ा था, पर घर छोटा। सरदार अहमद अपने ठीहे पर बैठकर बड़ी तल्लीनता और एकाग्रता से कुरसियों पर पॉलिश चढ़ाते थे। अपने पास वे एक केतली रखते और पहुँचते ही चाय मँगवाने की जिद करते। उनके हाथ की कारीगरी के मुरीद दूर-दूर तक थे।

लखनऊ को तहजीब और अदब का शहर कहा जाता है। यहाँ बढ़ई, नाई, धोबी और दर्जी भी अदब और तहजीबवाले होते हैं। 'मजाज' और कृष्ण बिहारी 'नूर' के इस शहर में कई ऐसे भी शायर हुए हैं, जिन्होंने शान से अपने नाम के आगे लखनवी लगाकर इस शहर को अपने साथ जोड़े रखा। पर इसी नगरी में कुछ ऐसे भी शायर हुए, जिन्हें मौका ही नहीं मिला और गुरबत ने उन्हें गुमनामी के अँधेरे में ढकेल दिया। शायरी की दुनिया में सरदार अहमद ऐसी ही गुमनाम पर मकबूल शख्सियत थे। गुमनाम इसलिए थे कि उनकी शायरी की समझ के हिसाब से उन्हें बेहद कम लोग जानते थे। फिर मकबूल इसलिए थे कि जो उन्हें जानते थे, उनके लिखने और पढ़ने के अंदाज के मुरीद थे। निहायत ही जहीन सरदार अहमद के हाथ से गुजरकर कोई भी लकड़ी संगमरमरी आभा बिखेरती थी। यह उनके हाथों का जादू था।

सरदार साहब की अदब में दिलचस्पी गजब की थी। उन्हें उर्दू के अलावा हिंदी और अंग्रेजी का भी व्यावहारिक ज्ञान था। 'क्लासिकल साहित्य' में उनकी रुचि उस वक्त के साहित्यकारों की सोहबत से बनी थी। शायरी में उनके दखल ने उन्हें शायर 'यास यगाना चंगेजी' का शागिर्द बना दिया। वे मजाज लखनवी के संपर्क में भी रहे। सरदार अहमद अकसर 'मजाज' लखनवी के साथ बीते पलों का जिक्र भी करते और बताते कि कैसे मजाज साहब से वे शायरी सुनते और बदले में उनके लिए जरूरी रासायनिक इंतजाम करते। अहसान 'दानिश'

भी उनके पसंदीदा शायरों में थे। सरदार पाँच वक्त के नमाजी थे, पर इसलाम में व्याप्त बुराइयों पर उनके विचार ऐलानिया थे। जातीय या सांप्रदायिक विभाजन से कोसों दूर वे रंगसाजी में अकसर नए प्रयोग करते। अपनी इस विद्या को किसी के साथ साझा करने में संकोच नहीं करते थे, इसी कारण उनके कई शागिर्द बने।

अपने हुनर के उस्ताद सरदार साहब ने न जाने कितने नए लड़कों को पॉलिश सिखाई। उनकी सूझबूझ ऐसी थी कि वे नई-नई फिनिश, जिसकी तकनीक भी उस समय तक इस देश में नहीं आई थी, को केवल फोटो देखकर बना लेते। सरदार साहब अनोखे और अनंत रंगों को चुनौती सिर्फ लाख और स्पिरिट से देते थे। एक बार एशियन पेंट्स या किसी बड़ी कंपनी ने पहली बार दानेदार पेंट लॉन्च किया, जो इंटीरियर डेकोरेटर्स के लिए नया था। घर की अंदरूनी दीवारों पर ही लगाए जानेवाले इस पेंट की प्रति वर्गफुट कीमत इतनी ज्यादा थी कि बहुत रईस लोग ही इसे लगवा पाते थे। जब सरदार साहब को यह पेंट दिखाया गया तो कीमत सुनकर वे चौंक उठे। फिर बोले कि मैं कोशिश करता हूँ और एक दिन बाद ही उन्होंने हूबहू जो सैंपल बनाया, वह लगभग मूल कीमत के बीसवें हिस्से में ही तैयार हुआ। उनके भीतर जीवन के आखिरी वक्त तक सीखने और कुछ नया करने का जज्बा बरकरार रहा।

सरदार अहमद शराब नहीं पीते थे, पर शराब की महत्ता पर बेबाक लिखते थे। वे अकसर शराब पर कोई नया शेर लिख देते। मैं अकसर उनके साथ थोड़ा वक्त जरूर बिताता। वे मुझे अपने शेर सुनाते। मेरा उनसे वादा था कि मैं एक रोज उनका दीवान छपवाऊँगा। मुझे ग्लानि है कि मैं यह नहीं कर पाया और वे चले गए। पता नहीं उनकी कोई पांडुलिपि भी है या नहीं या पुर्जों पर लिखे शेर उन्हीं के साथ चले गए। मैं जब लखनऊ से अपना घर-दुआर लेकर दिल्ली आया तो सरदार साहब भी मेरे साथ दिल्ली आए। दिल्ली में मेरे घर के फर्नीचर को तरतीब से लगवाने और पॉलिश कर उन्हें नया करने के लिए। तीन रोज तक वे घर पर ही रहे। यह मेरे साथ उनका अपनापा था। वरना लखनऊ के बाहर वे कहीं जाते नहीं थे। मेरे लिए वे अपने किसी रिश्तेदार के जरिए अरब से 'जन्नत-उल-फिरदौस' इत्र भी मँगवाते थे।

उनके जाने के बाद उनकी कोई पांडुलिपि तो नहीं मिली, मगर उनके कुछ शेर जरूर याद हैं।

शराब पैर की हालत बहाल रखती है,
दवा मरीज को बरसों सँभाल रखती है।

सरदार अहमद शराब पर लिखते जरूर थे, मगर पीते नहीं थे। मशहूर कवि हरिवंश राय 'बच्चन' ऐसे हालात पर लिख गए हैं—

स्वयं नहीं पीता, औरों को, किंतु पिला देता हाला,
स्वयं नहीं छूता, औरों को, पर पकड़ा देता प्याला,
पर उपदेश कुशल बहुतेरों से मैंने यह सीखा है,
स्वयं नहीं जाता, औरों को पहुँचा देता मधुशाला।

हालाँकि बच्चनजी इस सबके बावजूद सोमरस के शौकीन थे, मगर सरदार अहमद का मिजाज एकदम अलग था। सरदार अहमद ने शराब की बोतल पर यह गजब का शेर लिखा—

कद कितना खुशनुमा है बदन किस कदर है गोल।
जौहरशनास है तो इन्हें मोतियों में तौल॥

बोतल में बंद शराब पर मैंने अनेक कलाम सुने हैं, पर शराब की बोतल का ऐसा खूबसूरत वर्णन अनोखा था। इस शेर में सरदार साहब ने बोतल को देह रूप में देखा। बोतल की लंबाई और शरीर को श्रृंगार के साँचे में ढालते हुए उन्होंने इसका मोल समझ सकने की खातिर किसी जौहरशनास, यानी जौहरी की जरूरत पर जोर दिया। सरदार साहब ऐसे बढ़ई थे, जो जितनी बारीकी से फर्नीचर तराशते थे, उतनी ही बारीकी से लफ्जों को भी तराशते थे।

मेरे लिए सरदार अहमद बढ़ई समाज की उस महान् परंपरा की अनमोल धरोहर थे, जिसका जिक्र रामायण और महाभारत जैसे महाकाव्यों में है। भारत में बढ़ई समाज लकड़ी का काम करनेवाला ऐसा व्यावसायिक समूह है, जिसमें बहुतायत में हिंदू होते हैं। इनमें एक छोटा वर्ग मुसलमानों का भी है, जिनके पास बेहतर कारीगरी की एक समृद्ध विरासत है। हिंदू बढ़ई शर्मा या विश्वकर्मा लिखते हैं। बढ़ई संस्कृत शब्द 'वर्धिका' से निकला है, जिसका मतलब है—काटना। मुसलमान बढ़ई में दो अंतर्विवाही उपखंड हैं—देशी और मुल्तानी। ये मुसलिम लोहार की तरह 'सैफी' उपनाम से जाने जाते हैं। संस्कृत में लकड़ी को 'काष्ठ' और जो लकड़ी का काम करते हैं, उन्हें 'काष्ठकार' कहा जाता है। काष्ठकार को खाती, त्वष्टा, तक्षा, तरुभेदी, वर्धकी, विश्वकर्मा, सूत्रकार, स्यंदनकार और

अंग्रेजी में 'Carpenter' संदर्भों के अनुसार कहते हैं। संस्कृत में बढ़ई को तक्षन् या तक्षक कहा जाता है। तक्षन का मतलब है—छीलना, चीरना, काटना, छेनी से तराशना, गढ़ना और बनाना जैसे अर्थ काष्ठकला के संदर्भ में ही हैं। बढ़ई के लिए 'वर्धकि' शब्द का जिक्र 'वाल्मीकि रामायण', महाभारत और कालिदास के महाकाव्य 'मेघदूतम्' में भी हुआ है। डॉ. रामविलास शर्मा के मुताबिक बढ़ई का काम कुछ गणसमाजों में बहुत महत्त्वपूर्ण था, नतीजतन इस शब्द का प्रयोग कारीगर विशेष के लिए होने लगा। औद्योगीकरण से पहले बढ़ई को गँवई समाज में वास्तुकार या मुख्य अभियंता जैसा रुतबा मिलता था।

ग्रीक भाषा में बढ़ई का संबंध सामान्य कौशल से है। कहीं-कहीं इन्हें 'सुधार' भी कहा जाता है। इनका पारंपरिक काम बढ़ई (काष्ठकारी) होता है। 'सूत्रधार' संस्कृत शब्द है। संस्कृत में सूत्र का अर्थ है—धागा (जिसका उपयोग आरी के निशान को चिह्नित करने के लिए किया जाता है) और धार मतलब धारण करना। सुथार नाम सूत्रधार का तद्भव रूप है। पौराणिक कथाओं के अनुसार, सूत्रधार विश्वकर्मा के पुत्र माया के वंशज हैं। ऋग्वेद के अनुसार विश्वकर्मा ब्रह्मांड के दिव्य इंजीनियर हैं। स्कंद पुराण के मुताबिक उनके पाँच बच्चे थे—मनु, माया, तवस्तार, शिल्पी और विश्वजना। ऐसा माना जाता है कि विश्वकर्मा समुदाय के लोग उनके पाँच उप-समूहों के अग्रदूत थे, जो कि लोहार और बढ़ई के गोत्रों (कुलों) के थे।

पुराणों में विश्वकर्मा कहीं-कहीं भृगु से और कहीं अंगिरा से संबंध रखते हैं। लगता है कि हर कुल में अलग-अलग विश्वकर्मा हुए हैं। हमारे देश में विश्वकर्मा नाम से एक ब्राह्मण समाज भी है, जो जांगिड़ ब्राह्मण, सुतार, सुथार और दूसरे निर्माण कला एवं शास्त्र ज्ञान में पारंगत होते हैं। शिल्पज्ञ विश्वकर्मा ब्राह्मणों को प्राचीन काल में रथकार वर्धकी, एतब कवि, मोयावी, पांचाल, रथपति, सुहस्त सौर और परासर आदि शब्दों से जाना जाता था। उस समय आजकल के समान लोहकार, काष्ठकार, सुतार और स्वर्णकारों जैसे जाति भेद नहीं थे। प्राचीन काल में शिल्प कर्म बहुत ऊँचा समझा जाता था और सभी जाति, वर्ण, समाज के लोग यह काम करते थे। वैदिक शास्त्रों के मुताबिक—

विश्वकर्माऽभवत्पूर्व ब्रह्मण स्त्वपराऽतनुः।
त्वष्ट्रः प्रजापतेः पुत्रो निपुणः सर्व कर्मस॥

यानी प्रत्यक्ष आदि ब्रह्मा विश्वकर्मा त्वष्टा प्रजापति का पुत्र पहले उत्पन्न हुआ और वह सब कामों में निपुण था।

बढ़ई समाज के इष्टदेव विश्वकर्मा हैं। पर यहाँ तर्क और बहस की गुंजाइश है, क्योंकि विश्वकर्मा कई मिलते हैं। प्रभास पुत्र विश्वकर्मा, भुवन पुत्र विश्वकर्मा तथा त्वष्टापुत्र विश्वकर्मा आदि अनेक विश्वकर्मा हुए हैं। प्रथम विश्वकर्मा वास्तुदेव और अंगिरसी के पुत्र थे। विश्वकर्मा के बड़े बेटे मनु लौह संहिता में अभ्यस्त होकर लौह संबंधी शिल्प में कुशल बने। मनु ऋग्वेद और उपवेद आयुर्वेद के रचयिता व ज्ञाता थे। इनका गोत्र सानग था, जिसके 25 उपगोत्र चले, जो आगे 'लौहार' कहलाए। उनके दूसरे बेटे 'मय' थे। इनका गोत्र सनातन था, जिनके 25 उपगोत्र हुए। मय के वंशज काष्ठ शिल्प में पारंगत थे और उन्होंने लकड़ी और उससे संबंधित वस्तुओं के अद्‌भुत नमूने पेश किए। इसी वंश के लोग आगे चलकर 'तरखान' कहलाए। इनके वंशज काष्ठकार के रूप में जाने जाते हैं।

जीसस भी शुरुआती दिनों में बढ़ई थे। इसके संदर्भ मिलते हैं कि ईसा ने यूसुफ का पेशा सीख लिया और लगभग 30 साल की उम्र तक उसी गाँव में रहकर बढ़ई का काम करते रहे। सिर्फ ईसा ही नहीं, उनके साथी सेंट थॉमस भी बढ़ई थे। पहली सदी के इंडो पार्थियन सम्राट् गोंडफेंलनेंस की सेंट थॉमस को लेकर दिलचस्प कहानी है। गोंडफेंलनेंस इतिहास में भारतीय राजा के तौर पर दर्ज है। पहली शती में जिसका शासन आज के अफगानिस्तान और पाकिस्तान पर भी था।

सीरिया के नाटक 'थॉमस' में कथा है कि शासक गोंडफेंलनेंस रोमन शैली का एक मंदिर बनाना चाहते थे। हॉवेन उनके राजसी व्यापारी थे, जो दुनिया के शिल्पकारों से परिचित थे। हॉवेन को एक अच्छा बढ़ई, यानी लकड़ी का कारीगर लाने को कहा गया। हॉवेन को सेंट थॉमस मिले और वह उन्हें ही राजा के पास ले आया। गोंडफेंलनेंस ने उनसे एक मंदिर बनाने के लिए कहा और बदले में बड़ी अग्रिम राशि का भुगतान भी किया। राजा इसके बाद यात्रा पर चला गया, पर थॉमस ने वह रकम दान में खर्च कर दी। लौटकर राजा ने थॉमस से मंदिर दिखाने को कहा। थॉमस ने कहा कि वह तो आप मृत्यु के बाद ही स्वर्ग जाकर देख पाएँगे। क्रोधित राजा ने थॉमस और हॉवेन दोनों को ही मारने के आदेश दे

दिए। वैटिकन और रोम हर कहीं सेंट थॉमस को चित्रों में बढ़ई के औजार स्केल और लकड़ी काटने के उपकरण के साथ दिखाया जाता है।

अमेरिकी राष्ट्रपति अब्राहम लिंकन के पिता भी बढ़ई थे। अमेरिकी सीनेटर बर्नी सैंडर, जिन्हें डेमोक्रेटिक पार्टी ने राष्ट्रपति पद की उम्मीदवारी के लिए नामित किया था, वह भी बढ़ईगीरी कर चुके थे। शहीद उधम सिंह ने भी ब्रिटेन में बढ़ई का पेशा अपनाया। भारत के एक राष्ट्रपति भी जीवन के शुरुआती दिनों में बढ़ई थे। तब की प्रधानमंत्री इंदिरा गांधी ने उनसे कहा कि मुझे अपनी कैबिनेट का विस्तार करना है। एक झटके में वे समझ नहीं पाए और जवाब दे गए कि मैंने तो वह काम बहुत पहले छोड़ दिया है। इंदिराजी अचंभित हुईं, पर तब तक राष्ट्रपतिजी को कैबिनेट यानी मंत्रिमंडल समझ में आ चुका था।

तो मित्रो, बढ़ई परंपरा का एक बेहद ही यशस्वी, समृद्ध, धार्मिक और शास्त्रीय इतिहास है। बढ़ईगीरी क्या है? इसे सरदार साहब तफसील से बताते थे। वे मन्नर भाई के साथ मिलकर पूरी बढ़ईगीरी समझाते कि कैसे रुखाना से लकड़ी को पतला किया जाता है। चौधरा से चिकना किया जाता है। पटाली से बनी हुई वस्तु को काटकर अलग किया जाता है। बरमा, छेदा तथा छेनी का कहाँ-कहाँ प्रयोग करते हैं। बाटी से (बरमा से छेद करने के बाद) अंदर की खुदाई की जाती है। बसूला का प्रयोग लकड़ी को छीलने के लिए किया जाता है। आकृति तथा डिजाइन बनाने के लिए 'प्रकाल' की सहायता ली जाती है। 'गौंटा' का उपयोग खराद मशीन में लगी बची लकड़ी को हटाने के लिए किया जाता है। 'फरुई' लोहे का सपाट सा औजार होता है। 'तरघन' फरुई की लकड़ी के नीचे का बेस (आधार) होता है। 'बघेली' मोटी लकड़ी से बना होता है, जो कुनिया मशीन तथा फरुई के लिए सहारे का काम करता है। बघेली भी दो होते हैं—अगला बघेली और पिछला बघेली। खरैया पत्थर का बना होता है। इसका प्रयोग औजार को तेज करने के लिए किया जाता है।

इस ज्ञान, समझ और कारीगरी के भंडार सरदार साहब का हृदय बड़ा था। अपनी सीमित आय से भूखे को भोजन कराना या दान देना उनका दैनिक कार्यक्रम था। सरदार अहमद के बहुत से किस्से हैं। वे मुझे कभी उन्हें भूलने नहीं देते। ऐसा ही एक किस्सा डॉ. कुमार का है। लखनऊ के मशहूर मनोचिकित्सक डॉ. कुमार उन दिनों अकसर इस फर्नीचर कारखाने में आते थे। कोई जरूरी नहीं

है कि मैं डॉक्टर कुमार का पूरा नाम बताऊँ। बस इतना समझ लीजिए कि डॉ. कुमार का अतीत सिंधु घाटी की सभ्यता की तरह गौरवशाली और वर्तमान किसी बिगड़े रईस की तरह का संभ्रांत था।

डॉ. कुमार खानदानी कायस्थ थे और अच्छी उर्दू लिख-पढ़ लेते थे। अंग्रेजी पर भी उन्हें अधिकार हासिल था। पर बोलते इतना कि सामनेवाले के पास सुनने के अलावा कोई विकल्प नहीं होता। उनसे डॉक्टरी हो नहीं पा रही थी। इसलिए उन्हें शायरी का शौक चढ़ा। उन्होंने मनोरोगियों के लिए एक क्लीनिक खोला था। धीरे-धीरे वहीं चार बेड भी पागलों के लिए लगा दिए। एक दिन डॉ. साहब ने वहाँ भर्ती पागलों को अपनी नवप्रसूत कविता सुनानी शुरू की। पर पागल इस कदर पागल नहीं थे कि उनकी कविता झेल लेते। चारों पागलों ने मिलकर डॉ. साहब की पिटाई कर दी। थाना-पुलिस हुआ। डॉ. साहब ने पागलों को अपने क्लीनिक से भगा दिया। उसके बाद फिर कभी उन्होंने पागल भर्ती नहीं किए। हालाँकि यह विषयांतर था, पर डॉ. कुमार की काव्य-चेतना को बताने के लिए यह तथ्य जरूरी था।

डॉ. कुमार का सरदार अहमद से जब परिचय हुआ तो वे बहुत खुश हुए। अकसर ही दोनों एक-दूसरे को चुनिंदा शेर सुनाते। उन्हीं दिनों डॉ. साहब को हिंदी कविता का कीड़ा काट गया और वे धुआँधार कविता कहने लगे, जिनमें तुक भिड़ंत ज्यादा और सार कम होता। एक दिन डॉ. साहब अपनी कोई नई रचना लिये बड़े उत्साह से आए और सरदार साहब को सुनाने लगे। सरदार साहब के चेहरे पर कई विचित्र भाव आए और गए। डॉ. कवि के जाने के बाद जब हमने सरदार साहब से पूछा कि कविता कैसी लगी तो वे बोले, "भइया, डॉक्टर साहब की रचना तो बच्चों के नर्सरी राइम की बहर पर हैं। जैसे—'हाथी को खड़ा किया खड़ा है, बाँस को गाड़ दिया गड़ा है!!' इसमें कविता कहाँ है?" सरदार अहमद की इतनी बेबाक और सटीक टिप्पणी जब डॉ. साहब को पता चली तो न पूछिए, क्या हाल हुए उनके।

आए दिन ऐसा होता कि डॉ. कुमार पर कोई मिसरा उतर आता, जिसे वे सरदार साहब को सुनाते और कहते कि आप इसका गिरह लगाकर पूरा कीजिए। जाड़े के दिन थे। कड़कड़ाती ठंड में आग जलाकर सरदार साहब पॉलिश कर रहे थे। बीच-बीच में वे आग भी तापते। डॉ. कुमार ने उन्हें देखते ही कहा,

"सरदार साहब एक मिसरा है।" सरदार अहमद ने कहा, "अता कीजिए।" डॉ. साहब बोले, "सारी रजाई जल गई, बैठे हैं तापने।" सरदार साहब ने बगैर उनकी तरफ देखे, उसी लबो लहजे में पूरा किया, "ऐसा भी चूतिया कहीं देखा है आपने!" शेर मुकम्मल हो चुका था। डॉ. साहब दाँत किटकिटाते हुए उलटे पाँव कारखाने के बाहर हो गए। और फिर कभी सरदार साहब से मिसरा पूरा कराने नहीं आए।

सरदार अहमद के ऐसे न जाने कितने किस्से मेरी स्मृति की मंजूषा में हैं। फिर एक रोज वह वक्त भी आ गया, जब सरदार साहब बस किस्सों में ही रह गए। हमने एक बेहद ही काबिल और उम्दा शख्सियत को गुमनामी के अँधेरों में खो दिया। उनके जाने के बाद उस कारखाने में उनके ठीहे की जगह कोई भी न भर सका। सरदार साहब हमारे दिलों में जिंदा हैं। आज भी जब लखनऊ जाता हूँ तो उनकी याद कदमों के साथ चलती है। शायद यही उनकी सबसे बड़ी दौलत है, जो उनके न रहने के सालों बाद भी कायम है।

□

13 देखो हमरी काशी

शंभू मल्लाह

तोहरे घाट जइहौं नाथ!

मेरा भी पाला जीवन में अजब-गजब लोगों से पड़ा। मेरे जीवन के ये वे मोती हैं, जो सिर्फ मानवीय रिश्तों के गहरे सागर में गोता लगाकर ही पाए जा सकते हैं। 'गोता' शब्द सुनते ही स्मृति मंजूषा फड़फड़ाने लगती है और आकृति बनती है शंभू की। शिव की नगरी में शंभू। शंभू मल्लाह यानी अव्वल किस्म के गोताखोर। धारा के खिलाफ नाव खेने के उस्ताद। सुबह से ही देसी लगाकर गंगा की चिंता करनेवाला गंगापुत्र। अपनी धुन के उतने ही पक्के, जितने भगवान् राम को नदी पार करानेवाले निषादराज। निषादों के आत्मगौरव से लबालब शंभू अकसर यह ऐलान करता था कि 'कोलंबस' और 'वास्को डि गामा' भी मल्लाह थे, क्योंकि वे भी नाविक थे। शंभू संगीत रसिक था। विदेशी महिला पर्यटकों में बेहद लोकप्रिय शंभू नाव चलाने के साथ ही कजरी और सोहर भी सुनाते थे। बहुत जीवट के केवट थे शंभू। वैसे तो वे नाव चलाते थे, पर घाट के

किनारे होनेवाले सारे कारोबार में उनकी दखल थी। बनारस के मशहूर अस्सी घाट पर उनकी नाव बँधी रहती। वहीं से उनका नाव संचालन होता। शंभू सरकारी रिकॉर्ड में बतौर अव्वल दर्जे के गोताखोर दर्ज थे। जैसे बिना गंगा के बनारस के घाटों की कल्पना नहीं की जा सकती, वैसे ही घाटों के किनारे बँधी नाव के बिना आप बनारस में गंगा की कल्पना नहीं कर सकते। काशी के घाटों पर पंडे और मल्लाह समान अधिकार रखते हैं। लेकिन श्मशान घाट पर पूरा अधिकार डोम का होता है। डोम यानी शवदाह करानेवाले श्मशान पुरुष।

शंभू मल्लाह की अपनी ही दुनिया थी। वे बिंदास और मुँहफट बनारसी थे। अपने को 'गंगापुत्र' कहते। बनारस में मल्लाह खुद को 'गंगापुत्र' कहते हैं। आए दिन शंभू को पुलिस ढूँढ़ती। इसलिए नहीं कि उन्होंने कोई अपराध किया होता था। वरन् इस कारण की पूर्वी उत्तर प्रदेश में कहीं भी कोई जल दुर्घटना होती, कोई पानी में डूबता या कुएँ में गिरता तो पुलिस को गोताखोरी के लिए शंभू की ही तलाश रहती। शंभू घंटों पानी में गोता लगा सकते थे। इस कला में उनके सामने बड़े-बड़े योगाचार्य फेल थे। वे एक डुबकी लगाते तो घंटा भर पानी के भीतर रह सकते थे। इस काम के लिए कौन सी साधना उन्होंने की थी, यह किसी को नहीं पता? शंभू सुबह से ही 'देसी' से तर-ब-तर रहते। उसी 'देसी' तरन्नुम में वे शहर को अपने अँगूठे पर रखते। अपना काम निकलवाने के लिए पुलिसवाले भी काम के वक्त उन्हें 'देसी' उपलब्ध करवाते थे। फिर शंभू फौरन डुबकी लगाते और पानी के भीतर से लाश या सामान बड़ी आसानी से ढूँढ़कर बाहर निकाल लाते।

दुबले-पतले, चीमड़ शरीरवाले शंभू का रंग चमकता हुआ काला था, लगभग बैंगनी। धूप में तो उनके शरीर पर आँख नहीं टिकती थी। ऊपर से वे अपने पूरे शरीर पर सरसों का तेल मले रहते। दिन भर पानी और धूप में रहने के कारण उनका रंग उम्र के साथ गाढ़ा होता जा रहा था। शंभू के इस व्यक्तित्व पर विदेशी महिला पर्यटक लट्टू रहती थीं। शंभू उन्हें अपनी नाव से घुमाते। अपना गायन सुनाते और अकसर उन्हीं के साथ रात में बजड़े पर रुक जाते। बनारस में जो बड़ी नाव होती है, उन्हें 'बजड़ा' कहते हैं, जिसमें नीचे बैठने की जगह और ऊपर छत होती है। लगभग 'हाउसबोट' की तरह। पर हाउसबोट से यह छोटी होती है। इसकी छत पर बनारसी रईस और पर्यटक गद्दा, चाँदनी और मसनद

लगा नौका विहार करते हैं। 'बुढ़वा मंगल' और 'गुलाब बाड़ी' के कार्यक्रम ऐसे ही कई बजड़ों को जोड़कर होते थे।

अस्सी और भदैनी के बीच में ही शंभू का घर था। भदैनी अस्सी के बगल का मोहल्ला है, जहाँ संस्कृत के प्रकांड विद्वान् आज भी रहते हैं। जब तुलसीदास अस्सी घाट पर बैठ 'रामचरितमानस' लिख रहे थे तो ये संस्कृत पंडित लोकभाषा में 'रामचरितमानस' लिखने के कारण उनसे इतने नाराज थे कि तुलसीदास का लिखा अकसर गंगा में फेंक दिया करते। जब तुलसीदास उधर से गुजरते तो उन पर ये पंडित ढेला, पत्थर भी फेंकते। तुलसी उस तरफ जाने से डरते, इसलिए तुलसीदास ने उस इलाके को कहा 'भयदायिनी', जो बाद में बिगड़कर 'भदैनी' बन गया। शंभू उसी 'भदैनी' में रहते थे। कवि केदारनाथ सिंह कहते थे कि भदैनी में 'सरवाइव' करना ही सरवाइव करनेवाले व्यक्तित्व के असाधारण होने की मिसाल है। बनारस में अस्सी से लेकर राजा घाट तक गंगा के किनारे निषादों की घनी बस्ती है। यहाँ रहनेवाले कोई पचास हजार से ज्यादा निषाद गंगा पर ही आश्रित हैं। उनकी रोजी-रोटी गंगा और घाट के किनारे होनेवाली गतिविधियाँ होती हैं।

शंभू बनारसी निषादों के प्रतिनिधि चरित्र थे। वे मस्ती में गाते हुए बिंदास चलते थे। उन्हें किसी की परवाह नहीं थी। काम भी अपनी मर्जी से करते। जब भदैनी से अस्सी घाट की ओर आते हैं तो रास्ते में तुलसी घाट पर संकटमोचन मंदिर के महंत वीरभद्रजी का आवास पड़ता है। महंतजी सुबह बाहर चबूतरे पर ही बैठते थे। महंत वीरभद्रजी बी.एच.यू. में 'हाइड्रोलिक इंजीनियरिंग' विभाग में प्रोफेसर थे। महंतजी तुलसीदास के बनाए अखाड़े में पहलवानी भी करते थे। वे विलक्षण गंगा-प्रेमी और बिगड़ते पर्यावरण को बचाने के वैश्विक हीरो थे। महंतजी संगीत-प्रेमी भी थे। गंगा के प्रदूषण को जाँचने की उनकी एक प्रयोगशाला भी उसी घाट पर थी। शंभू जब भी उधर से गाते हुए अपनी मस्ती में निकलते तो वह वीरभद्रजी को देखते ही संस्कृत बोलने लगते, 'अहं जानामि लक्षणम्, बीरभद्रम् प्रदूषणम्।' फिर कहते, 'बंदर की कमाई खाते हैं, वीरभद्रम् प्रदूषणम्।' मुसकराते हुए महंतजी उन्हें बुलाते, कुछ पैसे देते और वे महंतजी के पैर छूकर आगे बढ़ जाते। यह लगभग रोज का कर्मकांड था। महंतजी उनके कहे का कभी बुरा नहीं मानते थे। महंतजी के प्रति आदर प्रकट करने और उनसे कुछ पाने की उनकी यह नायाब शैली थी।

शंभू के इस अलबेले व्यक्तित्व से विदेशी पर्यटकों की उनमें बहुत रुचि थी। दुनिया जब शीतयुद्ध से जूझ रही थी, तो भी शंभू गुटनिरपेक्षता की नीति पर ही चले। यानी वैश्विक संतुलन बनाते हुए उनके अंतरंग संगी-साथी रूसी पर्यटक भी होते और यूरोपीय/अमेरिकी भी। गंगा की लहरों पर उनकी गायकी से 'फिरंगन' मंत्रमुग्ध होती थीं। शंभू ने कभी सरगम का 'स' नहीं सीखा। पर बड़े-बड़े उपशास्त्रीय गायक उनसे पनाह माँग लेते। शंभू भाषा से परे थे। उनकी अभिव्यक्ति भाषाओं की मोहताज नहीं थी। वह शब्दों की परिधि से बाहर जा अजब किस्म का विस्तार पा गई थी। शंभू कभी स्कूल नहीं गए, पर अंग्रेजी, स्पेनिश, इटालवी, फ्रेंच, जापानी और थाई लोगों से आराम से संवाद कर लेते। शरीर के लोच, आँखों की भंगिमा और हाथ के इशारे से शंभू ने अभिव्यक्ति की जो बेजोड़ भाषा गढ़ी थी, अगर उसका आकलन करना होता तो भाषा वैज्ञानिक जॉर्ज ग्रियर्सन भी नहीं कर पाते। शंभू अपनी पूरी बात इसी भाषा से संप्रेषित कर लेते—'नैंकु कही बैननि, अनेक कही नैननि सौं, रही-सही सोऊ कहि दीनी हिचकीनि सौं॥' यानी कुछ आँखों से, कुछ इशारों से और बाकी बची हिचकियों से।

बनारस में देशी-विदेशी पर्यटकों को डील करने की मल्लाहों की अलग भाषा होती है। घाट पर पर्यटक को देखते ही इंतजार कर रहे नाविक लाल, पीला, हरा और नीला उनके कपड़े का रंग बोलते हैं। जो पहले बोलता है, उसी का हक उस पर्यटक पर होता है। फिर उसे घुमाने का जिम्मा उसका। इनकी भाषा भी कूट होती है। मालदार पर्यटक है तो साथी बोलते हैं, 'धौंक दअ'। पैसेवाला नहीं है तो नाविक अपने साथियों को बताता है, 'लिंगड या झंडू' है।

शंभू जितने देशी मूल के प्रति भावुक थे, उससे कहीं अधिक विदेशी मूल के प्रति। राजनीति में विदेशी मूल का मुद्दा तो अब आया, मगर बनारस के मल्लाह बिरादरी के बीच कभी यह कोई मुद्दा नहीं रहा। लगभग हर घाट पर आपको दो-चार नाविक मिल जाएँगे, जिनकी ससुराल फ्रांस, इटली, स्पेन और जापान में होगी। बनारसी नाविक नाव खेत-खेते कब विदेशी महिलाओं की जिंदगी की नाव खेने लगते हैं, यह पता ही नहीं चलता। मालूम तभी चलता है, जब उनकी शादी हो जाती है। फिर वह छह महीना उस देश में रहता है, जहाँ की युवती से विवाह करता है और छह महीना स्वदेश में। 'वसुधैव कुटुंबकम्'

में आस्था रखनेवाले ऐसे दर्जनों केवट मेरे परिचित हैं। कई तो विदेश में ही बस गए हैं। वे बनारस कभी-कभार आते हैं। राजा घाट के 6-7 निषाद ऐसे हैं, जो जापानी महिला से शादी कर वहीं बस गए। दरअसल ये विदेशी महिलाएँ अपने देश के सामाजिक रिश्तों के खोखलेपन से इतनी ऊबी हुई होती हैं कि उन्हें यहाँ रिश्तों का स्थायित्व रास आता है, इसलिए यहाँ विवाह का आकर्षण कायम है। यह भी जानना जरूरी है कि कभी किसी विदेशी महिला के साथ निषादों की छेड़छाड़ या ठगने की खबर नहीं आई। पंडों की बदसलूकी की खबरें तो आपको अकसर मिलेंगी, पर निषादों की नहीं।

शंभू मेरे दोस्त थे, अजीज थे। इसकी वजह थी कि बनारस के मेरे घर में भी एक कुआँ था। मैं बचपन में ढेर सारा सामान इसी कुएँ में फेंक देता था। शायद पानी में सामान गिरने से जो 'झम्म' की ध्वनि होती थी, वह मेरे लिए बहुत आकर्षक होती थी। माँ बताती थीं कि छुटपन में मैं उनकी नजरें छुपा जो कुछ मिलता, कुएँ में फेंक देता। मेरी इस आदत से परेशान होकर कुएँ पर दरवाजा लगवा दिया गया। यह संयोग ही था कि वक्त के साथ जब मैं बड़ा हुआ तो कुएँ की सफाई का जिम्मा मेरे पास ही आया और मुझे ही शंभू को बुलाना पड़ा। शंभू हमारे कुएँ की सफाई करते रहे, क्योंकि शहर में कुएँ की सफाई में तब शंभू अकेला नाम था। शंभू के दो बेटियाँ थीं और एक बेटा मोहन, जो आज भी शायद नाव चलाने के अपने पुश्तैनी पेशे में है।

नृतत्वशास्त्री मानते हैं कि भारतीय धरती के आदि मालिक निषाद ही थे। बाद में भाषाविदों ने मूल संज्ञाओं के अध्ययन में यह पाया कि भारतीय मन के संस्कारों पर निषाद संस्कृति की गहरी छाप है। कुबेरनाथ राय लिखते हैं कि 'निषाद, द्राविड़, आर्य और किरात—ये चार प्राचीन भारतीय जाति कुल ही हैं। इनमें निषाद अग्रज हैं। लेकिन निषादों का इस तरह आर्यकरण हुआ कि पहचान असंभव है। इनमें भी गंगातीरी निषादों को स्वयं राम ने पावन कर दिया था। आर्य-निषाद मिश्रण महाभारत काल में भी स्वीकृत था। द्वैपायन कृष्ण व्यास इस समन्वय के प्रतिनिधि हैं।'

पूर्वी उत्तर प्रदेश के गंगातीरी निषादों के सात कुल पाए जाते हैं—केवट, चाँई, बथवा, धीवर, तीयर, सोरहिया और मुंडार। श्रृंगवेरपुरवाले निषाद शायद केवट रहे होंगे तभी तो तुलसी ने लिखा—'माँगी नाव न केवट आना।'

नृतत्वशास्त्री कुछ और दूर तक जाते हैं। उनका मानना है कि धान की खेती का श्रीगणेश निषादों ने किया। उन्होंने ही पहले-पहल गंगातटों पर जंगल साफ कर खेती की शुरुआत की। भाषाविज्ञानी मानते हैं, कंदली, नारिकेल, ताल, तांबूल, बैंगन, लौकी, निंबुक आदि शब्दों का उत्स निषादों की भाषा से होता है। प्रसिद्ध भाषाविद् सुनीत कुमार चटर्जी मानते थे कि निषाद चंद्रमा की कलाओं के आधार पर काल गणना करते थे। वे ही घास-पात के पहले जानकार थे। औषधियों के चंद्रमा से संबंध की कल्पना शायद सबसे पहले निषादों ने की होगी।

शंभू उस महान् परंपरा के प्रतिनिधि थे, जिसने भगवान् राम को पार लगाया था। शास्त्रों में निषाद, मल्लाह, माँझी और केवट एक ही जाति हैं। सबका काम नाव चलाना था। निषाद एक प्राचीन अनार्य वंश है। निषाद (निः यानी जल और षाद मायने शासन) का अर्थ है—'जल पर शासन करनेवाला'। प्राचीन काल में जल, जंगल और खनिज के यही मालिक थे। आर्यों के आने से पहले इन्हीं का शासन था। निषादों के बहुत सारे दुर्ग और किले थे, जिन्हें आमा, आयसी, उर्वा, शतभुजी और शारदीय आदि नामों से जाना जाता था। इलाहाबाद से 40 किलोमीटर दूर गंगा किनारे 'शृंगवेरपुर' में निषादराज गुह का किला आज भी मौजूद है। गंगा के इस पार 'सिंगरौर' है। भगवान् राम को जब वनवास हुआ तो वे सबसे पहले तमसा नदी पहुँचे, जो अयोध्या से 20 कि.मी. दूर है। इसे पार कर उन्होंने गोमती नदी पार की और तब इलाहाबाद से कोई 20-22 किलोमीटर दूर वे शृंगवेरपुर पहुँचे, जो निषादराज गुह का राज्य था। यहीं पर गंगा के तट पर उन्होंने केवट से गंगा पार कराने को कहा था। कहते हैं कि निषाद राज अपने पिछले जन्म से ही वह प्रभु श्रीराम का भक्त था। 'वाल्मीकि रामायण' और तुलसी के 'रामचरितमानस' दोनों में केवट का बड़ा सुंदर प्रसंग है। पहले तो केवट राम को पाँव पखारे बिना नाव पर चढ़ाने को राजी नहीं होता। फिर जब चढ़ाकर नदी पार करा देता है तो फिर राम से पारिश्रमिक लेने को राजी नहीं होता। उसकी दलील होती कि हे प्रभु, मैंने आपको नाव से इस पार उतारा है, अब आप मुझे इस भवसागर से उस पार उतारें। यही मेरा दाम है, क्योंकि कहीं नाई-नाई से और धोबी-धोबी से पैसा नहीं लेता। समानधर्मी लोगों के बीच क्या लेना-देना? राम ने वनवास की पहली रात निषादराज के यहाँ ही बिताई थी।

निषादों की सबसे गौरवशाली संज्ञा है—तीर्थंकर। बुद्ध और महावीर को भी 'तीर्थंकर' कहा जाता है। 'तीर्थंकर' अत्यंत गहन अर्थपूर्ण संज्ञा है। तीर्थ का अर्थ है—घाट और तीर्थंकर का अर्थ है—मल्लाह, जो इस पार से उस पार ले जाएँ, वह तीर्थंकर हैं। यानी जो उस पार को जानता है, वही ले जा सकता है। कहते हैं, जब गौतम को बोध हुआ तो वे मौन हो गए। क्या मिला? कैसे बताऊँ? बताऊँगा तो कौन समझेगा? देवताओं ने उन्हें धिक्कारा…स्वार्थी मत बनो गौतम! तुम्हें मिला तो सबको पार कराओ। तुम देवता नहीं, तीर्थंकर हो गौतम! तो मेरे शंभु भी इस लिहाज से तीर्थंकर थे।

निषाद स्मृतियों में राम गहरे पैठे हैं। वह राम के तीर्थंकर जो हैं, फिर भी निषाद गाते हैं—'तुम केवट भवसागर के, रे नदी नाव के हम बहुतेरे।' अपने शंभू भी उन्हीं निषादराज की कहानी से प्रभावित थे। वे अपने को भगवान् राम का समानधर्मा मानते थे। उनकी दलील थी कि भगवान् लोगों को भवसागर पार कराते हैं और वह नदी पार कराता है। दोनों का काम एक ही है। दोनों सहकर्मी हैं। यानी शंभू वही काम कर रहे हैं, जो भगवान् करते हैं। अकसर वे स्वर में गाने लगते—

जात-पात न्यारी हमारी ना तिहारी नाथ,
कहबे को केवट हरि निश्चय विचारिहौं,
तूँ तो उतारो भवसागर परमारथ कौ,
मैं तो उतारूँ घाट सुरसरि किनारिहौं,
नाई से न नाई लेत, धोबी न धुलाई लेत,
तो सौं उतराई ले कुटुंब से निकारिहौं,
जैसे प्रभु दिनबंधु तुमको मैं उतारयों नाथ,
तेरे घाट जहियौं नाथ मौकूँ भी उतारिहौं!

बाद में यह पद पं. छन्नू लाल मिश्र भी केवट के प्रसंग में गाने लगे। पर बनारसियों ने इसे शंभू के मुँह से ही सुना है, यह पद गाते-गाते शंभू टेढ़े हो जाते। कहते—"हमार भगवान् से सीधा संबंध हौउ, तू का उखाड़ लेबा।" जब वे ताव में आते तो कहते, "चार वेदों की रचना करनेवाले वेदव्यास निषाद था। कश्यप वंश के ही राजा बलि, विलोचन और प्रह्लाद निषाद थे। 'माउंटेन मैन' दशरथ माँझी निषाद थे। दुनिया का सबसे बड़ा धनुर्धर एकलव्य निषाद था। मोहनजोदड़ो, हड़प्पा की खुदाई करनेवाले दयाराम साहनी निषाद थे।" शंभू तो

रानी लक्ष्मीबाई को भी निषाद बताते। विदेशियों से कहते, "कोलंबस और वास्को डि गामा भी निषाद थे। नाथ पंथ का प्रचार करनेवाले गुरु मच्छेंद्र नाथ निषाद थे।" ऐसा कह वे जोर से जयकारा लगाते—'अलख निरंजन'।

शंभू के इन दावों के पीछे शास्त्रों की दुनिया है। ऋग्वेद और ऐतरेय ब्राह्मण में निषादों का जिक्र विस्तार से है। भारत में निषादों की 578 उपजातियाँ मिलती हैं। वाल्मीकि ने तो अपने पहले ही श्लोक में 'निषाद' का इस्तेमाल किया है। महाभारत के रचनाकार वेदव्यास की माँ निषाद कन्या थीं। 1891 के सामुदायिक जनगणना के आधार पर आर.बी. रसेल व हीरालाल ने 1916 में 'दि ट्राइब्स एंड कास्ट्स ऑफ सेंट्रल प्रोविंसेज' किताब लिखी। किताब के भाग-1 के अंतिम हिस्से में छपी 'ग्लोसरी' में जातियों का शब्दकोश है, उसके पेज 388 पर माँझी को केवट का पर्यायवाची व मझवार को केवट तथा बोटमैन में सम्मिलित कहा गया है।

इतने मस्तमौला, काबिल व जिंदादिल शंभू का जीवन दुःखांत था। नियति की चालबाजी देखिए, पूर्वी उत्तर प्रदेश का यह सर्वश्रेष्ठ गोताखोर एक रोज कुएँ में डूबकर मर गया। बनारस में कमच्छा से रेवड़ी तालाब जानेवाली सड़क पर जो कुआँ था, वही उनकी मौत का सबब बना। एक चोर उस कुएँ में चोरी का सामान फेंक भाग गया। पुलिस ने सामान की बरामदगी के लिए शंभू को कुएँ में उतारा। कुएँ में जहरीली गैस थी। शंभू के जीवन का यह आखिरी गोता था। इस बार शंभू कुएँ से सामान लेकर नहीं निकले। तालाब और नदी में तैरनेवाला शंभू कुएँ में डूबकर मर गया। गलती पुलिस की थी, कुएँ में गैस जाँचे बिना शंभू को कुएँ में उतार दिया था। जनता में गुस्सा था। कमच्छा की सड़क जाम हुई। प्रशासन ने शंभू के परिवार को दस हजार रुपए की मदद की। बनारस के इस इतिहास पुरुष की जान की कीमत बहुत सस्ती आँकी गई।

शंभू के इस अंतिम गोते को जानने के बावजूद मेरी स्मृतियों में वे अब भी तैर रहे हैं। गाते हुए मुसकरा रहे हैं। उनके जीने का अंदाज अनोखा था। आनंद फिल्म के राजेश खन्ना की तरह 'बाबू मोशाय…जिंदगी बड़ी होनी चाहिए, लंबी नहीं।' मेरी नजर में शंभू मल्लाह इसी फलसफे के जीते-जागते प्रतीक थे। उन्होंने जिंदगी को जीकर दिखाया। साबित किया कि जिंदगी को बड़ी करना खुद इनसान के ही हाथ में है।

□

14 देखो हमरी काशी

सलाम चचा और हीरा लाल वाल्मीकि

सफाई चाहती है दुनिया!

सलाम चचा पूरे मोहल्ले के चाचा थे। गंदगी के शत्रु और रहस्यमय व्यक्तित्व। मैं पूरी अकीदत के साथ उन्हें सलाम करता हूँ। बरसों तक उनकी गोल-गोल आँखों से ही मैं उन्हें पहचानता रहा, क्योंकि मुँह और नाक पर वे हमेशा गमछा बाँधे रहते थे। साफ-सफाई के औजार सँभाले उनकी गंदगी ढूँढ़ती आँखें ही सिर्फ हमें दिखाई पड़ती थीं। जाड़ा, गरमी और बरसात कोई भी महीना हो, सलाम चचा सुबह सात बजे ही ड्यूटी पर आ जाते। उनके कंधे पर टँगी मशक हमारे कौतुक का कारण होती। बहुत दिनों तक मुझे मशक कोई जानवर जैसी चीज समझ पड़ती थी। मशक में सरकारी नल से पानी भरने की समूची प्रक्रिया हमारी उत्सुकता के केंद्र में होती थी। चचा नालियों की सफाई को काम की तरह नहीं, बल्कि धर्म की तरह करते थे। मशक में पानी भरने के उनके कर्मकांड को मेरी जिज्ञासा शुरू से अंत

तक निहारती रहती। कंधे पर मशक टाँगे, गमछे से मुँह बाँधे सलाम चचा हमें कोई जादूगर-से लगते थे।

सलाम चचा भिश्ती थे। नालियों की सफाई उनका काम था। उनकी मशक कौतूहल जगाती थी। अगर आप किसी बड़े बकरे को उलटा कर कंधे पर टाँग लें तो वह मशक की शक्ल में ही दिखेगा। इसी मशक की धार से पानी डाल सलाम चचा मोहल्ले की गंदी बजबजाती नालियों को फौरन चमका देते। मशक पानी ढोनेवाला चमड़े का बड़ा थैला होता था, जो बकरे की खाल से बनता था। उसे लीकप्रूफ बनाया जाता था। विकास की रोशनी जब मोहल्ले पर पड़ी तो नालियाँ अंडरग्राउंड हो गईं और सलाम चचा भी तसवीर से गायब हो गए। उस वक्त तक बनारस में कुल अस्सी भिश्ती नगर महापालिका के रिकॉर्ड पर दर्ज थे, जिनके जिम्मे शहर की गंदी नालियों की सफाई थी। विकसित होते शहर में सन् 1997 से भिश्ती और मशक को बनारस नगर निगम ने काम से हटा दिया। लेकिन सलाम चचा भिश्ती प्रणाली के बंद होने से पहले ही रिटायर हो गए थे। पीढ़ियों से भिश्ती का काम कर रही यह जमात अब बेरोजगार हो गई। सलाम चचा के परिवार के लोग गधे पालने लगे। आप हतप्रभ हो सकते हैं कि बनारस की पतली-पतली गलियों में कूड़ा और मलबा उठाने के लिए गधे बतौर कर्मचारी रखे जाते थे या यों कहिए कि जिन लोगों के पास गधा था, वे अपने गधे की वजह से नगर निगम में नौकरी पा जाते थे। उन्हें तनख्वाह के रूप में गधे की खुराकी भी मिलती थी, जिसे उसके मालिक की तनख्वाह में शामिल कर दिया जाता था। घटते-घटते दो गधे कर्मचारी के तौर पर वहाँ आज भी नौकरी पर हैं।

अकसर सलाम चचा मोहल्ले की सफाई के बाद मेरे घर के चबूतरे पर आकर बैठ जाते। अम्मा उन्हें चाय भिजवातीं। कभी-कभी उनका खाना-पीना भी हमारे यहाँ ही होता था। सलाम चचा पुश्तों से भिश्ती का काम करते थे। पर वे बातचीत नफीस करते। साफ-सुथरे आदमी थे। हर किसी की मदद को हमेशा तत्पर रहते। मुझे बचपन में यह सवाल हमेशा परेशान करता था कि सारे मोहल्ले को साफ-सुथरा रखनेवाले सलाम चचा शहर के बाहर गंदी बस्ती में तमाम वंचनाओं के साथ क्यों गुजर-बसर करने को मजबूर थे?

बदलते समय के साथ समाज में भिश्ती भी वक्त की गहराइयों में गुम होता गया। आज की पीढ़ी तो शायद भिश्ती को जानती भी नहीं होगी। उसके लिए यह

यकीन करना मुश्किल होगा कि समाज में कोई ऐसा भी आदमी रहा होगा, जो चमड़े के थैले में पानी का परिवहन करता था। वह चौराहों पर पानी भी पिलाता था। शादी-ब्याह में पानी लाने की जिम्मेदारी उसी की होती। भिश्ती उत्तर भारत और पाकिस्तान में पाई जानेवाली मुसलिम जनजाति थी। इनका मूल काम मशक से पानी ढोना था। मध्यकाल में सैनिकों को पानी पिलाने और पानी ढोनेवालों को 'भिश्ती' कहा गया। और तभी से यह शब्द पूरे मध्य एशिया और दक्षिण एशिया में प्रचलित हुआ। भिश्ती फारसी शब्द 'बहिश्त' से बना है, जिसका अर्थ 'जन्नत' होता है। पुराने जमाने में यह कहा जाता था कि लोगों की प्यास बुझानेवाला बिहिश्त यानी स्वर्ग जाएगा, इसलिए इनका नाम 'भिश्ती' पड़ गया। ज्यादातर भिश्ती अरब क्षेत्र के अब्बासी समुदाय से आते थे। अब्बासी समाज की पूरे देश में कोई साढ़े चार करोड़ व उत्तर प्रदेश में दो करोड़ की आबादी है। कुछ इतिहासकारों का मानना है कि भारत में भिश्तियों का आगमन मुगल सेनाओं से साथ हुआ था और वहीं से ये पूरे भारत में फैल गए।

भिश्तियों के साथ-ही-साथ मशक भी अब इतिहास की चीज हो गई है। मशक की बनावट रोचक थी। मशक अलग-अलग आकारों में बनती थी। छोटी मशकें हाथ में उठाई जाती थीं। बड़ी मशकें कंधे पर टाँगी जाती थीं। बड़ी मशक ले जानेवालों को 'माश्की' कहते थे। सलाम चचा की तरह भिश्ती हर काल में लोगों को राहत देने और मदद पहुँचानेवाली बिरादरी मानी गई। युद्ध में हारते हुमायूँ की जान एक भिश्ती ने ही बचाई थी। 1539 में बक्सर के चौसा में मुगल बादशाह हुमायूँ और अफगानी शासक शेरशाह के बीच युद्ध हुआ। इस युद्ध में हुमायूँ की हार हुई, वह जान बचाने के लिए गंगा में कूद गया। हुमायूँ तैरते-तैरते थक गया। उसे लगा कि वह अब डूब जाएगा, तभी उसकी नजर एक नाविक पर पड़ी। हुमायूँ ने नाविक से मदद की गुहार लगाई। नाविक निजाम नाम का एक भिश्ती था। नाविक ने हुमायूँ की जान बचा ली, जिसके बाद हुमायूँ ने जान बचानेवाले नाविक 'निजाम' को एक दिन के लिए राजा बनाने का वादा किया। बाद में उसे बनाया भी।

भिश्ती और मशक की यह रोचक दास्तान लंबी और ऐतिहासिक है। पुरानी दिल्ली की गलियों में आज भी पीठ पर मशक उठाए लोग मिल जाते हैं। यह भिश्तियों की आखिरी पीढ़ी हो सकती है। इन्हें देखकर Rudyard Kipling की कविता 'Gunga Din' की याद आती है। जिसे सैनिकों की मदद के लिए

भेजा गया था, लेकिन सैनिकों ने उससे बेहद बुरा बरताव किया। मारपीट की, लेकिन जब सैनिक युद्धभूमि में अंतिम साँसें ले रहे थे तब गंगा दीन ने उन्हें पानी पिलाया। किपलिंग लिखते हैं—

Though I've belted you and flayed you,
By the livin' Gawd that made you,
You're a better man than I am, Gunga Din!

वाटर कैरियर्स या वाटर सेलर्स की यह दास्तान भारत के पुराने शहरों में ही नहीं, बल्कि दुनिया के अन्य हिस्सों में भी मिलती है। 17वीं सदी में थेम्स से पानी उठाकर पाइप में डालने की तकनीक आने तक वाटर सेलर्स लंदन को पानी देते थे।

पेरिस के वाटर कैरियर्स के इतिहास में भी सलाम चचा की झलक मिलती है। यूरोपीय कला में निओक्लासिज्म के प्रवर्तक एडमे बूचार्डन के मशहूर चित्रों में पेरिस के वाटर कैरियर्स की कई रोचक छवियाँ देखी जा सकती हैं। 17वी-18वीं सदी में पेरिस के पास बहनेवाली नदियाँ बुरी तरह प्रदूषित थीं। उनका पानी पीने लायक नहीं था यह मुनादी की जा चुकी थी। पेरिस की तुलना में फ्रांस के उत्तरी शहरों में कुओं का प्रचलन था। इसलिए पानी की दिक्कत वहाँ कम थी। आफत तो सात लाख पेरिसवासियों के लिए थी, जिन्हें शहर के सार्वजनिक फाउंटेन से पानी लेना होता था। पानी के लिए लंबी लाइनें लगती थीं। यहीं वाटर कैरियर के कारोबार का जन्म होता है। मजबूत शरीर, कंधे पर बहँगी, उसमें दो बड़ी-बड़ी बाल्टियाँ और वाटर कैरियर का लाइसेंस, यही थे पेरिसियन वाटर कैरियर।

बाद में इन्हें चमड़े की मशक या बाल्टियाँ मिलने लगीं। कुछ वाटर कैरियर्स ने घोड़ागाड़ी का इस्तेमाल भी शुरू कर दिया। इस पानी से पेरिस के रईसों के बाथटब भरे जाते थे। वहाँ भी वाटर कैरियर्स का पेशा पुश्तैनी था, भारत के भिश्तियों की तरह। पिता अपने पुत्र को लाइसेंस व कारोबार सौंपता था। लगातार पानी ढोने के कारण इनकी पीठ पर कूबड़ निकल आते थे, पैरों की नसें फूल जाती थीं। ऑक्युपेशनल मेडिसिन के प्रवर्तक इतालवी फिजीशियन बेर्नाडिनो रमाज्जनी के मशहूर अध्ययन *De Morbis Artificum Diatriba [Diseases of Workers]* यानी कामगारों की बीमारी में इन वाटर कैरियर्स की शारीरिक दशा के उल्लेख मिलते हैं।

पेरिस की तरह चीन में भी वाटर कैरियर शहर के कुओं से पीने का पानी लाकर लोगों को बाँटते थे। क्विंग साम्राज्य के दौर में यह पेशा काफी मजबूत था। इसकी जड़ें समाज में खासी गहरी थीं। इनके अपने इलाके बँटे होते थे। यहाँ के सामाजिक ताने-बाने पर वाटर कैरियर्स का बहुत गहरा असर था। यह अपने इलाकों के सामुदायिक फैसलों को प्रभावित करते थे। 20वीं सदी के पहले दशक में कुआँ खोदने की जापानी तकनीक आने और पानी को लेकर स्वास्थ्य संबंधी नए नियम बनने के बाद यही वाटर कैरियर वाटर लॉर्ड्स बन गए और पाइप से पानी देनेवाली कंपनियों को चुनौती देने लगे। तत्कालीन शासन को बार-बार दखल देकर यह विवाद निबटाने पड़ते थे।

हम इतिहास में भटक गए। चलिए, इस दास्तान के मूल पात्र सलाम चचा के पास वापस। चचा के भीतर गजब की विवेचना शक्ति थी। धार्मिक और सामाजिक विवादों पर वे दार्शनिक दृष्टि रखते थे। अपने सफाई कर्म पर उन्हें कभी कोई हीनभावना नहीं थी। वे पचास के हो गए थे, पर बदन पर कोई झुर्री नहीं थी। चचा मुद्दों पर तनकर बात करते थे। वास्तव में वे सफाई को कोई पाप या नापाक कर्म नहीं मानते थे। उनकी दलील होती, 'हम गंदगी के दुश्मन हैं। ऊपरवाले ने हमें इस काम पर लगाया है।' वे मानते थे कि सफाई ही ईश्वर तक पहुँचने का रास्ता है। चचा अकसर कबीर का कहा दुहराते, 'नहाए-धोए क्या भया, जो मन मैल न जाय। मीन सदा जल में रहे, धोए बास न जाय।'

स्वभाव से सलाम चचा बेहद सहज और विनम्र थे। हालाँकि बनारस में सफाईकर्मियों में भी गजब का ताव होता है। जब वे सफाई के काम में लगे होते हैं, उस वक्त काशी नरेश की सवारी भी सामने आ जाए तो भी हटते नहीं हैं। इसकी झलक आचार्य शंकर ने भी इस शहर में देखी थी। उनकी आँखें भी एक सफाईकर्मी ने ही खोली थीं। 'अद्वैत' के प्रतिपादक शंकराचार्य को 'अद्वैत' का असली ज्ञान बनारस में ऐसे ही सफाईकर्मी से हुआ। तब तक शंकराचार्य भी मनुष्य-मनुष्य के बीच भेद, दूरी और छुआछूत के चक्रव्यूह का साधन बने हुए थे। एक दिन आचार्य शंकर बनारस में गंगा स्नान कर लौट रहे थे। ब्रह्ममुहूर्त का वक्त था। नगर की सफाई के इंतजाम में लगा एक सफाईकर्मी झाड़ू के साथ सड़क की सफाई कर रहा था। बीच रास्ते में सफाईवाले को देख जगद्गुरु का मन अरुचि से भर उठा। वे आदेशात्मक ढंग से बोले, "मार्ग से दूर हटो।"

सफाईवाला भी पहुँचा हुआ बनारसी था। बोला, "महाराज, देह से देह को दूर करना चाहते हैं या आत्मा से आत्मा को? यदि पहली बात है, तो देह जड़ है, महाराज! उससे दूर क्या, पास क्या? और अगर दूसरी बात ठीक है तो महाराज, आत्मा एक है। फिर एक से दूसरे की दूरी कैसी?" शंकराचार्य की आँखें खुल गईं। ज्ञान का जो सार उन्हें बड़ी-बड़ी पुस्तकों, भ्रमण और साधना से न मिल सका, उसे एक सफाईकर्मी ने दे दिया था। उसके बाद ही शंकराचार्य ने अद्वैत को नई रोशनी में देखा।

मैं खुशनसीब हूँ कि शंकराचार्य को रास्ता दिखानेवाले इस समाज को मुझे बेहद करीब से देखने और समझने का मौका मिला। बनारस में सलाम चचा थे तो लखनऊ पहुँचने पर मुझे हीरालाल वाल्मीकि मिले। बहुत ही विनम्र और यारबाज। अपने इसी स्वभाव से हीरालाल वाल्मीकि मेरे बृहत्तर परिवार के सदस्य बन गए। लखनऊ के मेरे घर के बाहर डाली बाग की उस सड़क की सफाई का जिम्मा हीरालाल के पास था, जो सूबे में पुलिस के सबसे बड़े हॉकिम डी.जी.पी. के दफ्तर से गोमती नदी तक जाती। नींद खुलते ही सुबह-सुबह जब मैं अपने गेट के पास अखबार लेने जाता तो सबसे पहली मुलाकात इन्हीं हीरालाल से होती। पहले मेरे लिए यह रहस्य था कि रोज नमस्कार करनेवाले आखिर ये सज्जन हैं कौन? बाद में पता चला, ये हीरालाल हैं, नगर निगम के सफाईकर्मी। फिर जैसा होता है कि रोज-रोज की 'जय रम्मी' से वे हमारी मित्रमंडली में शामिल हो गए। सुबह मैं अकसर लॉन में बैठकर अखबार पढ़ता। इस बीच वे सफाई का अपना काम पूरा कर मेरे पास आते। हाल-चाल होता। एक प्याली चाय पीते और मोहल्ले भर की खबर बताते, फिर चले जाते। बदले में आए दिन वे सफाई के बाद सड़क पर मेरी तरफ वाली पटरी और गेट पर चूना छिड़कवा देते। चूने की यह लाइन अकसर सरकारी समारोह और विवाह आदि में ही दिखाई पड़ती, जो मेरे यहाँ हीरालाल रोज करा देते थे। मेरे घर पर हर पखवाड़े कोई-न-कोई उत्सव मनाया ही जाता था। सो हीरालाल सड़क और पटरी हमेशा चमकाकर रखते।

यह बात साल 2002 की होगी। 27 सितंबर को मेरा जन्मदिन होता है। 26 की रात बच्चों और मित्रों ने भोजन-भात रखा। सोते-सोते देर हुई तो 27 की सुबह देर तक सोता रहा। नींद खुली तो बैंड की आवाज से। मैं अचकचाया।

आखिर सवेरे-सवेरे यह बैंड-बाजा कहाँ से? मेरा सरकारी घर लबे सड़क था। सामने की सड़क ही भैंसाकुंड (लखनऊ का श्मशान घाट) जाती थी। मुझे लगा, कोई पुण्यात्मा गत हुई और उन्हें गाजे-बाजे के साथ ले जाया जा रहा है। लेकिन बैंड की आवाज कम होने के बजाय लगातार बढ़ती जा रही थी। तब पता चला कि यह आवाज तो मेरे घर से ही आ रही है। बाहर आकर मैंने 'ड्राइव वे' में जो कुछ देखा, उससे हतप्रभ था। 'ड्राइव वे' के दोनों ओर कतार से वरदीधारी बैंड पार्टी के पाँच-पाँच लोग खड़े थे और बीच में हीरालाल वाल्मीकि एक छड़ी ले जुबिन मेहता की तर्ज पर उन्हें निर्देशित कर रहे थे। धुन थी—'तुम जिओ हजारों साल, साल के दिन हों पचास हजार।' मैं कुछ समझता, इससे पहले हीरालाल एक बुके लेकर मेरी ओर बढ़े। मेरी आँखों में आह्लाद के आँसू थे। दिल हीरालाल के लिए धड़क रहा था और हीरालाल मेरे गले से लिपटे हुए थे।

उसी रोज मुझे पता चला कि नगर निगम में सफाईकर्मियों का भी कोई बैंड होता है। हीरालाल उसके बैंडमास्टर थे। पर्व, प्रयोजन और शादी-ब्याह के लिए इस बैंड की बुकिंग होती थी। बैंड पार्टी के सभी सदस्यों को मैंने जलपान कराया, रात का केक खिलाया। हीरालाल के इस असीम स्नेह ने उन्हें मेरे बृहत्तर परिवार का अभिन्न सदस्य बना दिया। वे वाल्मीकि समाज के नेता भी थे। अब भी वे मेरे जीवित संपर्कों में हैं। उनकी कथा लिखने से पहले मैंने उनके कुशल-क्षेम के लिए फोन किया। उन्होंने बताया, "बुजुर्ग हो गया हूँ। घर पर ही रहता हूँ। गुरुजी, कोई आदेश हो तो बताइए?" मैंने कहा, "कोई वजह नहीं। कोविड काल में हाल-चाल के लिए फोन किया था। आपकी याद आ गई।" हीरालाल पुरानी यादों में खो गए।

लखनऊ से जब मैं दिल्ली आया तो एक रोज हीरालाल का संदेश मिला, 'बेटी की शादी है, आपको जरूर आना है।' बिना मुझे सुने हीरालाल आने की जिद पर अड़े रहे। मैं गया भी। व्यस्तता ज्यादा थी। एक जहाज से गया, दूसरे से आया। हवाई अड्डे पर मित्र नवीन तिवारी मुझे लेने आए। उन्होंने पूछा, "यकायक आना हुआ, कोई जरूरी काम है क्या?" मैंने कहा, "जी, चलिए, इंदिरानगर चलना है।" वहाँ पहुँचकर उन्होंने पूछा, "अब कहाँ?" मैंने कहा, "वाल्मीकि बस्ती में।" वे मेरे जवाब से थोड़े चौंके। बस्ती में पहुँचते हीरालाल मिले। गले से लग गए। आतिथ्य की उत्तेजना में उन्हें समझ नहीं पड़ रहा था

कि मुझे क्या खिला दें, क्या पिला दें? वे कुछ पूजा-पाठ में लगे थे। शायद कथा सुन रहे थे। उन्हें पूजा-पाठ में देख मैं कुछ अचंभित हुआ। हीरालाल भाँप गए। कहा, "हम भी कथा सुनते हैं गुरुजी!" फिर हीरालाल किसी वैदिक पंडित की तरह मुझे प्रवचन देने लगे।

"आप तो जानते हैं कि हमारी परंपरा में निगम, आगम और कथा परंपरा है। निगम में वेद, उपनिषद्, आरण्यक और ब्राह्मण ग्रंथ आते हैं। आगम में बौद्ध, जैन और तंत्र ग्रंथ हैं और कथा परंपरा में रामायण, महाभारत और पुराण। गुरुजी, कथा परंपरा के तीनों आचार्य दलित थे।" हीरालाल के कथन में गर्व का भाव था। "वाल्मीकि, वेदव्यास और सूतजी इन तीन दलित महर्षियों ने ही हमारे समाज को रामकथा, कृष्ण कथा और पुराण कथा दी। एक त्रेता में, दूसरे द्वापर में और तीसरे कलियुग में हुए थे। इन तीन दलित महर्षियों पर ही हमारी संस्कृति टिकी है।' पहली बार हीरालाल की विद्वत्ता के आगे मैं नतमस्तक था। शादी दिन में ही थी। भोजन के बाद हम लौट रहे थे। हीरालाल के स्नेह और ज्ञान में आकंठमग्न होकर।

पर हीरालाल का यह स्नेह मन में कई तरह के सवालों को भी जन्म दे रहा था। आखिर हम किस समाज में जी रहे हैं, जहाँ इस वर्चुअल युग में भी हमारी जातीय पहचान दो ही जगह अब बची है। पहला मंदिर और दूसरा शौचालय। हर मंदिर का पुजारी ब्राह्मण ही होगा और हर शौचालय की साफ-सफाई का काम वाल्मीकि ही करेगा। दोनों जगह जाति की जो घेराबंदी है, उसे तो टूटना चाहिए। समतामूलक समाज के लिए यह जरूरी है। ज्ञान के स्तर पर जब हीरालाल मुझसे बराबरी पर थे तो सामाजिक लिहाज से क्यों न हों!

आप जरा सोचिए, हमारे देश में 9 करोड़ से अधिक वाल्मीकि हैं। लेकिन हर शहर, संस्थान और गाँव में सफाई कर्मचारी के नाते वाल्मीकि ही क्यों मिलते हैं? दुनिया में इससे बढ़कर अभिशाप किसी और जाति को मिला है क्या? जो जनमते ही सफाई कर्मचारी बन जाएँ? पाकिस्तान की सेना ने पिछले दिनों एक विज्ञापन छापा था कि उन्हें सेना में सफाई कर्मचारी के लिए हिंदू वाल्मीकि जाति के लोग चाहिए। पता नहीं उस वक्त हिंदू धर्म की बात करनेवाले लोगों का खून खौला या नहीं?

समय बदला है, पर इस समुदाय की स्थिति नहीं बदली। मुगलों के आने

से पहले इन्हें 'मेहत्तर' यानी 'महत्तर' कहा गया। अर्थात् बड़ा काम करनेवाले। मुगलों ने इन्हें 'भंगी' बना दिया। क्योंकि कुछ और लोग समाज-व्यवस्था से टूटकर यह काम करने चले गए। इसलिए यह भंग हुआ समाज बना बाद में इन्हें 'भंगी' कहा गया। ये मेहतर बने रहे। पर बेहतर कुछ नहीं हुआ। मुक्तिबोध लिख गए हैं—'जो है, उससे बेहतर चाहिए/पूरी दुनिया साफ करने के लिए, मेहतर चाहिए।' अफसोस कि पूरी दुनिया की सफाई का हक और श्रेय रखनेवाली इस कौम का भला नहीं हुआ। न अंग्रेजों के समय में, न आजादी के बाद ही। आजादी आने के बाद भी यह जाति मैला ढोने से आजाद नहीं हो सकी है। बड़ा सवाल है कि इस दौर में जब जूता-चप्पल, लोहा-लकड़ी और सोने-चाँदी की दुकानें जातीय पहचान खो रही हैं तो फिर सिर्फ मेहतर या सफाईवाले ही जातीय पहचान क्यों बनाए हुए हैं? आखिर क्यों इस पर कोई विमर्श नहीं होता? जब-जब मुझे हीरालाल और सलाम चचा की याद आती है, यह सवाल अचानक ही मेरे जेहन को मथने लगता है। समय तमाम प्रश्नों के हल खुद करता है। उम्मीद है कि शायद एक रोज समय के रोस्टर में इस सवाल के हल की भी बारी आए।

□

15 देखो हमरी काशी

कल्लू पहलवान

श्रुतं मे गोपाय!

बनारसी मतलब घनीभूत मस्ती। यानी भीतर तक खुशी के उत्सव में डूब जाना, खो जाना, विलीन हो जाना। खुद को उत्सव से एकाकार कर लेना।... बनारस में मस्तमौला का एक पर्याय है अहीर। बनारस का अहीर धर्मभीरु है, रामलीला का नेमी है। मशहूर भरत मिलाप का रथ उसके कंधे पर चलता है। वह काशी विश्वनाथ का भक्त है। गंगा का प्रहरी है, गौ-पालक है। मलाई-रबड़ी चाँपता है। जोड़ी नाल फेरता है। उसकी अपनी बोली और गाली है। दुनिया को अपने ठेंगे पर रखता है। बहरी अलंग की सैर करता है। निछद्दम में निपटता है। (निपटना यहाँ निवृत्त होने को कहते हैं) वह लँगोट कसकर दंड पेलता है। बिरहा गाता है। नगाड़े की आवाज सुनते ही उसके पाँव थिरकने लगते हैं। उसे दीन-दुनिया की परवाह नहीं रहती। सरोतर छानता है। शब्दकोश के मुताबिक अहीर आभीर का समानार्थी है, जिसका मतलब है दूधवाला। यह द्वापर के पहले से चला रहा है।

जीवन में कुछ भी अकारण नहीं होता। बनारस और अहीर के इस वर्णन के पीछे भी एक कारण है। इस वर्णन की धारा कल्लू सरदार के अराड (तबेले) से फूटती है। कल्लू सरदार में अहीरत्व के ये सारे गुण थे। वे मेरे मोहल्ले के हीरो थे। बनारस में नाल उठाने में नंबर एक। जोड़ी फेरने में अव्वल। कल्लू का दूध कारोबार था। मेरे घर के सामने ही रहते थे। सुबह अखाड़ा, दिन भर कबूतरबाजी और रात में दारू उनका शगल था। गाय-भैंस बच्चों के हवाले। कद साढ़े छह फीट, चौड़ाई खली की तरह। रंग भुजंग जैसा, लंबा मुँह, टूटा कान (पहलवानों के कान ऐसे ही होते हैं), अंदर की तरफ घुसे गाल, बारहों महीने आँखों में काजल, कानों में सोने की छोटी बाली, गले में सिकड़ी, कमर में गमछा, गमछे के नीचे से लँगोट की झाँकती हुई लाँग। कंधे पर बूटीवाला गमछा, बाकी शरीर नंगा, आवाज में खनक। कल्लू आपको दो वक्त सरकारी नल पर हमेशा लटकती लाँगवाले लँगोट के साथ नहाते मिल जाते, या फिर दिनभर छत पर कबूतर उड़ाते हुए टँगे रहते। कबूतर के उड़नशास्त्र की नाना ध्वनि वे अपने मुँह से निकालते। कल्लू अकसर अपने कबूतरों के झुंड में दस-बारह दूसरे कबूतरों को फाँस लाते। शाम को वे बिक जाते, यह कल्लू की ऊपरी आमदनी होती। जब रात में कल्लू दारू पी लेते तो अपनी पत्नी को अपने ससुर की माँ कहकर पुकारते। यह है कल्लू सरदार का निजी और सार्वजनिक ब्योरा।

कल्लू सरदार के बारे में कुछ और बताने से पहले उनके व्यक्तित्व का परिचय देना जरूरी होगा। वे गाय-भैंस पालते थे, दूध का कारोबार करते थे। शायद इसलिए गाय की तरह सीधे, बैल की तरह मेहनती और भैंस की तरह मूढ़ थे। यानी एकदम सादगी पसंद और बनावट से कोसों दूर। शहर में वे 'कल्लू पहलवान' के नाम से जाने जाते थे। जिस औघड़नाथ की तकिया में कबीर को ब्रह्म ज्ञान हुआ था, कल्लू उसी अखाड़े के पहलवान थे। दो मन की नाल उठा लेते। जोड़ी के भी वे मास्टर थे। मैंने कभी उन्हें कुर्ता-धोती पहने नहीं देखा। गमछे और लुंगी में वे समूचा शहर नाप लेते। बताते हैं कि कल्लू जवानी में गुंडा थे। प्रसादजी की कहानी गुंडे के नायक। जिसमें वह 'गुंडा' सारी रंगदारी लोकमंगल के लिए करता है।

कल्लू बनारस के अहीराने की पहचान थे। बनारस और अहीर। ये एक सिक्के के दो पहलू हैं। इस शहर से अगर ब्राह्मण और अहीर को हटा दिया जाए तो इसका रसतत्त्व ही गायब हो जाएगा। इसे यों समझिए कि जहाँ धर्म, संस्कृति,

खानपान, दूध, मलाई, पहलवानी, अखाड़ा, गुंडई, रंगदारी का घालमेल हो, वहाँ अहीर की मौजूदगी वैधानिक है। आयुर्वेद में घी को उत्तम रसायन माना जाता है। रसायन यानी जो शरीर में रस भर दे। पौरुष में वृद्धि कर दे। घी का स्रोत दूध है और दूध का कारोबार इनका है। यानी घी, जो मनुष्य के पौरुष का मुख्य कारक है, उसके अधिपति अहीर हैं। आप जानते हैं कि सनातन धर्म की रक्षा के लिए आचार्य शंकर ने तेरह अखाड़े बनाए थे, पर जब यह आध्यात्मिक अखाड़े जनता के बीच गए तो पहलवानी, जोड़ी, गदा, नाल के अखाड़े हुए। और यहाँ के अहीरों ने ही इसका जिम्मा सँभाला। बनारस में अखाड़े की स्थापना किसने की, इसका कोई सिलसिला नहीं मिलता। मुगलकाल में समर्थ गुरु रामदास के शिष्यों ने यहाँ कुछ अखाड़े जरूर बनवाए। तुलसीदास ने भी तुलसी अखाड़ा बनाया। पर सभी अखाड़ों पर जलवा अहीरों का ही था। यही वजह है कि धर्म और संस्कृति की रक्षा के लिए आज भी काशी में अहीर ही सबसे आगे रहते हैं।

यानी बनारसीपन का केंद्रीय तत्त्व अहीर हैं। इस शहर के हर मोहल्ले में अहीराना इसका प्रमाण है। अहीराना यानी 'अहीरो का टोला'। जहाँ दूध का कारोबार हो, जो गोबर की गंध से निरंतर सुवासित हो। गाय, भैंस और साँड़ जहाँ के स्थायी निवासी हों। गंदगी से बजबजाती अँधेरी सीलनयुक्त गलियाँ हों, जहाँ मैनहोल प्राय: उफनते हों। ऐसी ही होती है किसी भी अहिराने की चौहद्दी। रिश्तों की मेरी समझ एक ऐसे अहीराने में पैदा हुई। मैं पैदा हुआ मध्यमेश्वर (दारानगर) में और बड़ा हुआ बड़ी पियरी पर। बनारस में ये दोनों ही मोहल्ले अहीर संस्कृति के 'ब्रह्मकेंद्र' हैं। दुनियादारी में जब मेरी आँख खुली और जेहन जब रिश्तों की समझ से रोशन हुआ तो मेरे चाचा, चाची, ताऊ, काका, काकी, अहीर ही थे। दारानगर के रामधन सरदार की चाय की दुकान पर अखबार बाँचकर मेरे पिताजी ने अपनी साहित्यिक समझ विकसित की तो पियरी के बुधराम सरदार की कोयले की टाल पर अखबार पढ़कर मैंने अपनी राजनीतिक समझ बढ़ाई। मेरे संस्कार अहीरों के मोहल्ले के हैं, इसलिए मेरे भीतर कुछ प्रतिशत अहीरत्व आपको मिलेगा। शायद तभी मेरी पत्नी अकसर मुझे कहा करती हैं कि तुम्हारी बोली-भाषा अहीरोंवाली है, लेकिन मेरे लिए यह अपमानजनक नहीं है।

बनारस में अहीर के लिए 'सरदार' सम्मानसूचक शब्द है। सरदार संबोधित कर आप उन्हें गाली भी दे सकते हैं, उनकी सरलता और सहजता इस बात का

बुरा नहीं मानती है। इस शहर का कोई भी धार्मिक आयोजन अहीरों के बिना पूरा नहीं होता है। नाटी इमली के भरत मिलाप का रथ सिर पर लाल गमछे का मुरैठा बाँधकर वही खींचते हैं। गंगा से विश्वनाथ मंदिर तक मानव श्रृंखला बनाकर, जेठ की दोपहरी में बरसात की कामना के लिए काशी विश्वनाथ का जलाभिषेक भी अहीर ही करते हैं। मुडकट्टा बाबा के सालाना श्रृंगार पर गाँजे की चिलम भी वही चढ़ाते हैं। राम नगर की रामलीला के दर्शक और पात्र भी ज्यादातर अहीर ही होते हैं। काशी का हर वीर अहीर है। मसलन लहुरावीर, भोजूवीर, बोलियावीर और बेचूवीर, इन सभी वीरों को शांत रखने का काम इसी बिरादरी का है। कबीर को कबीरत्व न प्राप्त होता, अगर कबीरचौरा के अहीरों ने उन्हें गाँजा और सुल्फा न उपलब्ध कराया होता। औघड़नाथ की तकिया में कबीर को तत्त्वज्ञान हुआ था। यह तकिया आज भी अहीरों का अखाड़ा है।

श्वेत क्रांति के लिए देश भले ही वी.जे. कुरियन साहब को जानता हो, पर बनारस में श्वेत क्रांति के संवाहक अहीर लोग ही हैं। एक बार करुणानिधि से मिलकर मद्रास से लखनऊ लौटते वक्त सरकारी जहाज में मुलायम सिंह यादव ने मुझे बताया था कि कुरियन भी केरल के अहीर हैं। यह मुलायम सिंह यादव की आस्था थी या सच्चाई, मेरे लिए अब तक रहस्य है। पर श्वेत क्रांति के लिए उनका जातीय गौरव जरूर था। उस यात्रा में करुणानिधि ने अपनी एक किताब हिंदी में दस्तखत कर मुझे दी थी। यह किताब अब भी मेरे पास है। जबकि दुनिया करुणानिधि को हिंदी विरोधी के तौर पर जानती है।

विषयांतर हो गया। चलिए, दुनिया में हर चीज पकड़ी जा सकती है। उपग्रह किसी भी गतिविधि का चित्र ले सकता है। पेगासस कुछ भी सुन और देख सकता है, लेकिन ऐसा कोई यंत्र आज तक नहीं बना, जो दूध में पानी मिलाने के अहीरों के विविध तरीकों को खोज सके। मेरा बचपन बीत गया, पर मैं कल्लू सरदार की वह ट्रिक न समझ सका, जिसमें दूध में पानी कब और कैसे मिल जाता था। सुबह-सवेरे उनके उठने से पहले ही मैं दूध लेने पहुँच जाता था, ताकि मैं उनकी कारीगरी पकड़ सकूँ। पर वे क्या गजब के सिद्धहस्त थे! नाना विधि से वे गोरस का गोरखधंधा करते थे। मैं उनकी ओर टकटकी लगाए देखता रहता था। दूध दुहने से पहले बाल्टी देखता था। उनकी हर अदा पर मैं बाज की नजर रखता था, ताकि वे पहले से रखी बाल्टी के पानी में दूध न मिला दें, मगर कल्लू

सरदार अपनी तिकड़म में हमेशा कामयाब रहते और मैं उनके सामने बकलोल साबित होगा।

उनका गौप्रेम अद्‌भुत था। धर्म सम्राट् करपात्रीजी ने बीसवीं सदी के पाँचवें दशक में नारा दिया था कि 'गाय हमारी माता है, देश-धर्म का नाता है।' पर बनारस के अहीर तो अनंत काल से ही गाय को अपनी माता मानते रहे हैं। खैर, लौटते हैं बनारस के अहीरत्व पर। तो नगाड़ा अहीरों का राष्ट्रीय वाद्य है। गमछा उनकी राष्ट्रीय पोशाक। गमछे के नीचे लटकती लाल लँगोट की लाँग उनकी पहचान है। सेंगरी, लोहबंद, गँड़ासा उनके रक्षक उपकरण। जिस वक्त कल्लू सरदार अपनी भैंसों को लेकर सड़क पर निकलते थे, वे काशी नरेश को भी कुछ नहीं समझते थे। जब भैंसें निकल जाएँगी, तभी कोई वाहन आगे बढ़ेगा। यह मेरे लिए आज तक रहस्य है कि दारू, मारपीट और मलाई का आपस में क्या संबंध है? कल्लू सरदार रोज पीते थे। पीते ही रात में घर आकर पत्नी की पिटाई करते थे। फिर सड़क पर जाकर मलाई लाते और पत्नी को खिलाते। मार के बाद मलाई! यह समझ से परे था।

उपनिषद् की एक अनमोल प्रार्थना है 'श्रुतं मे गोपाय' इस अर्थपूर्ण प्रार्थना में देवता को अहीर या गोप की तरह विद्या की रक्षा का आह्वान है। ऋषि कहता है, 'मेरी सुनी हुई यानी विद्या की रक्षा करो।' यह विद्या मेरी स्मृति धृति में प्रतिष्ठित रहे। तुम प्रहरी बनकर नहीं, गोप बनकर उसकी रक्षा करो। उसे चराओ, वह सबला रहे, दुग्धवती रहे, सवत्सा रहे। तुम मेरी विद्या के गोपाल बनो। ज्ञान के गोपाल की यह अवधारणा अनूठी और अपूर्व है।

भारत की नदी तीरी जातीय संस्कृतियों में अहीर और निषाद सबसे बड़े गैर-ब्राह्मण लोकायत के रचनाकार हैं। आदि युग की गोप परंपरा का वर्तमान हैं—यादव। राजन्य यादव वंशों से इनका जातीय संबंध भले ही न मिले लेकिन सांस्कृतिक संबंध तो है ही। गुजरात और मथुरा प्राचीन गोप केंद्र थे। गोपवेश गुजरबट्टा होते हुए गुर्जर तक आता है। यादवों की वृष्णि अंधक कुल की प्राचीन परंपरा यादव जाति की सात कुरियों से संबंधित है।

अहीर एक जीवित जाति है, लोरिकायन या लोरिक कथा जो हरियाणा से उत्तर प्रदेश तक फैली है, वह आभीर गाथा ही है, जिसने बर्मा (राजा तिरितुम्मा के राजकवि दौलतकाजी की रचना सती मैना ओ लोर चंद्रानी)

और दक्खनी हिंदी (गवासी की मैना सतवंती) में साहित्य को प्रभावित किया। आचार्य हजारी प्रसाद द्विवेदीजी ने 'पुनर्नवा' में इसी आभीर लोककथा का उल्लेख किया है।

अब जब अहीरों पर लेखन का विस्तृत पन्ना खुल ही गया है तो उनकी उत्पत्ति पर भी विचार कर लेते हैं। सवाल है कि अहीर आए कहाँ से? इसके संकेत संस्कृत भाषा में छिपे हैं। 'अहीर' शब्द संस्कृत का 'अहिः' है। अहिः का अर्थ है—'सर्प'। अहिः से ही 'अहीर' रूपांतरण हुआ होगा। इसका एक मतलब, अहीर लोग नागवंशी थे। परंतु 'Ahirs of Khandesh and their Language' के लेखक प्रो. के.पी. कुलकर्णी की राय इससे अलग है। वे मानते हैं कि 'अहीर' शब्द आभीर का ही अपभ्रंश है। इसके प्रमाण में वे 'महाभारत' और पुराणों के साक्ष्य देते हैं। महाभारत या पुराणों में 'आभीर' शब्द का ही प्रयोग हुआ है, अहीर का नहीं। ज्यादातर विद्वान् मानते हैं कि अहीर शब्द संस्कृत के 'आभीर' शब्द का तद्भव रूप है, जिसका अर्थ है—दूधवाला। दुग्धोत्पादन आभीरों या अहीरों का पैतृक व्यवसाय रहा है। प्राकृत-हिंदी शब्दकोश के मुताबिक 'अहीर' व 'आभीर' समानार्थी शब्द हैं। हिंदी क्षेत्र में अहीर, ग्वाला तथा यादव शब्द प्रायः परस्पर पर्यायवाची रूप में प्रयुक्त होते हैं। 'आभीर' शब्द के संदर्भ में लिखा है—

अभीर, वामनयनाहृतमानसाय, दत्तं मनो यदुपते त्वरितं गृहाण॥

कृष्ण के समय में गोकुल और उसके आसपास के निवासियों का मुख्य कारोबार गौ-पालन और दुग्धोत्पादन ही था। इस संदर्भ में एक तर्क यह भी है कि 'अहीर' शब्द 'महीर' का रूपांतरण है। 'मही' का अर्थ दही होता है। मही यानी दही बेचनेवाला 'महीर' के नाम से जाने गए और 'महीर' शब्द बिगड़ते-बिगड़ते बाद में 'अहीर' बन गया। आभीरों का वर्णन महाभारत काल में मिलता है। स्वभाव और गुण के लिहाज से यह जाति गौ-पालक और युद्धप्रिय रही है।

यह अलग बात है कि आभीरों या अहीरों का प्रामाणिक संकलित इतिहास कहीं नहीं मिलता। इंडियन एंटीक्वैरी, खानदेश डिस्ट्रिक्ट गजेटियर, भांडारकर कृत 'दक्षिण का इतिहास', एंथोवेन लिखित 'ट्राइब्स एंड कास्ट्स ऑफ बॉम्बे' और 'डॉ. ग्रियर्सन के भारतीय भाषा सर्वेक्षण', इन ग्रंथों में आभीरों के संदर्भ मिलते हैं। 'भारतीय संस्कृति कोश' में टॉलेमी और प्रो. जयचंद विद्यालंकार जैसे

इतिहासकारों का हवाला देते हुए लिखा गया है—'आभीरों का मूल निवास मध्य रशिया में कहीं रहा होगा।' ईसा पूर्व दूसरी शताब्दी में आभीरों का प्रदेश बैट्रियन ग्रीकों ने जीत लिया और वहाँ अपना राज्य प्रतिष्ठित किया। टॉलेमी ने इस प्रदेश को 'इंडोसिथिया' नाम दिया है। प्रो. जयचंद विद्यालंकर मानते हैं कि भारत में आभीरों का आगमन सन् 181 के आसपास हुआ होगा। इसके लिए वे क्षत्रपों के सेनापति वृत्रभूति आभीर द्वारा 181 ई. में लिखे एक अभिलेख का प्रमाण देते हैं।

इतिहासकार एंथोवेन 'ट्राइब्स एंड कास्ट्स ऑफ बॉम्बे' में ईसा की तीसरी शताब्दी के अंत तक काठियावाड़ में आभीरों के आधिपत्य को प्रमाणित करते हैं। वे नासिक अभिलेख (300 ई.) के आभीर-राजा ईश्वरसेन से यह सिद्ध करते हैं कि खानदेश ही आभीरों का स्थायी निवास था। इस मध्य भारत में मिर्जापुर जिले का 'अहिरौरा' तथा हरियाणा का 'अहिछत्र' भी आभीरों के नाम से जाना जाता है। नैसफिल्ड, के.एम. मुंशी और राजबली पांडेय का मानना है कि मनु की पुत्री इला और बुध से पुरुरवा का जन्म हुआ और इसी से चंद्रवंश चला। चंद्रवंशी ही यादवों के वंशज हैं।

प्राचीन धर्मग्रंथों के मुताबिक बुध से पुरुरवा और पुरुरवा से आयु हुए। आयु से नहुष और नहुष से ययाति थे। ययाति राजा की दो पत्नियाँ थीं—देवयानी और शर्मिष्ठा। देवयानी से यदु और तुर्वसु पैदा हुए। यदु के वंशज यादव कहलाए। द्वापर के अंत में यदुवंश के प्रतापी राजा शूरसेन हुए, जिनके पुत्र वासुदेव थे। वासुदेव श्रीकृष्ण के पिता थे। शूरसेन प्रदेश से निकलकर आभीर यादव भारत के विभिन्न प्रदेशों में फैलते गए। आज यादव देश के अलग-अलग भागों में विविध नामों से पुकारे जाते हैं। 'हिंदीभाषी क्षेत्र' के 'अहीर' और 'यादव', महाराष्ट्र के 'गवली', आंध्र प्रदेश व कर्नाटक के 'गोल्ला' तथा तमिलनाडु के 'कोनार' और केरल के 'मनियार' हैं।

'मार्कंडेय पुराण' में आभीरों को दक्षिण देश का निवासी कहा गया है। इन आभीरों की एक शाखा जलमार्ग से दक्षिण की ओर गई और वहाँ वे पुंड्रक, केरल, पुलिंद, आंध्र नामों से पहचाने जाने लगे। 'मत्स्यपुराण' में दस आभीर राजाओं का जिक्र आता है, यथा—दशाभीरास्तथा नृपाः। मथुरा अंधक संघ की राजधानी थी और द्वारिका वृष्णियों की। ये दोनों ही यदुवंश की शाखाएँ थीं। यदुवंश में अंधक, वृष्णि, माधव और यादव आदि वंश चले। श्रीकृष्ण वृष्णि वंश

से थे। वृष्णि ही 'वार्ष्णेय' कहलाए, जो बाद में वैष्णव हो गए। श्रीकृष्ण के पूर्वज महाराजा यदु थे। यदु के पिता का नाम ययाति था। ययाति प्रजापति ब्रह्मा की 10वीं पीढ़ी में हुए थे। ययाति के प्रमुख पाँच पुत्र थे—1. पुरु, 2. यदु, 3. तुर्वस, 4. अनु और 5. द्रुहु। इन्हें वेदों में 'पंचनद' कहा गया है।

पुराणों में जिक्र है कि ययाति अपने बड़े लड़के यदु से रुष्ट हो गए थे और उसे शाप दिया था कि यदु या उसके लड़कों को कभी राजपद नहीं मिलेगा। ययाति सबसे छोटे बेटे पुरु को अधिक चाहते थे और उसी को उन्होंने स्वयं राज्य देने का विचार किया, लेकिन राजा के सभासदों ने बड़े पुत्र के रहते हुए इस प्रस्ताव का विरोध किया। यदु ने पुरु का समर्थन किया और स्वयं राज्य लेने से इनकार कर दिया। इस पर पुरु को राजा घोषित किया गया। उसके वंशज 'पौरव' कहलाए।

जरासंध के आक्रमण से त्रस्त होकर श्रीकृष्ण ने मथुरा से अपने 18 कुल के हजारों लोगों के साथ पलायन किया तो वे कुशस्थली आ गए और यहीं उन्होंने नई नगरी बसाई, जिसका नाम 'द्वारका' रखा। इसमें सैकड़ों द्वार थे, इसलिए इसे 'द्वारका' या 'द्वारिका' कहा गया। इस शहर को श्रीकृष्ण ने विश्वकर्मा और मयासुर की सहायता से बनवाया था। मय अपने समय का महान् वास्तुकार था।

श्रीकृष्ण के अहीरों से रिश्तों के बारे में ऐतिहासिक स्थापनाएँ हैं। इतिहासकार डी.डी. कौशांबी अपनी किताब 'प्राचीन भारत की संस्कृति और सभ्यता' में लिखते हैं—'ऋग्वेद में कृष्ण को दानव और इंद्र का शत्रु बताया गया है। कृष्ण को उनके मामा कंस से बचाने के लिए गोकुल में पाला गया था। इस स्थानांतरण ने उन्हें उन अहीरों से भी जोड़ दिया, जो ईसा की आंरभिक सदियों में ऐतिहासिक एवं पशुपालक लोग थे। कृष्ण गौ-रक्षक थे, जिन यज्ञों में पशुबलि दी जाती थी, उनमें कृष्ण का कभी आह्वान नहीं हुआ है, जबकि इंद्र, वरुण तथा अन्य वैदिक देवताओं का सदैव आह्वान हुआ है। कौशांबी लिखते हैं कि कृष्ण आर्यों की पशुबलि के सख्त विरोधी थे, यानी गौ-रक्षक थे। आदि से लेकर अब तक अहीरों का इतिहास पराक्रम और पसीने से सना हुआ है। वे इतिहास में पूज्य हैं। वर्तमान में प्रासंगिक हैं और भविष्य की संभावनाओं का द्वार हैं। धर्म, समाज, राजनीति, साहित्य, युद्ध सरीखे जीवन के अलग-अलग क्षेत्रों में वे शीर्ष पर रहे हैं। बनारस के अहीरों ने मुझे अहीराने की इस महान् परंपरा से वाकिफ कराया।

बनारस में अहीरों का इतिहास वीरता का है। विदेशी हमला हो या दंगा, बनारस की शान और जनता की रक्षा यही करते थे। राजपूतों का वीरता में नाम ज्यादा चला, पर वीरता में यह समाज भी राजपूतों से कभी कम नहीं रहा। लेकिन इतिहास लेखन में इनकी अनदेखी हुई।

1787 में ब्रिटिश गवर्नर जनरल वॉरेन हेस्टिंग्स (1773 से 1784) पर लंदन में महाभियोग का मुकदमा चल रहा था। हेस्टिंग्स, हाउस ऑफ लॉर्ड्स के सामने हाउस ऑफ कॉमन्स की तरफ से लगे गंभीर आरोपों से मुकाबिल थे। ब्रिटेन के मशहूर सांसद एडमंड बर्क उनके खिलाफ मुकदमे का नेतृत्व कर रहे थे और आरोप संगीन थे।

हेस्टिंग्स ने ब्रिटिश राज के पहले व्हिसलब्लोअर और बंगाल के नवाब के कर्मचारी नंदकुमार को गलत ढंग से फाँसी पर चढ़ा दिया, क्योंकि उसने हेस्टिंग्स पर भ्रष्टाचार का आरोप लगाया था। उन पर बनारस के राजा से बदसलूकी और रोहिल्ला युद्ध में अनियमितताओं के आरोप भी थे।

कंपनी राज के लिए यह अनोखा मुकदमा था, क्योंकि वॉरेन हेस्टिंग्स कंपनी राज के दौर में भारत के सबसे मशहूर प्रशासनिक अफसर थे और भारत में सम्मानित भी थे जिन्होंने बंगाल में ब्रिटिश राज को सुगठित किया।

जब ब्रिटेन की सियासत हेस्टिंग्स को गंभीर आरोपों में जकड़ रही थी तब बनारस (वाराणसी) में एक अनोखा काम किया गया। बनारस के लोगों की तरफ से हेस्टिंग्स के सम्मान में चार मानपत्र तैयार हुए। पहला मानपत्र बनारस के राजा, अधिकारियों और 277 सेठों की तरफ से था। दूसरा और तीसरा मानपत्र बनारस के पंडितों ने दिया था जबकि चौथा मानपत्र बनारस के महाजनों, व्यापारियों की तरफ से था। इन सभी सम्मान लेखों में हेस्टिंग्स की ईमानदारी, कार्यकुशलता की सराहना की गई थी।

काशी और काशी के बाहर के पंडितों ने यहाँ तक लिखा कि (1) हेस्टिंग्स ने चातुर्वर्ण के तीर्थ वाराणसी को बसाया और उसे बेहतर किया। (2) पंडितों को सम्मान दिया। (3) गंगापुत्रों (गंगा के घाट पर पूजा करानेवाले पंडित) की गुंडई खत्म की, इसलिए सभी प्रदेशों के यात्री बनारस आने लगे। (4) ईमानदार व कुशल अली इब्राहिम खाँ को बनारस का मजिस्ट्रेट बनाया और पंडितों व मौलवियों को उनका कानूनी सहायक नियुक्त किया। अली इब्राहिम खाँ ने घूस

पर रोक लगाई और राजा चेतसिंह व बलवंत सिंह से अच्छा शासन चलाया। (5) हेस्टिंग्स ने अपनी दूसरी बनारस यात्रा में अपने भाषण से सबको प्रसन्न किया। (6) विश्वेश्वर मंदिर में नौबतखाना बनवाया। (7) कभी किसी की बुराई नहीं चाही।

यकीनन यह मानपत्र विवादित था, खासतौर पर उस वक्त तो और भी ज्यादा जब वॉरेन हेस्टिंग्स पर बनारस के राजा से बदसलूकी के मामले में मुकदमा चल रहा था।

दिलचस्प है कि बनारस के अहीर इस सम्मान अभियान का हिस्सा नहीं थे।

16 अगस्त, 1781 को जब काशी राज्य के जमींदार चेत सिंह, जो कंपनी शासन से बगावत कर शिवाले के किले में जा छुपे थे तो उन्हें वॉरेन हेस्टिंग्स की कंपनी फौज ने घेर लिया। ऐसे में बनारस के अहीरों ने ही मोर्चा सँभाला। अपनी भैंसों को खोलकर फौज की तरफ दौड़ा दिया। सेंगरा, लोहबंद और गँड़ासे से कई अंग्रेज सैनिक निपटा दिए गए। इस लड़ाई से घबराकर वॉरेन हेस्टिंग्स पीछे हटा और भाग गया।

तभी लोक में यह गीत प्रचलित हुआ—

घोड़े पर हौदा, हाथी पर जीन
काशी से भागा, वॉरेन हेस्टिंग्स।

कल्लू सरदार के बहाने मैं बनारस के अहीरों का गौरवशाली इतिहास आपको बता रहा हूँ। इस इतिहास से तुलसी बाबा भी जुड़े हैं। तुलसीदास ने यहाँ रहकर 'रामचरितमानस' तो लिख दी, मगर अब उसकी मार्केटिंग कैसे हो, वह जन-जन के बीच कैसे पहुँचे? यह बड़ा सवाल था, क्योंकि छापाखाना था नहीं। सोशल मीडिया का जमाना नहीं था, सो तुलसी के समकालीन मेधाभगत ने संवत् 1610 के आसपास बनारस में रामलीला शुरू की। इसी लीला में 'रामचरितमानस' गाया जाने लगा। इसी के जरिए काशी में संगीत के सार्वजनिक समारोह शुरू हुए। वरना तब तक संगीत मंदिरों और दरबारों तक ही सीमित था। चित्रकूट रामलीला समिति भी इन्हीं मेधाभगत ने बनाई, जिसकी एक लीला नाटी इमली का भरत मिलाप आज भी बनारस का लक्खी मेला है। फिर क्या था? 'रामचरितमानस' रामलीला के साथ ही लोकप्रिय होने लगा। प्रयोग सफल रहा। तुलसी का 'रामचरितमानस' रामलीलाओं के जरिए लोक

तक पहुँच गया। रामलीला का इंतजाम भी अहीर लोग ही करते थे। आज भी नाटी इमली के भरत मिलाप का चालीस मन का रथ इन्हीं अहीरों के कंधे पर चलता है। सफेद गंजी और घुटने तक सफेद धोती बाँध सिर पर गमछे का मुरेठा कस यही बिरादरी भरत मिलाप का रथ उठाती है। कल्लू सरदार हर साल रथ उठाने जाते थे। वे साफा पानी दे, आँखों में काजल लगा, घुटनों तक धोती पहन, जाँघ तक खलीतेदार बंडी पहने हुए इसका हिस्सा होते थे। बिना पनही के वे भरत मिलाप में जाते। लौटकर हम सबको रेवड़ी और चूड़े का प्रसाद देते।

कल्लू गजब के शौकीन थे। सोच रईसी थी। कल्लू ने बहरी अलंग जाने के लिए एक एक्का रखा था। चाँदी की मुठिया और चारों तरफ चाँदी के जँगलेवाले इस एक्के में लाइट भी लगी होती। यह एक्का बहुत खूबसूरत था। घोड़ा भी उतना ही हसीन। सुबह से घोड़े के पैर में खरहरा दिया जाता। कल्लू के साथ-साथ घोड़ा भी संध्या वंदन करता था। कल्लू रामनगर की रामलीला के 'नेमी' थे। बिना नागा पूरे नियम-धर्म से, जो लीला देखने जाते हैं, उन्हें 'नेमी' कहते हैं। कल्लू पूरे नियम से 31 दिन लीला देखने अपने एक्के से ही मित्रों के साथ जाते। इस पूरे महीने उनके मदिरापान पर पाबंदी रहती। हाँ, रामनगर के तालाब पर साफा पानी के बाद भाँग जरूर जमती। अकसर यहाँ ठंडाई भी बनती। शरीफा, कसेरू, केला, तरबूज, खस, गुलाब और चंदन की ठंडई छनती थी। आँवले के पेड़ के नीचे। लिट्टी-बाटी लगती, पोतनी मिट्टी की भी ठंडई बनती। जिसमें पाँच तरह के मगज तरबूजा, खरबूज, ककड़ी, लौकी और कोहड़े का बीज पीसा जाता, फिर सौंफ, काली मिर्च से उसका संस्कार होता। छान-फूँककर, अतर-फुलेल लगा लोग वापस शहर की ओर लौटते।

कल्लू पहलवान को नागपंचमी के उत्सव का खास इंतजार रहता। बनारस में पहलवानों का ओलंपिक नागपंचमी को ही होता था। उस रोज सारे अखाड़े रँग-पुतकर सँवरते। कुश्ती, जोड़ी, गदा और नाल की प्रतियोगिता होती। यह काम भी अहीरों के जिम्मे होता। कल्लू इस प्रतियोगिता में कई अखाड़ों के कंपटीशन में शामिल होते और नाल जोड़ी के 'नीरज चोपड़ा' घोषित होते। कल्लू बिरहा प्रेमी थे, बिरहा को बनारसी अहीरों का राष्ट्रीय गीत कहा जा सकता है। तब हीरा और बिल्लू का हीरा जगत्प्रसिद्ध था। इसे किन्हीं बिहारी सरदार ने

कुछ बदलाव कर नई लयकारी में गाना शुरू किया। उन्होंने सुर के लिए लोहे के दो ठोस टुकड़ों से 'करताल' नाम का एक वाद्ययंत्र भी बनाया। बाद में बनारस की लोक-संगीत परंपरा में बिहारी सरदार का यह गायन उनके नाम पर 'बिरहा' कहा जाने लगा। प्राय: पौराणिक, सांस्कृतिक, ऐतिहासिक संदर्भ बिरहा के विषय होते, पर शहर की कोई सनसनीखेज घटना पर भी बिरहा बन जाता था। वैसे कजरी भी बनारस की सिद्ध थी।

कल्लू सरदार 'सबै भूमि गोपाल की' परंपरा के संवाहक थे। इस विचारधारा का भी अपना एक जमीनी समीकरण था। पहले मुरव्वत में सरकारी या किसी दूसरे की जमीन पर गाय-भैंस के लिए खूँटा गाड़ना, फिर उस पर इजमेंट्री राइट के तहत दावा करना, इसे वे अपना अधिकार समझते थे। कल्लू कहते, "लोहियाजी कहले हऊअन कि राजनीति में आना है तो जमीन से जुड़ना होगा।" इसलिए वे बाद में जमीन के कारोबार से भी जुड़ गए।

अहीर बनारस की शान हैं। उनका माहात्म्य समझने के लिए आपको अहीरत्व की चेतना से दो-चार होना पड़ेगा। अहीरत्व की चेतना उत्सवबोध की चेतना है। यह चेतना बनारस के वजूद में घुली हुई है। कल्लू सरदार के जीवन ने मेरे भीतर इस महान् विरासत के प्रति श्रद्धा और आस्था की बुनियाद रखी। जोड़ी फेरते एक रोज कल्लू को सीने में दर्द हुआ। उनका वजन सौ किलो से ज्यादा था। उन्हें फौरन अस्पताल पहुँचाया गया। डॉक्टर ने पूछा, "कहाँ-कहाँ दर्द है?" कल्लू ठेठ बनारसी में बोले, "फीस कम करबा, तब बताइब नाहीं त खुद्दै पता लगावा।" यह दिल का दौरा था। कल्लू चले गए। बनारस अगर एक जीवन-शैली है तो अहीर इस जीवन-शैली की नींव के पत्थर हैं। कल्लू सरदार और अहीराने की इस महान् विरासत की जय।

□

16 देखो हमरी काशी

बचानू हलवाई

काशी के मिष्टान महराज!

बना रहे रस यानी बनारस। एक ऐसा शहर, जिसका रस अनादि काल से बना हुआ है। यह रस इस शहर की जिह्वा से टपकता है। इसकी साँसों में भटकता है। इसकी चाल में छलकता है। इस रिसते हुए रस से ही इस शहर की पहचान है। इस रस का कोई एक रूप नहीं है। कोई एक रंग नहीं है। यह सहस्रधारा की तरह फूटता है। कभी मस्ती, कभी आस्था, कभी विश्वास, कभी सद्भाव, कभी बेपरवाही, कभी खानपान तो कभी छानने–फूँकने की शक्ल में उभरता है यह रस। इतने रसों की अजस्र धारा जहाँ से फूटती हो, वही बनारस है। और बनारस के इसी रस की साक्षात् अभिव्यक्ति थे बचानू साव।

बचानू साव, यानी बचानू हलवाई। बनारसी मिठाइयों के रस और उसकी तासीर के प्रतिनिधि चरित्र। बचानू बनारसी मिठाइयों के 'आर्कमडीज' थे। मधुरता और रस निष्पत्ति में कुछ नए प्रयोग, कुछ नई खोज में वे हमेशा लगे रहते। उन्हें आप बनारस

का 'मिष्टान्न पुरुष' भी कह सकते हैं। सरकारी अभिलेखों में उनका नाम राज किशोर गुप्त दर्ज था, पर बनारसी उन्हें बचानू के नाम से ही जानते थे। बचानू मेरे अंतरंग दोस्त थे। संवेदनशील इतने कि मिलते ही भावोद्रेक में रोने लगते। गौरांग वर्ण, चुन्नटदार आस्तीनवाला झक्क सफेद कुर्ता, मसलीन की धोती और मुँह में केसरवाला पान। दोस्तों के लिए वे केसर की एक चाँदी की डिबिया अलग से रखते। मौसम के हिसाब से उनके खलीते में इत्र होता, जिसे हर मिलनेवाले की कलाई पर वे रगड़ देते। हाथ में एक झोला, उसमें कुछ चुनिंदा मिठाइयाँ और नमकीन। बचानू कहीं से भी हलवाई नहीं लगते थे। संगीत, साहित्य और धर्म पर बातचीत की उन्हें महारत हासिल थी। जब भी बनारस में कोई राष्ट्राध्यक्ष या प्रधानमंत्री आता तो उनके खानपान का जिम्मा बचानू के पास ही रहता। यानी एक मायने में बचानू 'राजकीय रसोइया' भी थे। मिठाई-तो-मिठाई, उनका हाथ लगते ही सब्जियों और रोटी से भी 'स्वाद' बहता था।

बचानू पढ़े-लिखे नहीं थे, पर हर साहित्यिक, सांस्कृतिक और राजनीतिक जमावड़े में हाजिर रहते थे। किसी भी समारोह में वे उल्कापिंड की तरह गिरते और आकर्षण का केंद्र बन जाते। बचानू तत्त्वज्ञानी थे, गहरी बातें करते थे। लोक में भले यह प्रचलित हो कि हलवा बनानेवाले ही हलवाई हुए, पर बचानू इसे नहीं मानते थे। उनकी दलील थी कि हलवा तो मुगलों के साथ भारत आया और हलवाई वैदिक काल से थे। इसलिए वे हलवाई को हलवाही (हल चलानेवालों) से जोड़ते। वे उन्हें हल चलाकर अन्न पैदा करने और अन्न से पकवान बनानेवाला कहते थे। हलवा वैदिक काल में भी था। उसे 'संयाव' कहा जाता था। वह जौ या चावल के आटे और गुड़ से बनता था, क्योंकि तब गेहूँ हमारे यहाँ नहीं होता था। गेहूँ भारत में बाबर के साथ 'गेंदुम' के तौर पर ईरान से आया। इसलिए हमारी किसी पूजा-पद्धति में कहीं गेहूँ का कोई स्थान नहीं है। हर कहीं जौ और चावल ही है। यही हमारे प्राचीन अन्न थे। एक बार मुझे बचानू 'अखिल भारतीय वैश्य हलवाई महासभा' भदोही ले गए। वहाँ हलवाइयों का जो इतिहास लिखा था, उसके मुताबिक हलवाही कर अन्न उगाना और उसका मोदक सहित दूसरे मिष्टान्न बनाने के कारण यह समूह 'हलवाई' हुआ, जिसे कहीं-कहीं 'मोदनवाल' भी कहते हैं।

बनारस में जितनी विविध, प्रयोगधर्मी और औषधीय गुणों से लैस नानारूपी

मिठाइयाँ बनती हैं, उतनी दुनिया के किसी कोने में नहीं बनतीं। बचानू की यह उक्ति कहीं से प्रमाणित नहीं थी, पर वे अकसर कहते थे कि वेजिटेरियन, नॉन-वेजिटेरियन के साथ ही एक 'हिंदूटेरियन' भी होता है। यानी जो हिंदू देवताओं को प्रिय हो, उन्हें भोग लगाया जाए, वह 'हिंदूटेरियन'। इस श्रेणी में बचानू पुआ, हलवा, लड्डू और दूसरी देशी मिठाइयों को गिनते थे। उनका दावा था कि देवताओं के 'छप्पन भोग' 'हिंदूटेरियन' ही हैं। हलवाइयों की समृद्ध परंपरा को बताते-बताते बचानू आत्मगौरव से भर जाते। उनके मुताबिक उन्हें हलवाई नहीं, वैद्य या 'हकीम हलवाई' कहना चाहिए, क्योंकि वे मेवे और घी के औषधीय गुणों को ध्यान में रखकर ही मिठाई बनाते थे। अपनी महान् परंपरा को याद करते-करते वे यहाँ तक कहते थे कि महाराज मोदनसेन, यज्ञसेन, गणीनाथ, महान् भक्त कवि पलटूदास और छायावादी कवि जयशंकर प्रसाद सब हलवाई ही तो थे।

बचानू साव से मेरी दोस्ती की एक वजह थी। मेरा अराजक किस्म का मिष्टान्न प्रेमी होना। आखिर क्यों न होऊँ? हेमचंद ने 'चिंतामणि' में लिखा है, 'काम्यं कम्र कमनीयं सौम्यञ्च मधुरं प्रियं, ब्राह्मणं मधुरं प्रियम्।' अब ब्राह्मण हूँ तो मिठाई तो प्रिय होगी ही। इसलिए आज भी हर दूसरे-तीसरे रोज बनारस से मिठाइयाँ जहाज या रेल से हमारे नोएडा के घर में आती रहती हैं। बनारस, बीकानेर और इंदौर के अलावा कहीं की मिठाइयाँ मुझे सोहातीं नहीं। बचानू साव की मिठास परंपरा लंबी थी। वे 150 साल पुरानी बनारस की 'राजबंधु' मिठाई की दुकान के मालिक थे। बचानू बिरले इसलिए थे कि मेरे जैसे सैकड़ों लोगों में मिठाई खाने-खिलाने की समझ और संस्कार उन्हीं ने बनाए थे। इसलिए बचानू साव मेरे लिए खास थे। वे जब भी दिल्ली आते, हमारे घर आ रसोई में जाकर कुछ-न-कुछ विशेष जरूर बनाते। वे बनारस की रईस परंपरा के हलवाई थे। सारे रईसों के समारोहों के भोजन-व्यवस्थापक वही होते थे। मिठाई में शोध, प्रयोग और पौष्टिकता बढ़ाने के उपायों में उनका कोई सानी नहीं था। उनकी कोशिश होती थी कि मिठाइयों को कैसे सेहतमंद बनाया जाए। इस मायने में वे बनारस की विभूति थे। महात्मा गांधी हों या पं. नेहरू, मार्शल टीटो हों या इंदिरा गांधी या फिर सिरीमावो भंडारनायके, दलाई लामा, पं. रविशंकर या एम.एस. सुब्बलक्ष्मी, बचानू सबको खुद पकाकर भोजन करा चुके थे। इससे नीचे वे

किसी और को कुछ समझते नहीं थे। ऐसा हलवाई आपको देश में दूसरा नहीं मिलेगा, जिसने इतनी विभूतियों को अपने हाथों खाना खिलाया हो।

अब बचानू के ताव का एक उदाहरण। बात सन् 1999 की होगी। मेरे बेटे पुरू का जन्म हुआ था। उनके जन्म के एवज में मित्रों की पार्टी थी। बचानू उसके इंतजामकार थे। या यों कहें, बचानू के दबाव में ही वह आयोजन रखा गया था। वे बनारस से मय कारीगर और सामान के लखनऊ आए। तब कल्याण सिंह उत्तर प्रदेश के मुख्यमंत्री थे। पार्टी में कल्याण सिंह और उनके कुछ मंत्रिमंडलीय साथी आए। पार्टी चल रही थी, तभी किसी अफसर ने बचानू को महज हलवाई समझ कुछ सवाल-जवाब कर मुख्यमंत्री के लिए कुछ लाने का आदेश दिया। बचानू बिफर गए, उन्हें ताव आ गया, "कौन मुख्यमंत्री? हमारे लिए सब बराबर हैं। हमें फर्क नहीं पड़ता। बहुत बड़ा-बड़ा अदमी के खाना खिया चुकल हई। नेहरू, शास्त्री, इंदिरा, मार्शल टीटो, कोई आकर्षण नाहीं हौअ। बहुत मुख्यमंत्री देखलीं। आपन काम करा।" मैंने बचानू को समझाया कि वे अफसर हैं, उन्हें आपके बारे में क्या पता। बचानू शांत हुए, पर मुख्यमंत्री से मिलने नहीं गए।

बनारसी हलवाइयों की कोई दो सौ बरस की एक समृद्ध और सुस्वादु परंपरा रही है। बिहारी साव, हरखू साव, मथुरा साव, केदार साव और बैजू साव। इन सबका केंद्र बनारस का ठठेरी बाजार था। पिछली शताब्दी में बिहारी साव का राज था। मिठाई बनाने का अंदाज और प्रयोगधर्मिता उनकी श्रेष्ठ थी। चौखंभा में उनकी दुकान 'दी राम भंडार' को अंतरराष्ट्रीय ख्याति मिली। भारतेंदु बाबू के घर के पास होने के कारण इस दुकान को उनका संरक्षण था। इसकी शाखाएँ अब पूरे शहर में हैं। पर आज 'राम भंडार' के मूल सज्जन मिठाई छोड़ कचौड़ी, जलेबी, छोला, समोसा ही बना रहे हैं। दीपक टाकीज पर बैजू साव का काला छोला, समोसा और दही बूँदिया जगत् प्रसिद्ध थी। ब्रह्मनाल का शिव भंडार मधुरता में काशी का दूसरा केंद्र था। हिंदी के महान् आचार्य विश्वनाथ प्रसाद मिश्र की यहाँ बैठकी होती थी। आगे चलकर इसी की एक शाखा केदार साव की 'मधुर जलपान' के नाम से ख्यात हुई। इस दुकान पर महान् साहित्यकार जयशंकर प्रसाद रोज अड़ी लगाते थे। डॉ. संपूर्णानंद और पं. कमलापति त्रिपाठी भी यहाँ के बैठकबाजों में थे। उनकी फोटो आज भी दुकान पर टँगी है। महाकवि जयशंकर प्रसाद भी हलवाई थे और केदार साव के रिश्ते में भी थे। प्रसादजी

के कारण यह मिठाई की दुकान बनारस में साहित्यिक गतिविधियों का केंद्र बनी। बाद में केदार साव के बेटे घनश्याम गुप्त ने यह सिलसिला जारी रखा। वे 'ठलुआ क्लब' के पदाधिकारी भी थे। 'ठलुआ क्लब' बनारस के साहित्यकारों का संगठन था। घनश्याम 'घमोच कवि' के नाम पर कविता भी करते थे। अकसर उनकी कवि गोष्ठी रामापुरा में उनके घर की छत पर होती, जहाँ 'मधुर जलपान' से पेटभरुआ नाश्ते का चौचक इंतजाम रहता। एक-दो बार उनकी छत पर होनेवाली कवि गोष्ठी में मैं भी अपने पिताजी के साथ गया था। भैयाजी बनारसी, बेधड़क बनारसी, कांतानाथ पांडेय 'चोंच', धर्मशील चतुर्वेदी और चंद्रशेखर मिश्र के साथ कई बड़े कवि उन गोष्ठियों के नियमित आकर्षण होते।

मथुरा साव बिहारी साव के ही समकक्ष थे। ठठेरी बाजार में उनकी दुकान भी बिहारी साव के राम भंडार के सामने ही थी। मिठाई में दूध तथा मावे के अलावा सब्जी और अन्न को लेकर उन्होंने बेहतरीन प्रयोग किए, पर भाग्य उनके साथ नहीं था। आजादी की लड़ाई में केसर, काजू और पिश्ते की तीन परत से तिरंगी बर्फी उन्होंने ही बनाई। पर दुकान बिहारी साव की चलती थी, इसलिए लोकस्मृति में वह मिठाई बिहारी साव यानी 'राम भंडार' के खाते में चली गई। मथुरा साव की गाड़ी तब पटरी पर आई, जब उनके बेटे बचानू साव ने 'राजबंधु' की जिम्मेदारी सँभाली। फिर क्या था, बचानू ने करिश्मा कर दिया। अपने स्वभाव, लटकेबाजी और विनम्रता में पगे मिजाज से उन्होंने इस कारोबार में अभेद्य लकीर खींच दी। फिर तो धीरे-धीरे बनारसी पाकशास्त्र का दूसरा नाम ही 'बचानू' बन गए।

भारत छोड़ो आंदोलन के दौरान जब तिरंगा फहराना जुर्म था और तिरंगा देखकर फिरंगी शासन भड़कता था, तब बनारस में बचानू साव के पिता ने तिरंगी बरफी का ईजाद किया था। लेकिन मिठाइयों में रंग डालकर नहीं। काजू से सफेद, केसर से केसरिया और पिस्ते की हरी परत से तिरंगी बरफी बनाई। बाद में यह राष्ट्रीय आंदोलन की मिठाई बन गई। स्वतंत्रता संग्राम में एक हलवाई का इससे बेहतर योगदान क्या हो सकता है! बचानू साव सिर्फ मिठाइयों की पौष्टिकता ही नहीं, उसके अर्थशास्त्र और समाजशास्त्र का भी खयाल रखते थे। अगर काजू का मगदल गरीब आदमी की पहुँच से बाहर है तो वे काजू हटाकर बाजरे का मगदल बनाते थे। उसकी तासीर और स्वाद वैसे ही रख उसे सामान्य

आदमी की पहुँच में ला देते थे। मगदल एक ऐसी मिठाई होती है, जो उड़द दाल, काजू, जायफल, जावित्री, घी और केसर से बनती है। यह स्मृति और पौरुष बढ़ानेवाली मिठाई होती है। आयुर्वेद और यूनानी ग्रंथों में इसका उल्लेख मिलता है। आपको कब्ज है तो काजू की मिठाई से रोग और बढ़ सकता है। पर अगर उसके साथ अंजीर मिलाकर बरफी बने तो यह दवा बनेगी, जो कब्ज के लिए फायदेमंद होगी। बचानू के पास ऐसे कुछ अमोघ फॉर्मूले थे।

कब, कौन सी और कैसी मिठाई खानी चाहिए, इसका ज्ञान मुझे उन्हीं से हुआ था। ठंड में वातनाशक, वसंत में कफनाशक और गरमियों में पित्तनाशक मिठाइयाँ होनी चाहिए। वात, पित्त और कफ—आयुर्वेद का पूरा चिकित्सा विज्ञान इन्हीं तीनों में संतुलन बिठाता है। बादाम सोचने-समझने की ताकत बढ़ाता है, पर उसका पेस्ट कब्ज बना सकता है। बादाम के दो भागों के बीच अनन्नास का पल्प डाल उन्होंने एक मिठाई बनाई 'रस माधुरी'। इसमें फाइबर भी था और यह 'एंटी ऑक्सीडेंट' भी थी। नागरमोथा, सोंठ, भुने-चने के बेसन और ताजा हल्दी से वे एक लड्डू बनाते थे, 'प्रेम वल्लभ', जो कफनाशक था। स्वाद में बेजोड़। मिष्टान्न निर्माण में वे सिर्फ ऋतुओं का ही ध्यान नहीं रखते थे, बल्कि उसके डिटेल में भी जाते थे। सूर्य के उत्तरायण और दक्षिणायण होने से उनकी मिठाइयों की तासीर और तत्त्व बदल जाते।

बचानू सोंठ और गोंद का एक लड्डू बनाते, जो वास्तव में 'पौरुषवर्धक' होता। उनके ही चलते मुझे खानपान की तासीर को लेकर नई-नई जानकारी रखने का शौक चढ़ा। 'भावप्रकाश निघंटू' और 'इंडियन मेटेरिया मेडिका' अन्न, वनस्पतियों, मसालों, वृक्षों और उनकी पत्तियों की तासीर बतानेवाली किताब है, जो हमारे खानपान में विशेष काम आती है। पौष्टिक खानपान परंपरा का भी एक इतिहास है। अवध के नवाबों के दौर में खाना बनानेवाले बावर्चियों को हकीम बावर्ची कहते थे। वे सिर्फ रसोइए नहीं होते थे। वे खानपान के अवयव में पौष्टिकता और उद्दीपन के तत्त्व बूझकर खाना बनाते थे। इसलिए उन्हें 'हकीम बावर्ची' कहा जाता था। बचानू भी मिठाइयों का सेहत के साथ ऐसा ही संतुलन बनाते।

मिठाइयों को दूध, बेसन के तत्त्वों से हटाकर उसमें सब्जी और वनस्पतियों का प्रयोगधर्मी इस्तेमाल बचानू ने पहले-पहल किया था। सोंठ, मकरध्वज, शिलाजीत, अंबर, शतावर, गोरखमुंडी को मिलाकर वे एक लड्डू बनाते थे।

सोंठ का मतलब सूखी अदरक से होता है। यह अदरक का ही शोधित रूप है। अदरक की तासीर गरम होती है, रक्तचाप बढ़ाती है। 'मकरध्वज' शिलाजीत का दूसरा नाम है। इसे 'आइरन स्फेद' कहते हैं। आप इसे पहाड़ का पसीना भी कह सकते हैं। कस्तूरी और अंबर दोनों ही आयुर्वेद की प्रतिबंधित औषधि हैं। कस्तूरी मृग की नाभि से प्राप्त होती है। अंबर व्हेल मछली के मुँह से निकली गाज है। शतावर बाजीकरण की वनस्पति है। गोरखमुंडी का वनस्पति विज्ञान में 'सेटेंस इंडिकास' नाम है। यह एक जंगली फूल है, जिसे 'डेजी' भी कहते हैं। कायकाज फर्न परिवार की एक वनस्पति है। इसे 'हेलयिन्थोस्टलेज जिलोरिया' कहते हैं। यह दक्षिण-पूर्व एशिया से भारत आया। यूनानी ग्रंथों में इसे पुष्टिवर्धक मानते हैं। इन सभी मसालों को तिब्बत में भी टॉनिक की श्रेणी में रखते हैं। बचानू इन सबके जानकार थे। यहाँ मैं जो ज्ञान उड़ेल रहा हूँ, वह उन्हीं का दिया हुआ है। बस गड़बड़ यह थी कि बचानू दूसरे मिजाज के आदमी थे।

बचानू साव के जरिए ही मैंने भारत में मिष्टान्न का समृद्ध इतिहास जाना। मिठाइयाँ तो वैदिक काल में भी थीं, पर उस वक्त मिठाई के नाम पर गुलगुला या पुआ ही बनता था। गुलगुले को आटे और शक्कर या गुड़ के घोल से बनाया जाता है। इसमें स्वाद और खुशबू के लिए थोड़ी सी कुटी इलायची और सौंफ भी डाली जाती है। पुए और गुलगुले में गुण और स्वाद में कोई फर्क नहीं है। केवल आकार का फर्क है। वैदिक साहित्य में पुए को 'अपूप' कहा गया है। ऋग्वेद में, पतंजलि में, महाभारत के अनुशासन पर्व में और सुश्रुत एवं चरक संहिता में भी 'अपूप' का जिक्र है। ऋग्वेद में घृतवंत अपूपों का वर्णन है। गन्ने के रस से बनी शक्कर और विभिन्न प्रकार के मिष्टान्न। ऋग्वेद में उल्लिखित है कि आर्यों का मिष्टान्न 'अपूप' था। ऋग्वेद (3.52.7) में इसे 'अपूप' (पुआ) कहा गया। ऋषि इंद्र को न्योता देते हैं, 'मरुतों के साथ आओ, अपूप खाओ।'

पूषण्वते ते चकृमा करम्भं हरिवते हर्यश्वाय धानाः।
अपूपमद्धि सगणो मरुद्भिः सोमं पिब वृत्रहा शूर विद्वान्॥

अथर्ववेद (18.4.16) में भी 'अपूप' का उल्लेख है। यह उस समय का मालपुआ है। इसे घी मिलाकर बनाया जाता था।

अपूपवान्क्षीरवांश्चरुरेह सीदतु। लोककृतः
पथिकृतो यजामहे येदेवानां हुतभागा इह स्थ॥

बचानु साव जिस परंपरा के प्रतिनिधि थे, उसकी जड़ें बेहद गहरी हैं। पाणिनी ने तक्षशिला और कंधार से लेकर कामरूप और विंध्याचल से ऊपर के भारत का पैदल भ्रमण किया था और उस वक्त प्रचलित शब्दों को इकट्ठा किया। बाद में इन शब्दों का वर्गीकरण कर उन्होंने एक मानक कोश की रचना की। उनका 'अष्टाध्यायी' केवल एक व्याकरण ग्रंथ ही नहीं है, उसमें तत्कालीन भारतीय समाज के लोकाचार के अनेक वर्णन हैं। पाणिनी द्वारा 'अष्टाध्यायी' में पक्वान्नों के साथ-साथ कुछ मिष्टान्नों का भी वर्णन किया गया है। आज से ढाई हजार साल पहले इस देश में कौन-कौन से मिष्टान्न बनाए जाते थे, भोजन-प्रबंध की क्या रीति थी, पर्व, उत्सव, सत्कार के क्या व्यंजन थे, इस सबका रसवंत ब्योरा इस किताब में है।

पाणिनी के वक्त भी हलवे को 'संयाव' कहा जाता था। महाभारत में भी अनेक विशिष्ट व्यंजनों का उल्लेख मिलता है। ये व्यंजन प्रायः दूध, घी, दही और शहद आदि के बने होते थे। इनमें कृसर, पायस, अपूप, संयाव, घृतमिश्रित खीर और नवनीत मिश्रित व्यंजन खास हैं। आर्यों का सर्वाधिक प्रिय पेय था दूध। अथर्ववेद में दूध से बने खाद्य पदार्थ 'खीरवान' कहे गए हैं। दही से बने खाद्य पदार्थ दधिवान, अन्न से बने अन्नवान, रस से बने रसवान, शहद या अन्य मधु पदार्थों से बने मधुमान बताए गए हैं। वैदिककालीन समाज में दूध में पके हुए चावल को 'क्षीर पकोदनम' (खीर) कहा जाता था।

मिठाइयों के विस्तृत विवरण और उन्हें तैयार करने के तरीके का एक प्रामाणिक ग्रंथ है—'मानसोल्लास'। 'मानसोल्लास' (मानस+उल्लास=मन का उल्लास) 12वीं शती का महत्त्वपूर्ण संस्कृत ग्रंथ है, जिसके रचयिता चालुक्य वंश के राजा सोमेश्वर तृतीय हैं। इसे 'अभिलाषितार्थचिन्तामणि' भी कहते हैं। भोजन, संगीत और दूसरी भारतीय कलाओं के इस प्राचीन विश्वकोश को 'अभिलाषितार्थचिन्तामणि' के रूप में भी जाना जाता है। 'मानसोल्लास' में एक मिष्टान्न का वर्णन है पायसम (संस्कृत : पायसं), जिसे 'खीर' भी कहा जाता है। पायसम विभिन्न प्रकार के होते हैं, जैसे—सेवई, साबूदाना, दाल, गेहूँ के दाने और खसखस आदि से बने। 'मानसोल्लास' में सात प्रकार के चावल का उल्लेख है। पायसम चावल, विभिन्न प्रकार के नट्स और अन्य सूखे मेवे और चीनी के साथ धीमी आँच पर पकाया जाता है। हालाँकि इसमें कभी-कभी गुड़ और नारियल के दूध का भी उपयोग किया जाता था।

इसी तरह 'अमरकोश' में जिक्र है कि दूध और चावल को एक साथ पकाकर खीर बनाई जाती थी। यह बहुत पौष्टिक एवं स्वादिष्ट होती थी। 'अग्निपुराण' के अनुसार लोग दूध को मीठा करके पीते थे। पुराणों में एक राजा हैं रंतिदेव। बहुत दानवीर और आतिथिपरायण। जिक्र आता है, अतिथि के सत्कार के लिए इनके यहाँ दो लाख हलवाई थे। सोचिए, कितने लोगों को रोज खिलाते होंगे।

बचानू साव मेरे लिए इसी महान् परंपरा की जीवंत कड़ी थे, जिनसे मैंने बहुत-कुछ सीखा। हलवाई जाति का प्रादुर्भाव और इतिहास पुराना है। वैदिक काल से वर्तमान कालखंडों तक यानी यजुर्वेद (अध्याय-32, सूक्ति-12), अथर्ववेद (अध्याय-44, क-18), वराहपुराण, मनुस्मृति, गर्ग संहिता (खंड-7, अध्याय-8), वर्णविवेक चंद्रिका, वर्ण विवेकसार जैसे महत्त्वपूर्ण ग्रंथों में यह हर कहीं दर्ज है। हलवाइयों के आदिपुरुष मोदनसेन महाराज की वंशावली के अनुसार हलवाई वैश्यों की 352 उपजातियाँ हैं। पाकिस्तान और बांग्लादेश में मुसलिम हलवाई को 'बसोवास' कहते हैं।

बचानु संत पलटूदास के कुछ दोहे और कुंडलियाँ भी सुनाते थे। पलटूदास फैजाबाद के थे। वे संत भीखादास के शिष्य थे। हलवाई थे। सो बचानू उनके हवाले से सुनाते थे।

लस्सी बूँदी रसमलाई, खास सो स्वामी होय,
कहासुनी की है नहीं खास पिए की बात
कोई मिठाई न दे सकी रसमलाई को मात
लस्सी से शक्ति भक्ति बूँदी से मिले मिठास
रसमलाई पलक में ब्रह्म का हो आभास
पलटू सुभ दिन सुभ घड़ी धन्य हैं सोहन माई
लस्सी बूँदी सब फीकी हुई खाई जो रसमलाई।

बचानू का मिठाइयों से ऐसा गहरा नाता था कि वे मिठाई के साथ ही दुनिया छोड़ना चाहते थे। दिल्ली के एक बड़े अस्पताल मैक्स में उनके दिल का ऑपरेशन था। ऑपरेशन से पहले एक रोज वे डॉक्टर से उलझ पड़े। बचानू ने अपने कमरे में मिठाइयों के ढेर सारे पैकेट रखे थे। उन्हें देखने आनेवालों को खिलाने के लिए। लेकिन डॉक्टर को गलतफहमी हुई। उन लोगों ने समझा कि हृदय की धमनियाँ बंद हैं, इतनी मिठाई कहीं वे खुद तो नहीं खा रहे हैं? डॉक्टर ने

आदेश दिया कि मिठाइयों को कमरे से तुरंत हटाएँ। मामला बिगड़ गया। डॉक्टर नाराज; बचानू उनका कहा नहीं मान रहे थे, दूसरे रोज ऑपरेशन होना था। वे अस्पताल के अपने कमरे से मिठाई हटाने को तैयार नहीं थे। उन्हें अस्पताल में भर्ती मैंने कराया था, सो पंचायत करने भी मुझे ही जाना पड़ा। बचानू मुझे देखते ही कहने लगे, "जान भले चली जाए, पर मिठाई को मैं अपने से दूर नहीं करूँगा।" मैंने डॉक्टर से कहा, "वे खाते नहीं हैं, सिर्फ देखते हैं। मिठाई की गंध उनकी प्राणवायु है। मिठाइयों से उनका गहरा नाता है। मिठाई के बिना उनकी जिजीविषा कम हो सकती है, इसलिए मिठाइयों को उनके कमरे में ही रहने दें। वे खाएँगे नहीं। मिठाइयों के बीच खुद को पाकर वे अपनी मीठी दुनिया से जुड़े रहते हैं।" मेरे अटपटे तर्क से किसी तरह डॉक्टर माने। बचानू साव का ऑपरेशन हुआ। वे ठीक होकर बनारस लौट गए। पर कुछ ही दिन बाद वे हमारी जिंदगी में मिठास छोड़ खुद अनंत की ओर चले गए।

बचानू 'सेमी-लिटरेट' थे। पर धर्म, दर्शन, साहित्य और संगीत पर वे हर बनारसी की तरह बहस कर सकते थे। काशी विश्वनाथ मंदिर से तड़के जो 'सुप्रभातम्' गत पचास वर्षों से प्रसारित हो रहा है, वह बचानू की देन है। पूरे देश के संगीतकारों-गायकों को मिठाई खिलाकर उन्होंने उनसे सुप्रभातम् मुफ्त में गवा लिया। 'सुप्रभातम्' गाने के एवज में जब वे एम.एस. सुबुलक्ष्मी के पास पत्रं पुष्पम् का चेक लेकर पहुँचे तो सुबुलक्ष्मी ने चेक लौटा दिया और कहा कि इसे आप अपने ट्रस्ट में लगाएँ। दिन के हिसाब से यह प्रसारण हर रोज बदलता है। ऐसा कोई बड़ा गायक, वादक या संगीतकार नहीं है, जिसने इस 'सुप्रभातम्' में न गाया हो। आज भी 'सुबहे बनारस' की शुरुआत बचानू के 'सुप्रभातम्' से होती है। बचानू इलाहाबाद के कुंभ में पूरे डेढ़ महीने टेंट में कल्पवास सिर्फ इसलिए करते थे कि वे वहाँ सार्वजनिक उद्घोषणा प्रणाली के जरिए हर रोज सुबह पाँच बजे से सात बजे तक अपना 'सुप्रभातम्' प्रसारित करवा सकें। वे वहीं रुककर कुंभ के दौरान मेला क्षेत्र में भजन का रस घोलते। इसके लिए वे सरकार से लेकर मेला अधिकारी तक हर दरवाजे का चक्कर लगाते और आखिरकार प्रसारण करवा ही लेते।

वे बनारस के सांस्कृतिक रत्न थे। हर साल ज्येष्ठ शुक्ल एकादशी को देश की सभी नदियों से जल लाकर वे काशी विश्वनाथ का अभिषेक करवाते

थे। अभिषेक में प्रमुख जल बारी-बारी से बारह ज्योतिर्लिंगों में से किसी एक ज्योतिर्लिंग से आता था और उसी ज्योतिर्लिंग के पुजारी काशी विश्वनाथ का अभिषेक करते थे। देश की सांस्कृतिक एकता को मजबूत करने का उनका यह अनूठा प्रयास था। जो संस्कृति हमारे बाहर-भीतर हर जगह समाप्त हो रही है, बचानू उसे पुनर्जीवित करना चाहते थे। मिठाइयों के एवज में हम उन्हें लिफाफा देते, जिसमें कुछ शब्द होते, अर्थ नहीं। वे कहते थे कि शब्द में भी तो अर्थ ही होता है। बचानू साव अब नहीं हैं, पर उनकी मिठास आज भी कायम है। उनका घोला रस उन्हें जाननेवालों के जेहन में आज भी प्रवाहित हो रहा है। 'रस सिद्धांत' को दुनिया के सामने लानेवाले भरतमुनि थे। पर बनारसी मधुरता के रस निष्पादक तो 'बचानू साव' ही थे। वाह रजा बचानू! जब तक समाज में मिठास रही, तू याद आवत रहबअ।

□

17 देखो हमरी काशी

मुख्तार बैंडवाले

सबके सुख का बाजा!

मुख्तार हाशमी उत्सव की प्रतिमूर्ति थे। वे बनारसी बैंड-बाजों के 'खुद मुख्तार' थे। उन्हें भुलाया नहीं जा सकता। बेहद शफीक, गजब के यारबाज, मोहब्बत आमेज, पुरखुलूस, हर वक्त मदद को तैयार बेहतरीन इनसान। सुर-संगीत के साधक। बनारस की शान। बनारसी पंजाब बैंड के 'जुबिन मेहता'। संजीदा, जीवंत और संवेदनशील। आज भी बनारस में आपको जो नामी बैंडवाले मिलेंगे, वे पंजाब बैंड से टूटे उपग्रह ही होंगे। मुख्तार भाई बेजोड़ बैंड मास्टर थे। काल भैरव मंदिर के पास पाँच सौ साल से रहनेवाला उनका इकलौता मुसलिम परिवार था। काल भैरव काशी के कोतवाल कहे जाते हैं। उनके दर्शन के बिना काशी विश्वनाथ का दर्शन अधूरा माना जाता है। मुख्तार का परिवार बीती पाँच सदी से बनारसी जीवन में यहीं काल भैरव पर संगीत का रस घोल रहा है। चाहे वह मंदिर का संगीत हो, शिव की बारात हो, गुरु नानक देव की शोभायात्रा हो, किसी राष्ट्राध्यक्ष का स्वागत

हो या फिर मेरे जैसे बनारसियों की बारात। मुख्तार हर कहीं अपने बैंड के साथ मौजूद मिलते। बैंड उनका रोजगार नहीं, पैशन था। उनकी सोच साफ थी। जो खोया, उसका गम नहीं, जो पाया, वह किसी से कम नहीं।

मेरे लिए मुख्तार को याद करना जिंदादिली की एक सदी को याद करना है। मुख्तार सिर्फ बैंड मास्टर नहीं थे, शहर की सांस्कृतिक, राजनीतिक गतिविधियों में उनकी सक्रिय हिस्सेदारी होती थी। जब तक मैं बनारस में रहा, मुख्तार से अकसर मुलाकात होती थी। मेरी बारात के मुख्य बैंड मास्टर मुख्तार ही थे। बिस्मिल्लाह खाँ के बेटे जामिन हुसैन खाँ की शहनाई के साथ, वे भी इस घटना के गवाह थे। मैं जब भी बनारस जाता तो पहले काल भैरव दर्शन के लिए जाना होता। मेरे लिए काल भैरव के दर्शन से पहले मुख्तार भाई के दर्शन अनिवार्य थे, क्योंकि काल भैरव के नुक्कड़ पर ही पंजाब बैंड की दुकान थी। मुख्तार हर वक्त वहीं तशरीफ रखते थे। काल भैरव जाने से पहले रास्ते में ही मुख्तार की आवाज कानों में पड़ती—"भइया चाय पीलअ।" मैं हर बार उनसे कहता—"लौट के।" लौटते वक्त चाय के साथ गोल कचौड़ी भी होती। यह मुख्तार की मोहब्बत थी। यह सिलसिला कोई तीस बरस तक चला।

खूबसूरत सिलसिले का अंत जल्दी होता है, सो इसका भी हुआ, मगर तकलीफ की एक अजीब सी कसक के साथ। जिस व्यक्ति ने अपने फेफड़ों की हवा से ट्रम्पेट फूँककर हजारों घंटे लोगों को अपने संगीत से झुमाया, आनंद रस से सराबोर किया, लाखों पाँवों को थिरकने के लिए मजबूर किया, उनके मांगलिक कार्यों में चार चाँद लगाए, उसी मुख्तार के फेफड़े ऑक्सीजन के बिना बंद हो गए। मुख्तार कोविड की दूसरी लहर में बिना ऑक्सीजन के दम तोड़ गए। उन्हें कोरोना हुआ। गंभीर हालत में ऑक्सीजन की तलाश में सड़कों पर भटकते रहे, पर उन्हें प्राणवायु नहीं मिली। जब तक मुझे सूचना मिली, स्थिति नियंत्रण के बाहर थी। मैंने अस्पतालों में फोन करना शुरू किया। बंदोबस्त सुनिश्चित करने में दो घंटे लगे, मगर तब तक वे दुनिया छोड़ गए। यह बात शायद 15 अप्रैल, 2021 की होगी। यह अपराधबोध आज भी मेरे सिर पर है। मेरे घर के पास ही पिपलानी कटरावाले कब्रिस्तान में वे दफन हैं। कोविड के बाद जब बनारस गया तो वहाँ जाकर मैंने उनसे माफी माँगी—"मुख्तार भाई, आप ताउम्र मेरे लिए बाजे में हवा फूँकते रहे और मैं आपके उन्हीं फेफड़ों में

ऑक्सीजन न फूँक सका।" यह तकलीफ मुझे भीतर तक सालती है। इस दफा काल भैरव के दर्शन भी उनके बगैर हुए। लेकिन इस पूरी यात्रा में उनकी यादें मेरे कंधे पर सवार रहीं। शायर मोहम्मद अलवी के मुताबिक, "कोई बैंड-बाजा सा कानों में था। अजब शोर ऊँचे मकानों में था। मुझे मार के वह भी रोता रहा। तो क्या वह भी मेरे मेहरबानों में था?"

मुख्तार समाजवादी तबीयत के आदमी थे। मजलूमों और पसमांदा समाज की फिक्र करते थे। पाँच भाइयों में सबसे बड़े मुख्तार उस वक्त बैंड-बाजे के कारोबार में आए, जब बनारस में बैंड बजाने का काम सिर्फ मेहतर किया करते थे। भगवान् दास और झक्कड़, बनारस के दो पुराने और नामी मेहतर बैंड मास्टर थे। उनकी संततियाँ आज भी पानदरीबाँ में रहती हैं। मुख्तार के पिता और चाचा कानपुर से नए जमाने का बैंड सीख कोई अस्सी साल पहले बनारस आए और 'पंजाब बैंड' की स्थापना की। पिताजी ही असली बैंड मास्टर थे। उससे पहले मुख्तार भाई के दादा झन्ना उर्फ हबीबुल्लाह और पन्ना उर्फ बिस्मिल्लाह अंग्रेजी हुकूमत के दौरान काशीराज में 'ताशा' और 'रोशन चौकी' बजाते थे। बनारस में झन्ना-पन्ना की रोशन चौकी खासी प्रसिद्ध थी।

मुख्तार भाई का बैंड हर शिवरात्रि की शिव बारात का मुख्य आकर्षण होता था। शिव बारात सिर्फ बनारस में ही निकलती है। इसमें भगवान् शिव के सारे गण भूत, पिशाच, पागल, नशेड़ी, नंग-धड़ंग, मतवाले, लँगड़े-लूले, भिखारी तथा रईस, सभी शामिल रहते हैं। बारात में नाना प्रकार के वाद्ययंत्र और साज भी होते हैं। शिव की यह बारात लोक में महादेव की व्याप्ति की मिसाल है। वर्षों तक मुख्तार भाई का बैंड शिव बारात का नेतृत्व करता था। पंजाब बैंड गुरुनानक जयंती पर निकलनेवाली शोभायात्रा में भी बजता था। 1984 के दंगों के बाद न जाने क्यों बैंड बंद हो गया। मुख्तार ये काम पैसों के लिए नहीं, बल्कि बनारसी सद्भाव और मस्ती की परंपरा में करते थे। बनारस का ऐसा कोई बड़ा आयोजन और कोई बड़ा घर नहीं था, जिसमें उनका बैंड न बजा हो।

इस लिहाज से मुख्तार सार्वजनिक व्यक्ति थे। मुलायम सिंह यादव को अपना नेता मानते थे। मुलायम सिंह यादव जब दूसरी बार मुख्यमंत्री बने तो के.डी. सिंह बाबू स्टेडियम में हुए शपथ-ग्रहण समारोह में बैंड मुख्तार भाई का ही बजा था। इसके लिए वे बनारस से खासतौर पर बुलाए गए। समारोह में

शपथ लेनेवाले सभी मंत्रियों को मुख्तार भाई ने पगड़ी बाँधी थी। बाद में वे शायद समाजवादी पार्टी में पदाधिकारी भी बने।

मुख्तार भाई मेरे लिए एक इतिहास की दस्तक थे। भारत में 'ब्रास बैंड' उन्नीसवीं सदी की शुरुआत में आया। हालाँकि ब्रास बैंड की शुरुआत मिस्र से हुई। शुरू में यह लकड़ी और बाद में पीतल से बनने लगे। ताँबे और चाँदी से बने 'ट्रम्पेट' का भी जिक्र इतिहास में मिलता है। मिस्र के राजा 'तूतनखामेन' की कब्र से चाँदी और काँसे की ट्रम्पेट यानी 'तुरही' मिली थी। धातु से बनी ट्रम्पेट 1500 ईसा पूर्व की मानी जाती है। चीन, दक्षिण अफ्रीका, स्कैंडिनेविया और एशिया में ट्रम्पेट मिलती है। शुरुआत में ब्रास उपकरण काँस्य या जानवरों की सींग से बनते थे।

यूनान यानी ग्रीस तक इस इतिहास के सिरे मिलते हैं। ग्रीस के Salpinx का चलन ज्यादा था। ट्रम्पेट घुमावदार न होकर सीधे बनाए जाते थे। शोफर एक प्राचीन हीब्रू ब्रास बैंड है, जो जानवर के सींग से बनता था, जिसका उपयोग आज भी यहूदी समारोहों में किया जाता है। पुनर्जागरण के दौर में (14वीं से 17वीं शताब्दी) पीतल के उपकरण विकसित होने लगे थे, जो आज के आधुनिक ट्रम्पेट उपकरणों से मिलते-जुलते हैं। लगभग 1400-1413 के आसपास सबसे पहले S-आकार की ट्रम्पेट बनी। साल 1597 में इटली के संगीतकार Giovanni Gabriel ने वेनिस में ब्रास बैंड से पहली धुन तैयार की थी, जो 'Sonate pian'forte' के नाम से मशहूर हुई। 17वीं शताब्दी में इस संगीत उपकरण के डिजाइन में कुछ नए और बड़े बदलाव हुए। 18वीं शताब्दी आते-आते ब्रास बैंड बजानेवाले बैंड समूह बनने लगे। दुनिया का पहला सिविल ब्रास बैंड ब्रिटेन में साल 1809 में बना। इसे 'Stalybridge Old Band' के नाम से जाना गया।

मेरी दिलचस्पी बैंड-बाजे के भारतीय इतिहास को जानने की भी थी। इस पर ब्रिटिश लेखक ग्रेगरी डी. बूथ की लिखी किताब 'Brass Baja : Stories from the World of Indian Wedding Bands' ने मदद की। 19वीं सदी की शुरुआत से भारतीय शादियों में जश्न मनानेवालों की संख्या लगातार बढ़ती गई। तुरही, शहनाई और यूरोपीय ब्रास बैंड जैसे वाद्ययंत्रों को बारात में शामिल करने का चलन बढ़ा। इन वाद्ययंत्रों का विवाह समारोह में इस्तेमाल अंग्रेजों का

प्रभाव था। जैसे-जैसे उपनिवेशीकरण ने अपनी जड़ें जमाईं, शादी से जुड़ी कई प्रथाएँ, मसलन रिसेप्शन और शादी के निमंत्रण कार्ड की ब्रिटिश प्रथा भारतीयों में घर कर गई। और आज तो भारत में कोई आठ हजार से ज्यादा बैंड हैं।

ट्रेवर हर्बर्ट और हेलेन बारलो ने अपनी किताब 'Music & the British Military in the Long Nineteenth Century' में भारत में अंग्रेजी हुकूमत के बैंड का ब्योरा दिया है। वे लिखते हैं—"ब्रिटिश सेना ने स्थानीय लोगों में रोब गालिब करने के लिए भारत में मार्चिंग ब्रास बैंड की शुरुआत की। ब्रिटिश शासकों ने इसके जरिए अपनी शाही ताकत भी दिखाई। दिलचस्प बात यह है कि इंपीरियल मिलिटरी बैंड के कुछ संगीतकारों ने कुछ भारतीय बैंडों को ट्रेनिंग भी दी। ये ब्रिटिश बैंड वास्तव में कभी किसी बारात के साथ नहीं चलते थे। वे एक घेरे में बैठकर संगीत बजाते थे। धीरे-धीरे इनका भी भारतीयकरण हो गया और ये बारात के साथ चलने लगे। बैंड-बाजों ने हमारे मांगलिक वाद्यों को चलन से बाहर कर दिया। दक्षिण भारत में आज भी नादस्वरम् के तौर पर इनका इस्तेमाल होता है।

बैंड आने से पहले मुख्तार भाई के पुरखे भी काशी नरेश के यहाँ ताशा बजाते थे। तब ताशा राजघरानों का राज्य वाद्य होता था। ढोल और ताशा भारतीय वाद्य हैं। ताशा लकड़ी, धातु, चमड़े और कपड़े से बना एक तालवाद्य है, जबकि ढोल तो आप सब जानते हैं कि भारतीय उपमहाद्वीप में पीटकर बजानेवाला वाद्ययंत्र है। ढोल को ही अरबी में 'नक्कारा' कहते हैं। राजदरबारों के बाहर नक्कारा होता था। हिंदी में 'नक्कार खाने में तूती की आवाज' एक मुहावरा भी है। मतलब बड़े-बड़े नगाड़ों के बीच तूती जिसे लोक में 'झिल्ली' या 'झिंगुर' भी कहते हैं, वह आकार में मक्खी से दुगना होता है। उसकी मामूली आवाज। हिंदी का 'नगाड़ा' इसी का देशी रूप है। 150 ईसा पूर्व साँची के स्तूप में बनी कलाकृतियों में कलाकारों को ढोल-ताशा बजाते देखा जा सकता है। ढोल-ताशेवाले समूह में तीन-चार बड़े-बड़े ढोल होते थे। इस टीम में दो ताशे और दो झाँझ होते थे। ताशा मिस्र और झाँझ ईरान से आया था। तीनों मिलकर स्वरों के उतार-चढ़ाव से जो लयकारी पेश करते हैं, वही इसकी खासियत थी। उससे कुछ इस तरह की आवाज आती थी, 'कड़क-कड़क के झय्यम्-झय्यम्।' अब्दुल हकीम शरर की किताब 'गुजिश्ता लखनऊ' में जिक्र है कि सातवीं मुहर्रम के जुलूस में नवाब वाजिद अली शाह भी गले में ताशा डालकर बजाया करते थे।

ताशे का ही दूसरा साथी बाजा रोशन चौकी था। मेरी दादी इसे 'रब्बी-डब्बी, रोशन चौकी' कहा करती थीं। यह पुराना साज था। यह ईरान के शेख उर्रईस इब्ने सीना का ईजाद था। रोशन चौकी में दो शहनाई वादक भी होते थे। एक तबलची होता था, जिसकी कमर में दो तबले बँधे होते थे। तबले लय को कायम रखते और शहनाई सुर को। लय के उतार-चढ़ाव के लिए एक मशकबीन होता था, जिसे अंग्रेजी में 'बैगपाइप' कहते हैं। बैगपाइप स्कॉटलैंड का राष्ट्रीय वाद्य है। ब्रिटिश किंग एडवर्ड-VII और एडवर्ड-VIII, दोनों बैगपाइप बजाने के शौकीन थे। बैगपाइप में चमड़े के एक थैले पर पाँच पाइप लगे होते हैं। एक पाइप से चमड़े के थैले में मुँह से फूँककर हवा भरी जाती है। दूसरे पाइप का बाँसुरी की तरह इस्तेमाल होता है। बाकी की तीन पाइप सहायक नाद उत्पन्न करते हैं। चमड़े का थैला मशक की शक्ल का होता है, इसलिए उसे 'मशकबीन' भी कहते हैं।

इतिहासकारों का कहना है कि पहले बैगपाइप का प्रमाण एक हित्ती नक्काशी के जरिए 1000 ईसा पूर्व मिला था। रोमन इतिहासकार सुएटोनियस ने दूसरी शती में रोमन सम्राट् नीरो को ऐसा ही वाद्य बजाते चित्रित किया था। इसे बैगपाइप बताया गया। नीरो की बैगपाइप बजाती छवि तब के सिक्कों पर भी मिलती है। ब्रिटिश हुकूमत के दौर में जिस बैगपाइप को अंग्रेज स्कॉटलैंड से हमारे यहाँ ले आए, उसे ही मशकबीन, मशकबाजा, बीनबाजा और मोरबीन के रूप में भी जाना गया। ताशे के साथ मशकबीन और शहनाई रोशन चौकी के खास अंग थे। रोशन चौकी दरबारी बाजा था। राजमहल के चारों ओर रात में गश्त के साथ रोशन चौकी बजा करती थी। इसे आनंदप्रद बाजा माना जाता था। इसके दो मकसद थे—एक तो यह राजा को सुलाने का संगीत था और दूसरे यह प्रजा को गश्त का अहसास कराता था। कवि रघुबीर सहाय ने इन्हीं बैंडवालों के लिए शायद लिखा होगा—

> *राष्ट्रगीत में भला कौन वह, भारत-भाग्य-विधाता है, फटा सुथन्ना पहने जिसका गुन हरचरना गाता है, मखमल टमटम बल्लम तुरही, पगड़ी छत्र चँवर के साथ, तोप छुड़ाकर ढोल बजाकर, जय-जय कौन कराता है।*

मुख्तार भाई ने मेरे और मेरे भाई साहब की शादी में बैंड बजाया था। मेरी

बारात में तो उन्होंने आगे की बुकिंग इसलिए कैंसिल कर दी कि उस बारात में उनके नेता मुलायम सिंह यादव आए थे। मेरा उनसे अपनापा इसके बाद और गाढ़ा हुआ। यह सिलसिला बाद में मित्रता में बदल गया। उसके बाद हर बार वे मुझे ताकीद कराते कि अब तो बच्चों की शादी में मुझे बजाना है। बिटिया की शादी में मुझसे बड़ी गलती हुई। बनारस से सब आए। बनारस से पंडितजी, भोजन का इंतजाम करने के लिए हलवाई और मोछू दानावाले तक, पर मैं मुख्तार भाई को भूल गया। दिमाग से उतर गया। मुख्तार को बुरा लगा। जब मिले तो शिकायत की कि 'मुझे ही भूल गए। बनारस से हजारों लोग गइलन। भइया! हमई भारी रहलीं। वह मेरी भी बेटी थी। मैं आपसे कोई खर्चा भी नहीं माँग रहा था। मेरे साथ यह व्यवहार क्यों?' मैंने माफी माँगी और वादा किया कि लड़के की शादी में आप कई दिन तक बजाइएगा। मैंने उन्हें आनेवाले वक्त का वचन दिया। मगर यह वचन अब अधूरा रह गया। मुख्तार के असमय जाने से उन्हें न बुला पाने की मेरी आत्मग्लानि और बढ़ गई। पर किया क्या जा सकता था? हम यहीं लाचार हो जाते हैं। मुख्तार भाई मेरे लिए उत्सव का प्रतीक थे। उनकी फनकारी किसी भी उत्सव में जान फूँक देती थी। जब भी किसी बैंड की धुन मेरे कानों में पड़ती है, लगता है कि मुख्तार भाई सामने खड़े हैं—झूमते हुए, बजाते हुए, जिंदादिली में गाते हुए। मौत ने उनका शरीर छीन लिया है, पर रूह आज भी किसी बैंड की धुन पर करवट ले रही है। मानो मुख्तार भाई अपनी मौत के बाद भी इस नश्वर संसार को अपने बैंड की धुन में नचा रहे हों। अलविदा मुख्तार भाई!

□

18 देखो हमरी काशी

पाठक–ड्राइवर

बुद्धिं तु सारथिं विद्धि!

ड्राइवर सारथी होता है और मार्गदर्शक भी। मंजिल आपकी होती है, मगर रास्ते उसके होते हैं। यानी गंतव्य तक पहुँचानेवाला वही होता है। जो मंजिल तक पहुँचाए, वही गुरु। हमारी शास्त्र परंपरा तो यही कहती है। हमारे यहाँ गुरु का महत्त्व भगवान् से भी ज्यादा है, क्यों? क्योंकि भगवान् तक जाने का रास्ता वही दिखाता है। यानी वह मार्गदर्शक है और पथ-प्रदर्शक भी। ड्राइवर आपकी जिंदगी के सफर में न जाने कौन-कौन से रास्ते दिखाता है। आपको उसे भरोसे में रखना पड़ता है। वह आपको सन्मार्ग पर भी ले जा सकता है और कुमार्ग पर भी। 'ड्राइवर' शब्द सुनते ही मेरी स्मृतियों के पन्ने फड़फड़ाने लगते हैं। रामउदय पाठक का नाम मेरे जेहन पर छा जाता है। पाठकजी हमारे यहाँ ड्राइवर थे। सन् 78 से मुसलसल अब तक। बिल्कुल अभिभावक जैसे। ड्राइवर से इतर पाठकजी मेरे गुरु भी थे, क्योंकि ग्यारहवीं कक्षा में ही उन्होंने मुझे एंबेसडर कार चलानी सिखाई थी, वह भी

बनारस में। मेरा मानना है कि बनारस में अगर आप एंबेसडर कार चला लें तो समूची दुनिया में कहीं भी कोई भी वाहन आप चला सकते हैं। मेरे साथ भी वही हुआ। पाठकजी ने जो कार चलाना सिखाया, फिर मैंने पीछे मुड़कर कभी नहीं देखा। बस चलाई, ट्रक पर भी हाथ आजमाया और फिर जहाज भी। निजी विमान चालन का लाइसेंस भी प्राप्त किया।

पाठकजी ने मुझे कार चलाने की दीक्षा, सारनाथ के मूलगंधकुटी विहार के सामनेवाली उसी सड़क पर दी, जहाँ ढाई हजार साल पहले भगवान् बुद्ध ने अपने शुरुआती पाँच शिष्यों—कौंडिन्य, अश्वजित्, वाष्प, महानाम और अद्रिक को प्रथम धम्मोपदेश दिया था। दुनिया ने इसे 'धम्मचक्र प्रवर्तन' कहा। यहीं से बौद्ध धम्म/परंपरा की शुरुआत हुई, यानी मेरे जीवन में पाठकजी का महत्त्व बुद्ध से कम नहीं है।

चार फीट के पाठकजी अपनी ही बेफिक्री की दुनिया में रहते थे। अतिशय विनम्र, मुँह में ही बोलना। हमेशा आत्मगोपन की स्थिति में मग्न। निहायत ईमानदार। यह बात अलग है कि 'शॉर्टकट' के चक्कर में उन्होंने पूरा जीवन भीड़भाड़वाले रास्ते में ही फँसकर काट दिया। मेरे जीवन में पाठकजी अकेले ड्राइवर थे, जो धोती-कुर्ता पहन, कंधे पर गमछा रख ड्राइवरी करते थे। नाटे कद के कारण जब पाठकजी एंबेसडर में ब्रेक लगाते तो वे लगभग खड़े हो जाते। डेढ़-दो घंटे चलने के बाद पाठकजी सड़क के किनारे गाड़ी खड़ी कर बोनट खोल उसका परीक्षण जरूर करते। ऐसा गाड़ी की खराबी की वजह से नहीं, बल्कि यह उनकी आदत में शुमार था।

घर में पाठकजी से सबसे ज्यादा संवाद मेरा ही था। अकसर कालिदास और विद्योत्तमा की तरह इशारों और भंगिमाओं से ही यह संवाद होता था। पाठकजी का मेरे ऊपर असर भी था। अकसर वे मुझे कुछ सूचनाएँ देते। मैं उनकी सूचना ध्यान से सुनता। वजह, कृष्ण भी तो अर्जुन के अस्थायी ड्राइवर ही थे। हो सकता है कि पाठकजी भी जीवन के इस रण में हमें गीता जैसा कोई ज्ञान दे जाएँ। इसी उम्मीद में मैं विलंबित लय के इस व्यक्तित्व को झेलता रहा। भारतीय वाङ्मय में सारथी और ड्राइवरों की बड़ी समृद्ध परंपरा रही है। प्राचीन काल में जो सारथी थे, वही आज ड्राइवर हैं। समय बदला, लेकिन सारथी की परिभाषा वही है…वह पहले रथ दौड़ाता था, अब गाड़ियाँ दौड़ा रहा है। प्रसंग

स्पष्ट करने के लिए महाभारत को बीच में ला रहा हूँ। महाभारत का युद्ध चल रहा था। एक ओर अर्जुन थे, जिनके सारथी थे 'श्रीकृष्ण', तो दूसरी ओर कर्ण थे, उनके सारथी 'शल्य' थे। शल्य पांडवों के मामा थे। माद्री के भाई। लड़ रहे थे कौरवों की तरफ से, पर दिल से पांडवों के साथ थे। कृष्ण ने सारथी की भूमिका खुद चुनी थी। वे सिर्फ सारथी नहीं थे, अर्जुन उन्हीं के मार्गदर्शन में युद्ध का संचालन करते थे।

महाभारत का युद्ध खत्म हो गया था। कृष्ण अर्जुन से बोले, "पार्थ! आज तुम रथ से पहले उतर जाओ। तुम उतर जाओगे, तब मैं उतरूँगा।" यह सुन अर्जुन को कुछ अटपटा-सा लगा। अर्जुन के रथ से उतरने के बाद कृष्ण कुछ देर मौन रहे, फिर वे रथ से उतरे और अर्जुन के कंधे पर हाथ रखकर उन्हें

रथ से दूर ले गए। उस दौरान जो घटा, वह कृष्ण को तो पता था, पर अर्जुन के लिए विस्मयकारी, अकल्पनीय एवं आश्चर्यजनक। रथ से आग की लपटें निकलने लगीं और फिर एक भयानक विस्फोट में रथ जलकर खाक हो गया। अचंभित अर्जुन ने पूछा, "हे पार्थ! यह रथ अकाल मृत्यु को कैसे प्राप्त हुआ?" कृष्ण बोले, "यह सत्य है कि इस दिव्य रथ की आयु पहले ही समाप्त हो चुकी थी, पर यह रथ मेरे संकल्प से चल रहा था। इसकी आयु की समाप्ति के बाद भी इसकी जरूरत थी, इसलिए यह चला। धर्म की स्थापना में इसका महती योगदान था, इसलिए मैंने संकल्प बल से इसे इतने समय तक खींच लिया।" यानी सारथी के संकल्प से भी वाहन की उम्र बढ़ती है। मेरे पिताजी कृष्ण के अध्येता थे। उन्होंने ही यह कथा बताई थी, इसलिए मैं भी पाठक ड्राइवर के संकल्प की इज्जत करता था।

राजकुमार सिद्धार्थ पर भी उनके ड्राइवर (सारथी) का बड़ा असर था। सिद्धार्थ को गौतम बुद्ध बनानेवाला उनका ड्राइवर/सारथी 'छन्न' ही था। छन्न राजकुमार गौतम को रोज घुमाने ले जाता था। इसी घुमाने में ही एक रोज एक बूढ़े, दूसरे रोज एक रोगी, तीसरे रोज एक शव और चौथे रोज एक संन्यासी को देखकर सिद्धार्थ का मन बदला। वे इनके बारे में सवाल पूछते और ड्राइवर छन्न उन्हें जीवन और जगत् के गूढ़ रहस्य समझाता। इस तरह अपने ड्राइवर से प्रबुद्ध होते-होते राजकुमार सिद्धार्थ गौतम बुद्ध हो गए। मैं बुद्ध तो नहीं बना, पर आप मुझे बुद्धू समझ सकते हैं।

पाठकजी से जुड़ी एक बहुत दिलचस्प घटना है। बात नवंबर 1989 की होगी। तब इन्हीं पाठकजी ने मेरी और डॉ. संजय सिंह (अमेठी) की जान बचाई थी। लोकसभा के आम चुनाव थे। वी.पी. सिंह भ्रष्टाचार के खिलाफ आँधी पर सवार थे। हमें भी भ्रम हो गया था। एक्सप्रेस समूह उनके लिए जी-जान से जुटा था। तब मैं 'जनसत्ता' अखबार का राज्य संवाददाता होता था। अमेठी से राजीव गांधी के खिलाफ महात्मा गांधी के प्रपौत्र राजमोहन गांधी जनता दल के उम्मीदवार थे। मामला असली गांधी और नकली गांधी का बने, इसलिए राजमोहनजी को मैदान में उतारा गया था। भाजपा का उन्हें समर्थन था। राजमोहन गांधी 'इंडियन एक्सप्रेस' चेन्नई के संपादक का पद छोड़कर आए थे। इसलिए एक्सप्रेस उनके चुनाव में पूरी तरह लगा था। राजमोहन गांधी को कॉफी बीन्स से

लेकर जरूरी पत्रं/पुष्पम् और फलों तक पहुँचाने का काम लखनऊ से मेरे जिम्मे था। उस दौर को देखते हुए यह दायित्व काफी बड़ा था, क्योंकि सुल्तानपुर की सीट पर रामसिंह की देखभाल भी एक्सप्रेस समूह के ही जिम्मे थी। इस 'बड़ी' जिम्मेदारी के लिए ड्राइवर का भरोसेमंद होना जरूरी था।

सो दफ्तर की टैक्सी की जगह मैंने बनारस से पाठकजी को बुलाने का फैसला किया। उनकी गाड़ी यू.टी.क्यू.-478 के साथ। रुकने-ठहरने का कुछ ठीक नहीं होता था और पाठकजी भरोसेमंद आदमी थे, इसलिए उन्हें बुलाया था। मतदान से एक रोज पहले हम अमेठी पहुँचे। मेरे साथ पत्रकार साथी शीतल सिंह भी थे। आजकल वे शीतल पी. सिंह हो गए हैं। हालाँकि पीते तो उस वक्त भी थे। पर न जाने क्यों 'पी' लिखना अभी शुरू किया है। अब तो पीना भी छोड़ दिया है। तब वे चौथी दुनिया के राज्य संवाददाता थे। दूसरे साथी थे सुल्तानपुर के हमारे सहयोगी राज खन्ना। मतदान के दिन हम सुबह-सुबह ही निकल पड़े। कोई दस बज रहे होंगे। हम बूथ देखने निकले तो जहाँ जाइए, कांग्रेसी बूथ पर कब्जा किए थे। राजमोहनजी हताश और निराश। वे बाहरी और अंग्रेजीदाँ आदमी थे। हिंदी भी ठीक से नहीं समझते थे। वहाँ अवधी का जोर था। उन्हें कुछ समझ नहीं आ रहा था। उनको लड़वानेवाले भाजपा के लोग और संजय सिंह अपने-अपने घरों में बैठे थे। मैं गुस्से में संजय सिंह के राजप्रासाद पहुँचा। अपने महल में वे नाश्ता कर रहे थे। बाहर गांधीवादी पिट रहे थे। संजय सिंह और मैंने एक ही गुरु के निर्देशन में पी-एच.डी. की थी, इसलिए अपना नाता दोस्ताना था। हमने कहा, "भाई, अमेठी में बूथ लूटे जा रहे हैं और आप घर में बैठे हैं। काहे बात के राजा हैं!" उन्होंने पूछा, "कहाँ लूटे जा रहे हैं?" मैंने कहा, "आपके घर के सामने।" उनकी कमर में साइटिका का दर्द था। शायद इसलिए वे सुबह से निकले नहीं थे। हालाँकि वे खुद विधानसभा के उम्मीदवार भी थे। उन्होंने मुझसे कहा, "आइए, देखते हैं।" और हम उनकी एंबेसडर गाड़ी में बैठ गए। मेरी गाड़ी उनके पीछे-पीछे चलने लगी, जिसे यही राम उदय पाठक चला रहे थे।

हम अमेठी के एक बूथ पर पहुँचे ही थे कि एक धमाका हुआ और कुछ लोग कई गाड़ियों में सवार होकर भागे। पता चला कि वे वहाँ जबरन बैलेट पेपर पर ठप्पा लगा रहे थे और हमारे आने की सूचना से भागे। यही टीम बारी-बारी से मतदान केंद्रों पर जा जबरन वोट डालती और आगे बढ़ जाती। वह दौर बैलेट

पेपर पर ठप्पा लगाने का था, बटन दबाने का नहीं। कब्जा करनेवालों का नेतृत्व कोई आशीष शुक्ला नाम के व्यक्ति कर रहे हैं, ऐसा हमें बताया गया। वे तब उस इलाके के बाहुबली थे। बाद में भाजपा और बसपा से लोकसभा और विधानसभा का चुनाव भी लड़े। जनाब सात-आठ गाड़ियों की फौज लेकर चल रहे थे। संजय सिंह ने लोगों से बात की तो पता चला कि ये हरिशंकर तिवारी के आदमी हैं और कैप्टन सतीश शर्मा की देखरेख में यह सब हो रहा है। हम आगे बढ़े ही थे कि मुंशीगंज के आगे एक चौराहे पर दाहिनी ओर से यह काफिला फिर आता दिखाई दिया। संजय सिंह ने अपनी गाड़ी रोकी और वहीं उतर गए। चारों ओर खेत थे और खेत की छाती को चीरती चारों ओर से आनेवाली सड़कें इसी चौराहे पर मिल रही थीं। न कोई आड़, न दुकान, न पेड़-पौधे। सीधा आमना-सामना। सड़क के दोनों ओर नीचे गड्ढे थे।

संजय सिंह एक हाथ में छड़ी और दूसरे में रिवॉल्वर लेकर ललकार रहे थे। तब तक सामने राइफलों से गोली चलने लगी। इधर रिवॉल्वर, उधर राइफल। इधर एक, उधर कई। मैं अवाक् संजय सिंह की गाड़ी की आड़ में बैठ उन्हें वापस बुलाने लगा। उनके गनर ने भी एकाध गोलियाँ चलाईं। तभी मैंने देखा कि संजय सिंह को एक गोली पेट में लगी और उनके दूसरे साथी जमीन पर गिरे। ड्राइवर को भी गोली लगी और गाड़ी के शीशे और बोनट पर भी गोलियाँ लगी थीं। मैंने संजय सिंह को पीछे खींचा और अपनी गाड़ी में जबरन घुसा दिया। पर यह क्या? पाठकजी गायब! अब मैं पाठकजी को ढूँढ़ने लगा। सामने से गोलियाँ चल रही थीं। तेज-तेज आवाज लगाई। प्राण सूख रहे थे। मुझे डर था कि अगर हमलावर आगे बढ़े तो हम सब ऊपर जाएँगे। तभी देखा कि सड़क के नीचे गड्ढे में पाठकजी बैठे हैं। मैंने पाठकजी को बुलाया और गाड़ी मोड़कर निकलने को कहा। पाठकजी थर-थर काँप रहे थे। उनका दिमाग काम नहीं कर रहा था।

गाड़ी के मुड़ते ही मैंने कहा, "पाठकजी, चाँपिए!" अब पाठकजी हवा से बात कर रहे थे। मैंने कहा कि किसी भी प्राथमिक स्वास्थ्य केंद्र पर चलिए। तब मोबाइल का जमाना नहीं था। खून बह रहा था, पर संजय सिंह होश में थे। उन्होंने कहा, "मुसाफिर खाना के स्वास्थ्य केंद्र पर चलिए," वह सात-आठ कि.मी. दूर लखनऊ हाईवे पर था। संजय सिंह का सिर मेरी गोद में था। गाड़ी में सिर्फ सुबह के अखबार थे। मैं उन अखबारों से उनके बहते खून को रोकने की

कोशिश कर रहा था। गाड़ी में शीतल सिंह भी थे और राज खन्ना भी और डर यह था कि कहीं वे लोग पीछा न कर रहे हों। हम सब मुड़-मुड़कर पीछे देखते। बाद में पता चला कि वे भी संजय सिंह के गिरने से भयभीत हो पीछे लौट गए। उन्हें इस बात का अंदाज भी नहीं था कि इस तरफ कितनी तैयारी है। अगर वे पीछा करते तो हमारा क्या होता, पता नहीं।

पाठकजी की गाड़ी मुसाफिर खाना हेल्थ सेंटर पर ही रुकी। रास्ते में संजय सिंह रुककर कहीं पेशाब करना चाहते थे, पर मैंने गाड़ी रोकी नहीं। मुसाफिर खाना पहुँचने से पहले ही अस्पताल के बाहर भीड़ लग गई। तब तक लखनऊ में भी खबर पहुँच चुकी थी। डॉक्टरों ने उनका प्राथमिक उपचार कर उन्हें लखनऊ रेफर किया। उनके पेट में दो गोली लगी थीं। पुलिस ने बयान के लिए हमें रोके रखा। पर राज खन्ना ने जुगाड़ से हमें मुक्त करा दिया। कुछ औपचारिकताओं के बाद हम खबर भेजने के लिए वहाँ से निकल लिये। पूरे रास्ते मुझे इस बात की ग्लानि थी कि अच्छे-भले बाबू-साहब नाश्ता कर रहे थे। मैंने उन्हें क्यों ललकार दिया? फिर हम राजमोहन गांधी के कार्यालय पहुँचे। उन्हें घटना की पूरी जानकारी दी। एल.सी. जैन (बाद में योजना आयोग के उपाध्यक्ष) और धर्मपालजी जैसे कई गांधीवादी वहाँ मौजूद थे। शायद राजीव वोरा भी वहाँ बैठे थे। इस चुनाव की एक बड़ी उपलब्धि यह थी कि मुझे इन बड़े-बड़े लोगों की सोहबत मिली। इन सब पर फिर कभी मौका मिला तो अलग से लिखूँगा।

देर रात हम लखनऊ लौट आए, पर पाठकजी महीनों तक विक्षिप्त जैसे थे। दाहिने कहिए तो बाएँ जाते थे। बाएँ कहिए तो दाहिने। उन्हें कुछ समझ नहीं आता था। आज भी उन्हें उस घटना की याद दिलाइए तो वे सिहर उठते हैं। रात में ही संजय सिंह भी लखनऊ के किंग जॉर्ज मेडिकल कॉलेज लाए गए। उनका ऑपरेशन हुआ। फिर मामला बिगड़ा तो उन्हें इलाज के लिए विलायत भेजा गया।

दुनिया कितनी छोटी है और संयोग क्या होता है, इसका एक उदाहरण। इस घटना के कोई तीस बरस बाद का दृश्य। मिर्जापुर के विधायक रत्नाकर मिश्र, जो विंध्यवासिनी मंदिर के तीर्थ पुरोहित भी हैं, अपनी बिटिया के विवाह का निमंत्रण देने मेरे घर आए। उनके साथ एक सज्जन और थे। बातचीत शुरू हुई। मैंने कहा, "मैं जरूर आऊँगा। शादी कहाँ कर रहे हैं?" उन्होंने साथ आए सज्जन की ओर इशारा कर बताया कि यही मेरे समधी हैं। इन्हीं के बेटे से शादी

हो रही है। सुल्तानपुर से विधायक और लोकसभा का चुनाव लड़ चुके हैं। यह भी आपको न्योता देने आए हैं। आप दोनों तरफ से निमंत्रित हैं। मैंने कहा, "बहुत सौभाग्य हमारा। मैं दोनों तरफ से निमंत्रित हूँ।" पूछा तो पता चला कि नेताजी आशीष शुक्ला हैं। मेरे दिमाग की बिजली कौंधी। मैंने कहा, "तीस बरस पहले गौरीगंज के चौराहे पर इधर संजय सिंह, उधर से तड़ातड़। कहीं आप वही तो नहीं हैं?" संयोग देखिए कि एक सौ तीस करोड़ के मुल्क में वही शुकुलजी मुझे फिर मिल गए थे। नतमस्तक होते हुए उन्होंने कहा, "भाईसाहब, कितनी पुरानी बात आपको याद है। अब तो हम दोनों एक ही पार्टी में हैं।" मैंने कहा, "गुरुदेव, वह तो ठीक है। आप दोनों अब एक ही पाले में हैं। पर कहीं उस रोज आप पीछे-पीछे आ जाते तो हम आज आपसे निमंत्रण लेने के लिए यहाँ न बैठे होते।" वे बहुत असहज हो रहे थे। कई बार माफी माँगी। बात आई। गई।

यह विषयांतर था, पर रोचक था। एक सौ तीस करोड़ का मुल्क भी कितना छोटा है यह बताने के लिए। अब आइए पाठकजी पर। पाठकजी से मिलकर मुझे ड्राइवरों के समृद्ध इतिहास का बोध भी हुआ।

ड्राइवरों की किस्मत बहुत तेजी से पलटती है। इसलिए इन्हें कभी हलके में नहीं लेना चाहिए। चीन में अरबपति बने एक पूर्व टैक्सी ड्राइवर लियू यिकिअन ने साल 2015 में एक नीलामी में दुनिया की दूसरी सबसे महँगी पेंटिंग खरीदी, जिसकी कीमत 1100 करोड़ थी। यिकिअन आज चीन के 163 नबंर के अरबपति हैं, लेकिन उनकी जिंदगी की कहानी दिलचस्प है। उन्होंने अपने कॅरियर की शुरुआत चीन के एक बंदरगाह पर ट्रैक्सी चालक के तौर पर की थी।

ड्राइवर यानी सारथी की गुरुता और महत्त्व को समझने के लिए हमें 'कठोपनिषद्' में यम और नचिकेता संवाद को समझना पड़ेगा। 'कठोपनिषद्' कृष्ण यजुर्वेद का उपनिषद् है। इसमें नचिकेता और यमराज का ब्रह्मज्ञानी संवाद है। इसमें वे सूत्र हैं, जो नचिकेता के ज्ञान से प्रसन्न होकर यमराज ने उसे दिए थे। यमराज नचिकेता से कहते हैं—

आत्मानं रथितं विद्धि शरीरं रथमेव तु।
बुद्धिं तु सारथिं विद्धि मन: प्रग्रहमेव च॥

(तू आत्मा को रथी जान, शरीर को रथ समझ, बुद्धि को सारथी जान और मन को लगाम समझ।) यानी शरीर का ड्राइवर बुद्धि है।

समूचे वैदिक और पौराणिक साहित्य में देव मंडल का प्रधान देवता सूर्य है। सूर्य के अथर्ववेद में सात और महाभारत में बारह नाम गिनाए गए हैं। ऋग्वेद ने सूर्य को विश्व की आत्मा और पिता माना है। स्वास्थ्य से सूर्य का सीधा संबंध है। यह रोगों को दूर भगाता है। सूर्य का रथ घोड़े खींचते हैं। पुराणों के मुताबिक सूर्य के सारथी अरुण हैं। उनके बारे में कहा जाता है कि अरुण का सूर्य पर इतना प्रभाव है कि वे रथ की कमान सँभालते वक्त सूर्यदेव की ओर मुँह करके ही बैठते हैं। बावजूद इसके रथ अपनी दिशा में निरंतर सही मार्ग पर चलता रहता है।

एक ऋषि प्रजापति कश्यप थे। उनकी पत्नी विनता थीं। उनके दो बेटे थे। नाम था—'गरुड़' और 'अरुण'। गरुड़ भगवान् विष्णु के वाहन थे तो अरुण सूर्य के रथ के सारथी। मान्यता है कि सूर्योदय के समय जो बैंगनी रंग की रोशनी आती है, वह अरुण की होती है।

इंद्र देवताओं के राजा थे। सुरा-सुंदरी से लैस। वे भोग-विलास में लिप्त रहनेवाले देवता। मातलि उनके सारथी थे। मातलि का उल्लेख पौराणिक ग्रंथों में आता है। राम-रावण युद्ध के दौरान जब रावण रथी था और रघुवीर विरथ थे तो उस वक्त इंद्र ने अपना ही रथ राम की सहायता के लिए भेजा था। मातलि ने ही तब रथ का संचालन किया था। इस सबके बीच एक किस्सा हमारे पाठकजी सुनाते थे। पाठकजी धर्म-कर्म में शिक्षित थे। वे अपनी ड्राइवरी को साबित करने के लिए एक किस्सा सुनाते थे, जो बहुत ही रोचक है। यह किस्सा सारथियों के सारथी दारुक का है। दारुक भगवान् श्रीकृष्ण के सारथी थे। वे बड़े स्वामिभक्त थे। जिस समय अर्जुन सुभद्रा को हरण कर ले जा रहे थे, उस समय दारुक ने अर्जुन से कहा, "मैं यादवों के विरुद्ध रथ नहीं हाँक सकता, अतः आप मुझे बाँध दें और फिर जहाँ चाहे रथ ले जाएँ।" मान्यता के अनुसार उस यादवी युद्ध में चार प्रमुख व्यक्तियों ने भाग नहीं लिया था, वे थे—कृष्ण, बलराम, दारुक सारथी और वभ्रु। बलराम दुःखी होकर समुद्र की ओर चले गए। कृष्ण बड़े मर्माहत हुए। वे द्वारका गए और दारुक को अर्जुन के पास भेजा कि वे आकर स्त्री-बच्चों को हस्तिनापुर ले जाएँ।

कभी सेना में ए.पी.जे. अब्दुल कलाम के ड्राइवर रहे वी. कथीरेसन बाद में इतिहास के असिस्टेंट प्रोफेसर बने। कथीरेसन और कलाम का लंबा साथ रहा। उनका मानना है कि इस साथ ने ही उनकी जिंदगी बदली। कथीरेसन 1979 में

दसवीं में फेल होने के बाद सिपाही के तौर पर सेना में शामिल हुए। जब उन्होंने अपनी ड्राइवर की ट्रेनिंग पूरी की तो उन्हें पहली ही पोस्टिंग रक्षा अनुसंधान और विकास संस्थान (डी.आर.डी.ओ.), हैदराबाद में मिली। वहाँ वे संस्थान के डायरेक्टर कलाम के ड्राइवर नियुक्त हुए। कथीरेसन बताते हैं कि वे दोनों एक ही जिले अविभाजित रामनाड से आते हैं। कथीरेसन को कलाम पसंद करने लगे थे। उन्होंने कथीरेसन को पढ़ाई जारी रखने के लिए प्रोत्साहित किया था और पढ़ाई की सारी व्यवस्था भी की। कथीरेसन याद करते हैं कि एक बार डॉ. कलाम ने उनसे कहा था, "यदि मेरे पास ये डिग्रियाँ होतीं तो मैं टीचर होता और अब मुझे डॉक्टरेट कर लेना चाहिए, ताकि मैं कॉलेज में लैक्चरर हो पाऊँ।" कथीरेसन ने कलाम साहब के साथ 10 साल काम कर 1998 में सेना से एच्छिक सेवानिवृत्ति ले ली। उसी साल उन्होंने पी-एच.डी. की। बाद में 2008 में उनकी नियुक्ति गवर्नमेंट आर्ट्स एंड साइंस कॉलेज अथूर में इतिहास के असिस्टेंट प्रोफेसर के तौर पर हुई। प्रधानमंत्री मनमोहन सिंह की सरकार को रामलीला मैदान तक घसीटनेवाला भी सेना का एक पूर्व ड्राइवर किशन बाबूराव हजारे ही था, जिसे दुनिया 'अन्ना हजारे' के नाम से जानती है। अन्ना को भारत सरकार 'पद्म विभूषण' के सम्मान से नवाज चुकी है।

हमारे पाठकजी अगर अमेरिका में होते तो 'शोफा' कहे जाते, जो फ्रेंच शब्द है। ड्राइवर तो अंग्रेजी का शब्द है। फ्रांस में शोफा का मतलब है स्टोकर। फ्रांस में इन्हें स्टोकर इसलिए कहा जाता है, क्योंकि वहाँ सबसे पुराने वाहन स्टीम से चलते थे। भाप बनाने के लिए जो कोयला जलाने-सुलगानेवाले होते थे, उन्हें 'स्टोकर' कहा जाता था। इन्हें सामान्य मजदूरों से दोगुनी तनख्वाह मिलती थी। कारों के आने से पहले शोफा ही कोचमैन होते थे, जो बग्घियाँ भी चलाते थे।

बाद में 'शोफा' शब्द अमेरिका में इस्तेमाल होने लगा, जबकि बर्तानवी लोगों ने कारचालकों को 'ड्राइवर' कहा। 18वीं सदी में सबसे अच्छी कारें फ्रांस में बनती थीं और अमेरिका जाती थीं तो उसे चलानेवाले को 'शोफा' अमेरिका में भी कहा जाने लगा। फ्रांस और अमेरिका की दोस्ती की मिसाल बुलंद है, मसलन जिन गुस्ताव एफिल ने पेरिस का मशहूर एफिल टावर बनाया था, उन्हीं ने अमेरिका की स्टेच्यू ऑफ लिबर्टी का फ्रेम तैयार किया था, जो 1886 में अमेरिकी आजादी की शताब्दी पर फ्रांस की अमेरिका को भेंट थी।

सन् 1882 में एनरिको बर्नाडी ने गैसोलीन से चलनेवाली पहली ट्राइसकिल सड़क पर उतारी तो इटली की सड़कों पर नए युग का आगाज हुआ। सन् 1885 में जर्मन इंजीनियर कार्ल बेंज पहला ऑटोमोबाइल ले आए। और इसके साथ ही शोफा या ड्राइवर के पेशे में चार चाँद लग गए।

सन् 1906 में रॉल्स रॉयस ने पहली लक्जरी कार सड़क पर उतारी, जिसका नाम था—सिल्वर शैडो। यह पहली शोफा आधारित कार थी यानी ड्राइवरों को ध्यान में रखकर बनाई गई कार, जो रईसों की पहचान बन गई। शोफा का पेशा आर्थिक संकटों के बावजूद बना रहा। निजी शोफा या ड्राइवर बाद में हायर किए जाने लगे, जो आज भी मौजूद हैं। शोफा प्रतिष्ठित पेशेवर लोग थे। नाम इतना ज्यादा था कि अमेरिका में इनके लिए पूरी पत्रिका छपती थी, जिसका नाम था—'द शोफा'। 20वीं सदी की शुरुआत में फोर्ड की कारों से लेकर पिछली सदी के सातवें दशक में छा जानेवाली लंबी लिमोजीन कार तक शोफा बने रहे, एक बेहद जिम्मेदार, नफासत और गंभीर पेशे की पहचान के साथ।

सो ड्राइवर यानी सारथी, यानी मार्गदर्शक, यानी गुरु, जीवन के कितने ही क्षेत्रों में आपकी नैया पार लगाता है। आपको रास्ते की ऊहापोह से निकालकर मंजिल तक पहुँचाता है। इतिहास उसका ऋणी है। समय उसका कृतज्ञ है। समाज की प्रगति उसके आगे नतमस्तक है। जीवन की कितनी ही सफलताएँ उसकी अनुचरी हैं। इसलिए जरूरी है कि ड्राइवरी को सम्मान की दृष्टि से देखा जाए। उसकी महत्ता को स्वीकार किया जाए। उसके साथ जुड़ी महान् परंपरा का अभिनंदन किया जाए। मैंने पाठकजी से न सिर्फ गाड़ी चलानी सीखी है, बल्कि जीवन की गाड़ी चलाने के अनमोल सूत्र भी पाए हैं। आज भी छठे-छमासे जो कुछ लोग मुझे बिना काम अकारण सिर्फ कुशल-क्षेम पूछने के लिए फोन करते हैं, पाठकजी उनमें से एक हैं।

□

देखो हमरी काशी

19

धर्मराज तेली

चलता कोल्हू देखकर!

इतिहास में धर्मराज, युधिष्ठिर को कहते हैं। पर मेरा धर्मराज मोहल्ले का तेली था। महाभारतवाले धर्मराज के जीवन की कई घटनाएँ उन्हें झूठा और अधर्म का साथ देनेवाला साबित करती हैं। लेकिन मेरा धर्मराज इससे बिल्कुल अलग, अलग ही मिट्टी का बना था। वह तेल में मिलावट नहीं करता था। कर्म को अपना धर्म मानकर तिल से तेल निकालता था। तेल बेचने के लिए झूठ का सहारा नहीं लेता था। उसूलोंवाला था। हाँ, मोहल्लेवाले उसकी मनहूसियत भरी टोका-टाकी से जरूर परेशान रहते थे। धर्मराज तेली मोहल्ले में इस बात के लिए मशहूर थे कि तिल क्या, धर्मराज बालू से भी तेल निकाल लेते हैं। जब से मैंने होश सँभाला, धर्मराज को वैसे ही देखा। उनकी एक आँख खराब थी। घुटनों तक तेल से चीकट धोती, कंधे पर गंजी (बनियान) लटकाए हुए। चमरौंधा जूता पहने धर्मराज की नाक पर जो चश्मा टँगा होता था, उसकी एक डंडी एक कान पर और दूसरा सिरा एक

धागे के जरिए दूसरे कान से बँधा रहता था। यह टूटा चश्मा ही उनकी पहचान था। कोई तीस बरस के अंतराल में ऐसा तो होगा नहीं कि उनके चश्मे का पावर न बदला हो। फ्रेम न बदला गया हो, लेकिन उनके चश्मे का एक सिरा उनके कान से हमेशा धागे से ही बँधा रहा। आज की भाषा में उसे आप 'स्टाइल स्टेटमेंट' कह सकते हैं। उनके हाथ में एक छोटा सा सोटा होता था, जिसे वे कोल्हू के बैल को चलायमान रखने के लिए अकसर पटका करते। मेरे मोहल्ले में बरनवाल धर्मशाला के सामने ही उनका कोल्हू था। कोल्हू का बैल आकार में बकरे से थोड़ा ही बड़ा होगा। दुकान के अंदर बैल देश की जी.डी.पी. की तरह मंथर गति से चलता रहता और बाहर धर्मराज एक टूटी बेंच पर बैठ मोहल्ले की पंचायत में रुचि रखते। बीच-बीच में तेल लेने आनेवालों को वे बाहर से ही तेल मापकर देते। पर उनकी रुचि मोहल्लेवालों की कानाफूसी में ज्यादा रहती।

कोई बारह गुणा बारह का कमरा रहा होगा, जिसमें उनका कोल्हू चलता था। कोल्हू के बैल को एक बार हाँककर वे बाहर आकर बैठ जाते और उधर से आने-जानेवालों से टेढ़ी आँख कर एक ही सवाल करते, "ऐ बाबू! कहाँ जात हऊआ। या कहाँ से आवत हउआ?" उनकी टोका-टाकी से मोहल्लेवाले परेशान रहते। एक तो तेली, दूसरे आँख की लाचारी, ऊपर से टोका-टाकी। यात्रा पर निकलनेवाले उनकी मोहल्ले में पोजिशनिंग और टोका-टाकी को अपशकुन मानते थे। इसी वजह से ज्यादातर लोग उस रास्ते बहुत लाचारी में ही जाते थे, जिस पर धर्मराज विराजमान रहते। पर मैं तो उधर से ही जाता। कई साथी कहते, धर्मराजवा मिल जाईं तो यात्रा बिगड़ जाईं। पर मैंने कभी इसकी परवाह नहीं की। मोहल्लेवालों के प्रति धर्मराज का जिज्ञासु स्वभाव और जीवन जगत् के लिए मेरा जिज्ञासु स्वभाव, इस लिहाज से मैं उन्हें समानधर्मा मानता था। बस रुचि के केंद्र अलग-अलग थे।

धर्मराज भाग्य से लाचार थे। परिवार में उनके 'मिनिएचर बैल' के अलावा कोई नहीं था। धर्मराज की पत्नी मोहल्ले के ही किसी नौजवान के साथ भाग गई थी। इस कारण धर्मराज की नारी जाति के प्रति दृष्टि बदल गई थी। उनके प्रति बड़े कटु रहते थे। धर्मराज का एक बेटा था, जो फिल्मों में काम करने की शाश्वत अभिलाषा में बहुत पहले ही बंबई भाग गया था। बहुत दिनों तक धर्मराज बेटे के लिए परेशान रहे। बहुत ढूँढ़ा, पर कहीं कोई खबर नहीं। कुछ साल बाद

पता चला कि वह बंबई में हीरोइनों का 'बॉय' बन गया है, जो उनके मेकअप आदि के साजोसामान उठाकर उनके साथ चलता है। दो-तीन महीने में उसकी चिट्ठी आती थी। धर्मराज मुझसे ही उसकी चिट्ठी पढ़वाते थे। लड़का भी किसी से लिखवाता ही था, क्योंकि वह खुद भी 'लिख लोढ़ा पढ़ पत्थर' था। बेटा सचमुच में क्या करता था, यह तो पता नहीं, पर चिट्ठी में हीरोइनों का वर्णन सुन धर्मराज का सीना गर्व से गुब्बारे की तरह फूलता। वे मुझसे आग्रह करते, "जरा फिर से सुनावा।" फिर लंबी साँस लेते हुए कहते, "ईहाँ रहतन त तेल पेरतन सरऊ, ऊहाँ गईलन त हीरोइन के तेल लगावत बाडन। जनमते पंडिजी कहले रहलन एकर भाग्य जबर बा। बहुत आगे जाईं। बडमनई के साथे रही। देखा पंडितजी क बात सही भयलअ न।"

इतिहास में जिन युधिष्ठिर को धर्मराज कहा गया, उन्होंने कई बार झूठ का सहारा लिया। चाहे वह धोखे से द्रोण का वध हो या फिर द्रौपदी को निर्वस्त्र किए जाने का प्रसंग। अश्वत्थामा को माफी देने का सवाल हो या पांडवों की अंतिम यात्रा में द्रौपदी पर युधिष्ठिर की घृणास्पद टिप्पणी। हर कहीं द्रौपदी धर्मराज से कहीं ज्यादा मर्यादा में दिखती हैं। युधिष्ठिर के जीवन की एक घटना ने तो उन्हें झूठा और षड्यंत्रकारी करार दिया, जब उन्होंने यह जानते हुए भी कि द्रोणपुत्र अश्वत्थामा जीवित है और अश्वत्थामा नाम का हाथी ही मरा है, झूठ बोला कि पता नहीं हाथी मरा है या मनुष्य, पर अश्वत्थामा मारा गया। इस एक सूचना पर द्रोण ने अपने हथियार फेंक दिए और वे धृष्टद्युम्न के हाथों मारे गए। यह थे इतिहासवाले धर्मराज, जिनका जीवन झूठ, धोखे और षड्यंत्र पर टिका था। पर मेरा धर्मराज खुद धोखे और षड्यंत्र का शिकार था।

जीवन में झूठ और स्त्री से ही धर्मराज परेशान रहते थे। मोहल्ले में एक समाज-सेवी महिला थी अहीरिन महराजिन, जिनसे वे पनाह माँगते थे। हो सकता है कि आपको यह नाम सुनकर कुछ अटपटा-सा लग रहा हो। पर यही सच है। मुझे ठीक-ठीक याद नहीं आ रहा है। अब या तो उनके पति अहीर थे और वे पंडित। या वे अहीरिन थीं, पति पंडित। इसलिए मोहल्लेवाले उन्हें अहीरिन महराजिन कहते थे। मेरे घर के पीछे रहती थीं। मोहल्ले में सबके घर जाने का उनके पास लाइसेंस था, क्योंकि वे प्रसव करवाती थीं। उन दिनों प्रसव के लिए अस्पताल जाने का उतना चलन नहीं था। मोहल्ले में ही ऐसी एक-दो स्किल्ड महिला होती थीं।

इसलिए अहीरिन महराजिन के जलवे हुआ करते थे। वे सबके घर का भेद जानती थीं। कुटिलता उनके व्यक्तित्व में लबालब भरी थी। वे पढ़ी-लिखी नहीं थीं। पता नहीं, उन्होंने कभी महाभारत की कथा सुनी भी होगी या नहीं। अगर सुनी भी होगी तो क्या शकुनि के बारे में पढ़ा होगा? इस प्रश्न का जवाब मेरे पास तो नहीं है, पर इतना जरूर कह सकता हूँ कि वे कुटिलता में शकुनि की परनानी थीं। इनकी बात उनसे और उनकी बात इनसे कहे बिना उनका हाजमा दुरुस्त नहीं रहता था। मोहल्ले में किसकी बेटी-बहू कब गर्भवती हुई? कितना वक्त बचा है? कितनी ऐसी औरतें हैं, जो तमाम कोशिशों के बाद भी गर्भ धारण नहीं कर पा रही हैं? इस सबका लेखा-जोखा उनके पास होता था। देश के नीति आयोग और केंद्रीय सांख्यिकी संस्थान को भी देश की अर्थव्यवस्था के आँकड़ों की उतनी जानकारी नहीं होगी, जितनी अहीरिन महराजिन को मोहल्ले

की औरतों के ऐसे आँकड़ों की रहती थी। कुछ जीवन से निराश लोगों को वे मशविरा भी देती थीं।

महराजिन जिधर से गुजर जातीं, लोग दहशत में आ जाते थे। जिसके घर में गईं, वहाँ सास-पतोहू का झगड़ा तय था। सुबह से उनका यही काम होता था। घर-घर पर अड़ी लगाना, पान खाना। लोगों को बिना माँगे मशविरा देना और लगाई-बुझाई करना। बाद में लोग कहने लगे थे, "आज देखा महराजिन ओहर बैठल हईन, देखा संझा तक का होला।" मेरे घर में जब भी आतीं, अम्मा उन्हें अंदर ही न आने देतीं। बाहर ही बिठा चाय पिलाकर विदा कर देतीं। उनसे बात भी बहुत संकेतों में करती थीं। युधिष्ठिर ने कुंती को शाप दिया था कि आज के बाद कोई महिला अपने पेट में बात नहीं छुपा पाएगी। ऐसा लगता है कि यह शाप महराजिन को घनीभूत होकर लगा था। उनके पेट में कुछ पचता नहीं था। आदमी न मिले तो जानवरों को भी भड़काने की उनमें कूवत थी।

एक रोज महराजिन तेल लेने धर्मराज के कोल्हू पर पहुँचीं। तेली के पीछे उसका कोल्हू चल रहा है। बैल कोल्हू को चला रहा था। तेल पेरा जा रहा था। महराजिन हैरान हुईं। धर्मराज तेली से पूछ बैठीं कि बैल को कोई चला तो नहीं रहा है, वह अपने आप से ही कैसे चल रहा है? इतना धार्मिक बैल कहाँ पा गए कलियुग में? अब तो मारो-पीटो तो भी बैल चलते नहीं हैं। हड़ताल कर दें, घेराव कर दें, सींग मारें, शोरगुल मचाएँ, झंडा उठा लेंगे। स्वतंत्रता की आवाज देने लगेंगे, ऐसा बैल तुम्हें कहाँ मिल गया? तेली ने कहा, "बैल धार्मिक नहीं है, उसे चलाने के पीछे एक व्यवस्था है—'देखत हउ ओकरे आँख पर पट्टी बंधल हौअ।' उसे सिर्फ अपने सामने दिखाई पड़ता है; न इस तरफ देख सकता है, न उस तरफ; न बाएँ, न दाएँ। इसलिए वह यह सोचता है कि यात्रा कर रहा है, कहीं जा रहा है। उसे पता ही नहीं चलता कि वह गोल चक्कर लगा रहा है; कहीं जा नहीं रहा है। उसे समझ में आ जाए कि गोल-गोल घूम रहा हूँ तो अभी रुक जाए। मगर वह सोच रहा है—कहीं पहुँच रहा हूँ, कोई मंजिल है।" महराजिन बोली, "ठीक हौअ कि ओकरे आँख पर पट्टी बाँधल हौअ। पर कभी त रुक के पीछे भी त देख सकला कि कोई हाँके वाला नाही हौअ।"

धर्मराज बोले, "हमके बकलंड समझत हऊ। ओकरे गले में घंटी बाँधल हौअ। बैल चलता रहता है, घंटी बजती रहती है। उससे हमें पता चलता है कि

बैल चल रहा है। वह जैसे ही रुकता है, घंटी बंद हो जाती है, मैं जल्दी से उचककर उसे हाँक देता हूँ। बैल को पता नहीं चल पाता कि पीछे हाँकनेवाला कोई नहीं है। जैसे ही घंटी रुकी कि मैंने हाँका तो वह समझता है कि कोई पीछे है, जरा रुका कि कोड़ा पड़ेगा।" महराजिन रुकनेवाली कहाँ थीं, "क्या बैल खड़े होकर अपना सिर हिलाकर घंटी नहीं बजा सकता?" अब धरमराजवा ने अपना आपा खोया, "त आज कोई आदमी नाहीं मिलल। हमरे बैल के लगावै बझावे आयल हऊ। अगर हमार बैल सुन लेई, त वहू क दिमाग खराब हो जाई। चला भागा ईंहा से, तेल नाही हौअ। आगे से एहर मत देखाया।" महराजिन भी गरजने लगीं। लोग इकट्ठा हो गए, तब पता चला कि आज महराजिन बैल को भड़का रही थीं। उधर तेली बड़बड़ा रहा था, "इनका यहाँ आना-जाना ठीक नहीं। मैं अकेला आदमी हूँ। यह बैल बिगड़ जाए तो मेरा सारा धंधा बैठ जाएगा। और इस बुढ़ापे में हम कहाँ दूसर खोजब।"

बड़ी मुश्किल से समझा-बुझाकर महाराजिन को वहाँ से अलग किया गया। मगर तब तक तेली काम भर की गाली खा चुका था। तेली ने पलटकर देखा। बैल रुककर सिर घुमा रहा था। शायद उसे महाराजिन की बात समझ में आ चुकी थी। तेली बैल को काबू में करने के लिए दौड़ा। महाराजिन अपना काम कर चुकी थीं। बैल को काबू करते हुए तेली के कानों में अब भी महाराजिन की कच्ची-कच्ची गालियाँ गूँज रही थीं।

धर्मराज तेली के व्यक्तित्व में एक अलग ही किस्म की ठसक थी। मुझे इस ठसक में तेली समुदाय के समृद्ध अतीत की छाया नजर आती थी। यह इतिहास बेहद प्राचीन है। तिल से तेल और तेल से तेली बना है। तेली तेल पेरने और बेचनेवाली वैश्य जाति है। तेली संस्कृत के शब्द 'तैलिकः' से आया है, जो 'खाद्य तेल बनाने' के उनके पेशे के कारण है। पुराने समय में इस समूह के पास छोटी तेल मिलें थीं, जिन्हें 'कोल्हू' कहा जाता था। बैलों द्वारा संचालित यह यंत्र गाँव-देहात से शहरों तक में होता था। तेली खुद को साहू वैश्य भी कहते हैं। उत्तर-वैदिक काल में तिल से ही सबसे ज्यादा खाद्य तेल निकाला जाता था, जिसका इस्तेमाल धार्मिक कर्मकांड में भी होता था। ऋग्वेद में तिल के तेल का वर्णन नहीं मिलता है, पर अथर्ववेद में विस्तार से वर्णन है। इतिहासकारों का मानना है कि लगभग 3000 ईसा पूर्व प्राचीन भारतीय किसानों ने सरसों की खेती

शुरू कर दी थी। इससे तेल बनाया जाता था। पुरातात्त्विक तथ्य बताते हैं कि सिंधु घाटी सभ्यता के मोहनजोदड़ो तथा हड़प्पा जैसे शहरों में सरसों और सरसों का तेल उपयोग किया जाता था। प्राचीन भारत में सरसों को एक औषधि के रूप में उपयोग किया जाता है। भारतीय प्राचीन आयुर्वेद में बड़े पैमाने पर सरसों के तेल के उपयोग से बने कई नुस्खे भी बताए गए हैं।

धर्मराज मुझे अकसर ही महाभारत के धर्मराज की याद दिलाता था। धर्मराज युधिष्ठिर महाभारत की कथा के अभिन्न पात्र हैं। मगर क्या धर्मराज तेली भी उस युग में था? क्या पता, किसी रूप में रहा हो! मगर इसमें दो राय नहीं कि तेली समुदाय उस दौर में भी अस्तित्व में था। महाभारत में तुलाधार नामक तत्त्वदर्शी का उल्लेख मिलता है (महाभारत—शांतिपर्व, अ. 261-264), जो तेल के व्यवसायी थे, किंतु इन्हें तेली न कहकर 'वैश्य' कहा गया, अर्थात् तब तक (ईसा पूर्व तीसरी-चौथी सदी) तेली जाति नहीं बनी थी। पद्म पुराण के उत्तरखंड में विष्णु गुप्त नामक तेल व्यापारी की विद्वत्ता का उल्लेख है। ईसा की पहली सदी में मिले शिलालेखों में तेलियों की श्रेणियों/संघों (गिल्ड्स) का उल्लेख मिलता है। भारत में महान् गुप्त वंश का उदय हुआ, जिसने लगभग 500 वर्षों तक संपूर्ण भारत को आधिपत्य में रखा। इतिहासकारों ने गुप्त वंश को वैश्य वर्ण का माना है। राजा समुद्रगुप्त एवं हर्षवर्धन के काल को साहित्य एवं कला के विकास के लिए स्वर्णिम युग कहा जाता है। गुप्त काल में पुराणों एवं स्मृतियों की रचना प्रारंभ हुई। गुप्त वंश के राजा बालादित्य गुप्त के समय में नालंदा विश्वविद्यालय के प्रवेश द्वार पर भव्य स्तूप का निर्माण हुआ। चीनी यात्री ह्वेन सांग ने स्तूप के निर्माता बालादित्य को 'तेलाधक' वंश का बताया है। इतिहासकार ओमेली एवं जेम्स ने गुप्त वंश के तेली होने का संकेत किया है। इसी आधार पर उत्तर भारत का तेली समाज अपने को 'गुप्त वंश' का मानते हुए अपने भगवा ध्वज में गुप्तों के राजचिह्न गरुड़ को स्थापित कर लिया। कई गुप्तकालीन मुद्राओं पर निगमस्य का उल्लेख है, जो अलग-अलग व्यापारियों की हो सकती हैं। मौर्य व गुप्त युग में तैलिक के संदर्भ—चूर्णकुट्ट गंध तैलिक और जंत पीलग के नाम से मिलते हैं।

पुराने वक्त में कारोबारी सार्थ यानी कारवाँ चार प्रकार के सामान ले जाते थे—गणिम (गिनतीवाले), धरिम (तौलवाले), परिछेद्य (आँखों से जाँच—

रत्न) और मेय—तेल, जिसे सेतिका से मापते थे। तेल निकालने और इससे जुड़े द्रव्यों के व्यापार के उल्लेख महाजनपद युग से आते हैं। अंगुत्तर सहित कई जातकों में काशिक चंदन का उल्लेख है। माना जाता है कि यह चंदन बाहर से आता था और इसका तेल बनाने के बाद इसे काशिक चंदन का ट्रेडमार्क दिया जाता था। डॉ. मोतीचंद्र मानते हैं कि महाजनपद युग में काशी में अच्छा चंदन होता था, इसलिए बनारस से सुगंधित तेलों का कारोबार होता था।

मेरे धर्मराज की गोरखनाथ धाम में अटूट श्रद्धा थी। 'नाथ पंथ' की स्थापना करनेवाले गुरु गोरखनाथ को तेली अपना पूर्वज मानते हैं। तेली समुदाय के पूर्वजों का इतिहास पुराना है। 10वीं-11वीं सदी में कलचुरी एवं चालुक्य वंशीय शासक हुए। कलचुरी राजा गांगेयदेव एवं चालुक्य राजा तैलंग को तेली समाज अपना पुरखा बताता है और भक्त कर्मा माता के प्रसंग को इन राजाओं के काल से संबद्ध करता है। 16वीं सदी में राजपुताना में महाराणा प्रताप के मंत्री एवं श्रेष्ठी भामाशाह हुए। इन्होंने स्वराज्य के लिए अपनी संपूर्ण संपत्ति दान कर दी। इनका पुण्य स्मरण 'दानवीर भामाशाह' के नाम से किया जाता है। भारत के पहले स्वतंत्रता संग्राम में सक्रिय विभूतियों में ननुआ तेली का योगदान अप्रतिम रहा, जिन्हें 8 दिसंबर, 1857 में अंग्रेजों ने प्राणदंड दिया। चौरी-चौरा कांड के अमर शहीदों में भगवानदीन तेली का नाम प्रमुख है।

इस धारा से जुड़ी बेजोड़ विभूतियों में गाजिन भक्तिन तेली, भक्त माँ कर्मा बाई, गुरु गोरखनाथ, जगन्नाथ महाराज, दानवीर भामा शाह, शाहूजी महाराज, संताजी जगनाडे महाराज, ज्ञानवीर तुलाधार, स्वामी चरणदास, जोगी परमानंद, सोमैया जैन, संत टुकडोजी महाराज, रणवीर हेमचंद्र साहू (हेमू) एवं दुर्गादास राठोर, सती बिहुला, देवी कन्नडी व राष्ट्रपिता महात्मा गांधी प्रमुख थे।

धर्मराज मुझसे अकसर मजाक में 'कहाँ राजा भोज और कहाँ गंगू तेली' वाली कहावत का जिक्र जरूर करते थे। यह अलग बात है कि ऐसा कहते हुए वे खुद को राजा भोज के बराबर ही समझते थे। 'कहाँ राजा भोज, कहाँ गंगू तेली की' कथा कालजयी है। 11वीं सदी में राजा भोज मालवा और मध्य भारत के प्रतापी राजा थे। इतिहास के पन्नों में इनकी वीरता और ज्ञान के कई किस्से दर्ज हैं। राजा भोज को शास्त्रों का महाज्ञाता कहा जाता था। उनको वास्तुशास्त्र, व्याकरण, आयुर्वेद और धर्म-वेदों का प्रचुर ज्ञान था। राजा भोज ने अपने

शासनकाल के दौरान कई मंदिरों और इमारतों का निर्माण करवाया था। वे जनता के प्रिय शासकों में से एक रहे हैं।

गंगू तेली का इतिहास काफी रोचक है। 'गंगू तेली' के बारे में इतिहासकारों की अलग-अलग राय है। कुछ इतिहासकारों का मानना है कि गंगू और तेली दो लोग थे, जोकि दक्षिण भारत के राजा थे। गंगू का पूरा नाम कलचुरि नरेश गांगेय था, जबकि तेली का पूरा नाम चालुक्य नरेश तैलंग था। वे दोनों अपने आप को काफी बहादुर और बुद्धिमान समझते थे, इसलिए इन्होंने राजा भोज के राज्य पर आक्रमण कर दिया था।

राजा भोज ने अपनी छोटी सी सेना से दोनों को हरा दिया। इसके बाद ही लोगों ने तंज कसते हुए यह कहावत बना दी। इतिहासकारों का मानना है कि पहले यह कहावत थी—'कहाँ राजा भोज और कहाँ गांगेय-तैलंग', लेकिन बाद में नाम बिगड़ते-बिगड़ते कहावत 'कहाँ राजा भोज और कहाँ गंगू तेली' में तब्दील हो गई।

मैं धर्मराज तेली की व्यावहारिक समझ और प्रत्युत्पन्न मति से प्रभावित था। मुझे कई बार लगता था कि अगर आज राजा भोज होते तो धर्मराज तेली को अपनी कैबिनेट में जरूर जगह देते। शायद फिर यह कहावत बदल 'जहाँ राजा भोज, वहाँ गंगू तेली' हो जाती। बैल कोल्हू के खालिस तेल का स्वाद अद्भुत होता है। धर्मराज तेली के व्यक्तित्व का रस भी अद्भुत था। जब काम ज्यादा हो जाता तो धर्मराज रात में भी तेल पेरते। बैल को हाँक धर्मराज सो जाते थे। एक दिन सुबह धर्मराज सोते रह गए। सृष्टि के चलने की गति से बैल चलता रहा। तेल निकलता रहा, पर धर्मराज की साँसें रुक गई थीं। सुबह देर तक दुकान नहीं खुली तो दरवाजा तोड़ा गया, तब लोगों को यह खबर लगी। मोहल्लेवालों ने ही उनका संस्कार किया। उनका लड़का मुंबई से नहीं लौटा। धर्मराज अपने लड़के का यह व्यवहार जानते थे, तभी तो जब भी कोई उनके लड़के के बारे में पूछता तो वे नाराज हो जाते। उस पर बात नहीं करना चाहते। कहते, "तोसे क्या मतलब।" और बड़बड़ाते हुए कहते, "तेली क तेल जरे मशालची क...फटे।"

□

20 देखो हमरी काशी

डोम राजा

जिस मरने से जग डरे!

जीवित रहते आपको देश भर में कई राजा मिल जाएँगे, पर मरने के बाद का राजा आपको बनारस में ही मिलेगा। एक ऐसा राजा, जिसका जीवन मुर्दे से शुरू हो, मुर्दे पर ही खत्म होता है। यह कथा है बनारस के 'डोम राजा' की। सन् 1966 में जब देश से राजे-रजवाड़े खत्म हुए, रियासतें इतिहास बनीं, राजा लोग पैदल हुए, तब भी इस डोम राजा का जलवा अपनी पूरी सज-धज के साथ कायम रहा। इसका कुछ नहीं बिगड़ा। काशी के ये डोम राजा मुर्दों का अंतिम संस्कार करते और करवाते हैं। उनकी अखंड चिता अग्नि से ही व्यक्ति के मुक्ति का मार्ग खुलता है, इसलिए काशी के महाश्मशान में सिर्फ 'डोम' नाम सत्य है। उन्हें आप धरती का 'यमराज' भी कह सकते हैं।

डोम राजा कैलाश चौधरी इस गद्दी के अंतिम घोषित राजा थे। उसके बाद तो उनका भी राजपाट देश की माली हालत जैसा रहा। अब कैलाश चौधरी

की तीसरी पीढ़ी और कालू डोम की दसवीं पीढ़ी गद्दी पर है, लेकिन अपना अपनापा तो कैलाश चौधरी से था। कई बार श्मशान, डोम परंपरा और मृत्यु की चेतना पर लिखने के लिए मैं उनसे मिला था। प्रेमी आदमी थे, सुबह से ही सुरा में आकंठ मग्न रहते। जमाने से बेपरवाह। मृत्यु की चेतना से रोज दो-चार होते-होते वे लोक-परलोक की चिंता से परे हो गए थे। लंबे, चौड़े, काले, भुजंगवत वह साक्षात् यमराज के प्रतिनिधि लगते थे। कम बोलते थे। पहलवानी करते थे। जोड़ी नाल फेरते थे। घर में ही अखाड़ा था। मान मंदिर घाट पर उनकी शेरवाली कोठी थी। चाँदी की बॉडी वाला उनका इक्का था, जिसे वे 'टमटम' कहते और उस पर सवार हो वे अकसर 'बहरी अलंग' की सैर करते। बनारस में कंट्री साइड सैर-सपाटे को 'बहरी अलंग' कहते हैं। रामनगर की रामलीला के वे नियमित दर्शक थे। डोम राजा आम लोगों से हिलते-मिलते ज्यादा नहीं थे। भीड़भाड़वाले इलाके में वे एकांत तलाश लेते। डोम राजा का घर मान मंदिर और त्रिपुरा भैरवी घाट के बीच में आज भी है। उनके घर के ऊपर शेर की दो मूर्ति हैं। बनारस में अपने दरवाजे पर शेर लगाने का दो ही लोगों को अधिकार था, एक हैं काशी नरेश और दूसरे डोम राजा।

अपने नाम में राजा लगा होने के बावजूद कैलाश चौधरी सहज और विनम्र थे। मित्र थे। जब उनसे पूछिए कि बनारस का राजा कौन? तो बड़ी सहजता से उत्तर देते, "हम, अउर के! हम शहर में रहिला। जे के तू राजा कहअला ऊ त ओ पार बालू में रहला। हम काशी खंड में हई। ऊ त ओ पार रामनगर में रहलन।" कैलाश चौधरी बताते कि काशी का एक पौराणिक नाम 'महाश्मशान' भी है। फिर महाश्मशान का राजा तो डोम ही होगा न। एम्मे काशी नरेश कहाँ से आ गईलन। जब हम डोमराज को यमराज का प्रतिनिधि कहते तो कैलाश चौधरी का जवाब होता, "हम शिव के प्रतिनिधि हैं। हमारे जरिए ही शिव मुर्दों को तारक मंत्र देते हैं। जब तू डोम कहला त ओम्मे से ओम का प्रमुख स्वर निकलला। ओम माने ओंकार और ओंकार माने शिव।" यह डोम राजा कैलाश की शास्त्रीय दलील होती।

कैलाश चौधरी पढ़े-लिखे नहीं, अँगूठा टेक थे, फिर भी श्रवण परंपरा से अर्जित कुछ ज्ञान वे मौके-बेमौके उड़ेलते रहते। वे बताते कि काशी दुनिया

में इकलौता शहर है, जहाँ तीन राजा का शासन चलता है। आध्यात्मिक राजा, लौकिक राजा और डोम राजा। यहाँ के आध्यात्मिक राजा शिव हैं। उनकी मौजूदगी से कलि शहर की सीमा में नहीं घुस पाता। शिव यहाँ मृत व्यक्ति को कान में तारक मंत्र दे उन्हें मुक्त करते हैं, इसलिए उन्हें तारकेश्वर और काशी को मुक्तिदायिनी कहते हैं। काशी के लौकिक राजा काशिराज हैं। वे बालू में रहते हैं, किसी का कुछ नहीं बिगाड़ सकते। तीसरका हम हई डोम राजा। मृत्यु और उसके बाद सब कुछ हमारे अधीन है। हमारे ही पूर्वजों ने राजा हरिश्चंद्र को खरीदा था।

उस समय मेरी उम्र कम थी। पत्रकारिता की शुरुआत थी। लगता था कि कैलाश हाँक रहे हैं। पर अब लगता है, ठीक कहते थे कैलाश। बनारस कोई शहर नहीं, महाश्मशान है। दिल्ली, मुंबई, बेंगलुरु और चेन्नई ऐसे शहर हैं, जिनके भीतर श्मशान बना है। पर बनारस एक महाश्मशान है, उसके भीतर शहर बसा है। दुनिया का यह अकेला, अजूबा श्मशान है, जिसके भीतर शहर बसा है। इसलिए मुर्दों के बीच जिंदा रहना यहाँ आसानी से सीखा जा सकता है।

तभी तो कवि श्रीकांत वर्मा कहते थे—शव आएँगे/जाएँगे। काशी वैसी ही रहेगी। यहाँ जिस रास्ते आता है शव, उसी रास्ते जाता है शव।

तुमने देखी है काशी?
जहाँ, जिस रास्ते
जाता है शव,
उसी रास्ते
आता है शव!
शवों का क्या
शव आएँगे,
शव जाएँगे
और अगर हो भी तो
क्या फर्क पड़ेगा?
तुमने सिर्फ यही तो किया
शव को रास्ता दिया

और पूछा—
किसका है यह शव?
जिस किसी का था
और किसका नहीं था,
कोई फर्क पड़ा?

मृत्यु के प्रति ऐसी बेपरवाही इसी शहर में मिलेगी, बल्कि डोम राजा तो रोज मृत्यु का उत्सव मनाते हैं। शिव भी तो यहाँ के मसान में होली खेलते हैं। इसलिए डोम राजा भी जीवन को मृत्यु की तरह से देखते हैं। काशी में किसी एक श्मशान की पौराणिकता नहीं मिलती, क्योंकि यह पूरा शहर 'महाश्मशान' कहा गया है। राजघाट की खुदाई से पहले तक शैव दर्शन से बनारस के संबंध के प्रमाण पौराणिक ही थे। खुदाई में मिली राजमुद्राओं से बनारस में अनेक शिवलिंगों का पता चला, जिससे इसकी पौराणिकता को पुरातत्त्व का भी समर्थन मिला। 18वीं सदी के मध्य मराठों ने बनारस के घाटों का निर्माण शुरू कराया। अंग्रेज वास्तुकार और चित्रकार प्रिंसेप जब 1781 के आसपास बनारस आए, तब घाट इतने गुँथे हुए नहीं थे। 1832 आते-आते बनारस के अधिकतर घाट बनकर तैयार हो चुके थे। दशाश्वमेध घाट के बाद मान मंदिर और उसके बाद मीरघाट आता है। इसे पहले जलासेन घाट कहते थे। फौजदार मीर रुस्तम अली ने यहाँ एक किला और घाट बनवाया था। कहते हैं कि राजा जसवंत सिंह ने बाद में इसी को खोदकर इसके मसाले से रामनगर का किला यानी काशीराज का महल बनवाया। इसके बाद उमरावगिरि घाट और फिर जलसाई या श्मशान घाट आता है।

बनारस में मुर्दे जलाने की प्रथा कितनी पुरानी है, इसका ठोस उल्लेख कहीं नहीं है। मणिकर्णिका और हरिश्चंद्र से पहले श्मशान कहाँ था, इसके प्रमाण भी नहीं मिलते। लेकिन हिंदू नगरों के दक्षिण में श्मशान होने से अनुमान लगाया जाता है कि जब बनारस उत्तर में बस रहा होगा, तब यहाँ श्मशान रहा होगा। बाद में बनारस की बस्ती तो दक्षिण की तरफ बढ़ती गई, अलबत्ता श्मशान उसी जगह बना रहा। पुराने लोग बताते हैं कि प्राचीन श्मशान जलासेन पर था, जो संकटा घाट से सटा हुआ है। यहाँ यमधर्मेश्वर और हरिश्चंद्रदेव के पुराने मंदिर भी थे। यहाँ यम द्वितीया का स्नान आज भी होता है। चौक में

भद्दोमल की कोठी के नीचे श्मशान विनायक के मंदिर का उल्लेख मिलता है। मंदिर आज भी है। मणिकर्णिका घाट पुराना है। इसके प्रमाण 7वीं सदी से मिलते हैं। डॉ. मोतीचंद्र के मुताबिक, महाजन कश्मीरीमल अपनी माँ का शव लेकर हरिश्चंद्र घाट गए थे। वहाँ कुछ विवाद हुआ तो वे लौटकर शव को मणिकर्णिका घाट पर ले आए और पंडों व जमींदार से जमीन खरीदकर अंतिम संस्कार किया, फिर यहीं उन्होंने श्मशान घाट बनवा दिया। उस श्मशान पर डोमों का मेहनताना बाँधने का काम पं. नारायण दीक्षित ने किया। नारायणजी ने ऐसी पूरी व्यवस्था बनाई, ताकि झगड़े न हों। काशी की श्मशान व्यवस्था में कश्मीरीमल और नारायण दीक्षित दिलचस्प पात्र हैं।

कश्मीरीमल अद्भुत चरित्र रहे हैं। अवध के नवाबों की नौकरी छोड़कर उन्होंने महाजनी में खूब कमाया। उनकी कोठी का लाला बच्छराज कोठी से करीबी संबंध था। कश्मीरीमल वॉरेन हेस्टिंग्स के कृपापात्र थे और ईस्ट इंडिया कंपनी से उनका लेन-देन चलता था। 18वीं सदी में बनारस में कश्मीरीमल और दूसरे बड़े सेठ गोपालदास साहू की लंबी मुकदमेबाजी चली। मामला हुंडियों के लेन-देन का था और झगड़ा लॉर्ड कॉर्नवालिस तक गया, जिसमें बनारस के रेजीडेंट मि. ग्रांट ने गोपालदास साहू का पक्ष लिया और उसी के बाद कश्मीरीमल बरबाद हो गए। महाराष्ट्र से 1734 में आए मराठी ब्राह्मण नारायण दीक्षित पाटणकर बनारस के पुराने निर्माताओं में हैं। उन्होंने ब्रह्मघाट, दुर्गाघाट और त्रिलोचन घाट बनवाए। हरिश्चंद्रघाट को भरवाया और मणिकर्णिका घाट के श्मशान पर डोम समुदाय के अधिकार तय किए। आपस में झगड़ा रोकने के लिए उन्होंने तब प्रति अंतिम संस्कार साढ़े छह आने का टैक्स निर्धारित कराया था।

बनारस में गंगा उत्तरवाहिनी है। यही उसे पवित्रतम बनाती है। लेकिन नगर का विकास दक्षिण की ओर हुआ है। बुद्धकालीन बनारस में अकथा और सोयपुर गाँव वरुणा पार था। दूसरी शताब्दी के आसपास इसका विकास राजघाट तक आ पहुँचा। वहीं पर पहले श्मशान का उल्लेख हमें मिलता है। वह नगर का दक्षिण-पूर्वी कोना था। मान्यता है कि श्मशान हमेशा अग्नि कोण पर होता है और बनारस शहर का अग्नि कोण उस समय खिड़किया घाट था। फिर शहर दक्षिण की ओर विकसित हुआ। दूसरे श्मशान का उल्लेख भोंसले

घाट पर मिलता है। आज भी वहाँ आदि मसानेश्वर महादेव का मंदिर है। 11वीं शताब्दी के बाद हरिश्चंद्रघाट और 15वीं शताब्दी के बाद मणिकर्णिका का श्मशान बना। 18वीं शताब्दी के अंत में सामने घाट में एक श्मशान का जिक्र मिलता है। कोरोनाकाल में मौतों की तादाद देख बनारस में 4 नए श्मशान बने। छह श्मशान बनने के बाद अब बनारस का पौराणिक नाम महाश्मशान सार्थक लग रहा है।

काशी के महाश्मशान में समाजवाद कभी नहीं रहा। यहाँ मृत्यु आदमी को सामान्य शव नहीं बनने देती है। जाति-बिरादरी के प्रभाव से अलग-अलग दाहस्थल बनते रहे हैं, जिसे संबंधित बिरादरी के लोग डोम राजा से अनिश्चितकालीन लीज पर खरीदते थे। मणिकर्णिका घाट का चरणपादुका, विष्णुपद पद्म हो या खत्री बिरादरी का चबूतरा। दक्षिण भारतीयों के लिए निर्दिष्ट स्थान हो या बंगवासियों के लिए मुकर्रर जगह। सबके लिए अलग-अलग जगह तय है। इन घाटों पर मृत्यु के बाद भी सदियों से रुपया ही काम करता था।

पौराणिक कथा के मुताबिक राजा हरिश्चंद्र काशी के डोम के पास ही बिके थे। तब वहाँ श्मशान कहाँ और किस नदी के तट पर था, यह बड़ा सवाल है, क्योंकि उस समय गंगा यहाँ नहीं बहती थी। गंगा तो भगीरथ ले आए। भगीरथ के ग्यारह पुश्त पहले हरिश्चंद्र हुए। स्वाभाविक है कि गंगा उस समय पृथ्वी पर अवतरित नहीं हुई थी। वह भगीरथ के प्रयास से धरती पर आई। हो सकता है कि उस समय यहाँ का श्मशान गंगा के अभाव में अस्सी नदी के किनारे रहा हो।

काशी के वर्तमान डोम राजा का इतिहास ढाई सौ साल पहले तक मिलता है। डोम बिरादरी वर्ण-व्यवस्था के साथ ही बनी है। यह शूद्र की ही एक शाखा है, जिसे पहले शवदाहि और वर्तमान में डोम कहते हैं। अंत्यज कहे जानेवाले ये लोग अपने को यमराज के प्रतिनिधि भी मानते थे। काशी में हरिश्चंद्र महाश्मशान या मणिकर्णिका महाश्मशान के स्वघोषित कई राजपरिवार हैं, वस्तुतः दाह-संस्कार के नाम पर जो आर्थिक आमदनी होती है, उसका अधिकांश जिस परिवार को जाता है, वे राजा हैं और बाकी कर्मचारी या प्रजा होते थे।

डोम राजा बनने की कई मान्यताएँ हैं। पौराणिक मान्यता के अनुसार, एक बार भगवान् शिव और माता पार्वती काशी आए। उन्होंने मणिकर्णिका घाट के पास स्नान किया, स्नान करते वक्त माता पार्वती के कान का कुंडल गिर गया। इसलिए इस जगह को 'मणिकर्णिका' कहा गया। उस कुंडल को कालू नाम के एक ब्राह्मण ने चुरा लिया। भगवान् शिव के पूछने पर भी जब उसने नहीं बताया, तब भगवान् शिव ने क्रोधित होकर उसे नष्ट होने का श्राप दे दिया। हकीकत जानने के बाद कालू ने बहुत क्षमा-याचना की, तब भगवान् शिव ने श्राप वापस लेते हुए उसे श्मशान के चांडाल कर्म में लगा दिया और कालू पंडित को 'डोम राजा' की उपाधि दी।

दूसरी मान्यता राजा हरिश्चंद्र से जुड़ी हुई है, जिन्हें भगवान् वरुण के आशीर्वाद से रोहिताश नाम का बेटा हुआ। उनकी सत्यवादिता की परीक्षा लेने के लिए ऋषि विश्वामित्र ने उनका सारा राजपाट ले लिया, उसके बाद भी जब ऋषि विश्वामित्र ने उनसे और दान माँगा तो उन्होंने अपने आप को वाराणसी के एक डोम के हाथों बेच दिया। डोम ने हरिश्चंद्र को श्मशान में तैनात कर दिया। हरिश्चंद्र ने अपनी पत्नी और बच्चे को एक ब्राह्मण के हाथों बेचा। दोनों दास बनकर रहने लगे। कालांतर में बेटे रोहिताश को साँप काटता है, जिससे उसकी मौत हो जाती है। गरीबी की हालत में उनकी पत्नी बेटे के अंतिम संस्कार के लिए जब घाट पर पहुँचती है तो सत्यवादी हरिश्चंद्र बिना शुल्क लिये अपने बेटे का अंतिम संस्कार करने से इनकार कर देते हैं। जैसा पौराणिक कहानियों में होता है कि फिर प्रभु प्रगट होते हैं और उन्हें आशीर्वाद देते हैं, और राजपाट वापस होता है। तब से यहाँ के डोम को राजा कहने की प्रथा शुरू हुई, क्योंकि डोम ने राजा को खरीदा था।

दीपावली में यही महाश्मशान तंत्र साधना का केंद्र हो जाता है। जब सभी लोग दीपोत्सव मनाने में जुटते हैं। घरों में पूजा-पाठ चलता है। लोग अपने घरों की सजावट में लगे रहते थे, तब महाश्मशान में तंत्र की साधना चलती है। तांत्रिक और साधक शव की साधना करते हैं। जलती चिताओं के बीच साधक सृष्टि के कल्याण के साथ ही तांत्रिक सिद्धियों के लिए देवी काली, बाबा भैरव के साथ-साथ बाबा मसान नाथ की उपासना करते हैं। इस तंत्र साधना के संबंध में अघोरी मानते हैं कि दीवाली की रात यानी 'महानिशा' में तामसिक

साधना करनेवाले को चमत्कारी सिद्धियाँ मिलती हैं। इस दिन महाश्मशान पर साधना करने के लिए शराब और मांस के साथ नरमुंड की आवश्यकता होती है। जलती चिताओं के बीच बैठकर बलि दी जाती है। महाश्मशान पर वैसे तो हमेशा ही भगवान् शंकर रहते हैं, लेकिन मान्यता है कि दीवाली की रात में महाकाली भी मौजूद रहती हैं।

अघोर साधना का केंद्र भी महाश्मशान है। धार्मिक मान्यता के मुताबिक अघोर पंथ के प्रणेता भगवान् शिव हैं। अवधूत भगवान् दत्तात्रेय को अघोरशास्त्र का गुरु माना गया है। अघोरपंथी तो अवधूत दत्तात्रेय को भगवान् शिव का ही अवतार मानते हैं। अघोर संप्रदाय की मानें तो ब्रह्मा, विष्णु और शिव—इन तीनों के अंश से स्थूल रूप में दत्तात्रेयजी ने अवतार लिया। अघोर संप्रदाय के एक संत के रूप में बाबा किनाराम के प्रति यहाँ गहरी आस्था है। अघोर संप्रदाय के व्यक्ति शिव के अनुयायी होते हैं। इनके अनुसार शिव स्वयं में संपूर्ण हैं। जड़-चेतन समस्त रूपों में विद्यमान हैं। शरीर और मन को साधकर और जड़-चेतन का अनुभव कर ही मोक्ष हासिल किया जा सकता है।

अघोर विद्या और तंत्र में लोककल्याण को तरजीह दी गई है। अघोर विद्या से जुड़े लोगों का कोई परिवार नहीं होता है, पूरा समाज ही उनके लिए अपना होता है। असली अघोरी कभी आम लोगों के बीच दुनिया के रोजमर्रा के व्यवहार में शामिल नहीं होते। वे अपना ज्यादातर वक्त साधना में ही बिताते हैं। अघोरियों की सबसे बड़ी पहचान होती है कि ये किसी के सामने याचक नहीं होते हैं।

बनारसी मृत्यु का उत्सव मनाते हैं। इसलिए उनकी यमराज के प्रतिनिधि डोम से सहज निकटता रहती है, बनारसियों की उत्सवधर्मिता मानती है कि मृत्यु जीवन का अंत नहीं है। वह जीवन का उत्थान है, परम शिखर है, जीवन का चरम है। अगर आपने जीवन ठीक से जिया है, उसका सारा रस निचोड़ लिया है तो मृत्यु परम सुखकारी होगी। रामकृष्ण परमहंस भी मृत्यु को ऐसे ही देखते थे। वे कहते थे—जिस देह को ठाकुरजी खोल कहते थे, वह ध्यान के कंधे पर सवार होकर गंगा घाट जा रही है। काशीपुर घाट है…वह दिव्य उत्सव को पुलकित नेत्रों से देख रहा है। घाट से लौटते उद्यान भवन की ओर ठाकुर के लीला सहचर त्रासद रिक्तता से भरे हैं। जैसे सब हिरा (खो) गया

हो···सब गंगा ने समेट लिया हो। लाटू अपने लोरेन (नरेंद्र) भाई से कुछ गाने का अनुरोध करते हैं। नरेन के कंठ से फूट पड़ता है। "मन चलो निज निकेतने संसार विदेशे विदेशीर वेशे भ्रम केनो अकारने?"

मृत्यु की चेतना का काशी से संबंध अनायास नहीं है। ठाकुर रामकृष्ण परमहंस भी उन विभूतियों में हैं, मृत्यु जिनके लिए उत्सव बन गई है। बुद्ध, कबीर, रमण महर्षि, रामकृष्ण और गोरख सब मृत्यु की चेतना से संपन्न माने गए हैं। बात बुद्ध के अंतिम समय की है। उनका अंत निकट था। शिष्य परेशान और दुःखी थे। आनंद उनका परम प्रिय शिष्य था। वह चौबीस घंटे बुद्ध के साथ रहकर उनकी सेवा कर रहा था। भद्रक कुटिया के बाहर बैठकर रोने लगा। वह बुद्ध की आसन्न मृत्यु से विचलित था। बुद्ध के कानों में भद्रक के रोने की आवाज पड़ी तो उन्होंने आनंद से पूछा, "आनंद! यह कौन है, जो इतने करुण स्वर में रो रहा है?"

आनंद ने उत्तर दिया, "भंते! भद्रक रो रहा है। वह आपके दर्शन हेतु आया है।" बुद्ध ने कहा, "उसे तत्काल मेरे पास लेकर आओ।" भद्रक ने जैसे ही कुटिया में प्रवेश किया, वह बुद्ध के चरणों में सिर रखकर रोने लगा। बुद्ध ने स्नेह से पूछा, "क्या बात है, वत्स? क्यों रो रहे हो?" भद्रक बोला, "भंते! जब आप हमारे साथ नहीं होंगे, तब हमारा मार्गदर्शन कौन करेगा? कौन हमें अंधकार से प्रकाश की ओर जाएगा?" उसकी बात सुनकर बुद्ध मुसकरा दिए। फिर बड़े ही स्नेह से उसके सिर पर हाथ फेरकर बोले, "भद्रक! ज्ञान का प्रकाश तुम्हारे ही भीतर है, उसे बाहर मत खोजो। 'अप्प दीपो भव' (अपने दीपक स्वयं बनो)"—यह बुद्ध का अंतिम उपदेश था; मन, वचन, कर्म से एकनिष्ठ होकर साधना करनेवालों की आत्मा स्वतः ज्ञानालोकित हो जाती है।

इसी शहर में कबीर भी कपड़ा बुनते-बुनते कविता करते थे। लेकिन उन्होंने कभी शोक में कविता नहीं की। वे मौत से नहीं डरते थे। उन्होंने लिखा—

जिस मरने से जग डरै मेरे मन आनंद,
कब मरिहूँ कब देखिहूँ पूरन परमानंद॥
हम न मरब मरिहै संसारा।

कबीर इतने विकट मृत्यु उत्सवी थे कि उन्हें हमेशा 'साधो ई मुरदन का

गाँव' ही लगता है। राजा-प्रजा, पीर-फकीर, वैद्य-रोगी, मुनि-देवता सब वॉकिंग डेड हैं। कबीर एक ऐसे लोक की कल्पना करते हैं, जहाँ "जुवा मरन व्यापे नहीं, मुआ न सुनिये कोय। चल कबीर तिहि देसड़ें जहाँ बैद विधाता होय॥"

मौत को लेकर ऐसी ही सोच रमण महर्षि की भी थी। महर्षि रमण से उनके एक अमेरिकी शिष्य ने पूछा कि मृत्यु के समय भक्त को क्या करना चाहिए? महर्षि रमण ने कहा, "भक्त कभी मरता ही नहीं, क्योंकि वह पहले ही मर चुका होता है।" और अंत में गोरख तो मरने का न्योता देते घूमते थे। नाथपंथ ने मृत्यु की वर्जना को जीवन के संवाद में बदल दिया।

बसति न सुन्यम सुन्यं न बसती अगम अगोचर ऐसा,
गगन सिषर में बालक बोले ताक नांव धरोगे कैसा॥

लेकिन इस अगम्य तक जाने की राह साहस माँगती है। वे कहते हैं—

मरो हे जोगी मरौ मरौ मरण है मीठा,
तिस मरणी मरौ जिस मरणी गोरख मरि दीठा॥
देखहु यह तन जरता है।

मृत्यु की कथा अनंत है। जितना जानेंगे उतना ही जानने से रह जाएगा। तो फिर लौटते हैं डोम राजा पर। एक दफा बी.बी.सी. के मेरे एक मित्र डोम राजा कैलाश चौधरी से मिलने गए। उनको किसी ने सलाह दी थी कि जब जाइएगा तो एक बोतल विलायती शराब लेकर जाइएगा। बी.बी.सी. के वे संवाददाता वैसे ही गए, डोम राजा ने फौरन बोतल खोली और उसी वक्त कोल्ड ड्रिंक की तरह मुँह में लगाकर पूरी बोतल गटक गए। इसे देख संवाददाता महोदय हक्के-बक्के रह गए। उन्होंने देखा कि डोम राजा के घर खाना चिता से बची लकड़ियों पर ही बन रहा था। चिता की बची जलती लकड़ी पर ही उनके घर खाना बनाने की परंपरा है, जो आज भी जारी है।

वर्तमान डोम राजा का इतिहास तकरीबन ढाई सौ साल पुराना है। इन 250 सालों में दस पीढ़ियों ने डोम राजा की गद्दी को सँभाला है। आठवीं पीढ़ी के तीसरे डोम राजा जगदीश चौधरी अभी हाल तक इस गद्दी पर विराजमान थे। वे प्रधानमंत्री नरेंद्र मोदी के प्रस्तावक भी रहे। बीते साल उनकी मौत हो गई। अब उनके बेटे ओम हरि नारायण उनके उत्तराधिकारी हैं।

लेकिन क्या इन राजाओं की जिंदगी सच में राजाओं की तरह होती है?

यह सवाल आते ही जवाब आता है, नहीं। इन लोगों का समय सिर्फ लाशों के साथ बीतता है। लाश अपने आप में ही एक निगेटिव चीज है। ऐसे में दिन भर इसके बीच रहना कैसा होता है ? इसका अहसास आप कर सकते हैं। इसलिए वे हमेशा टुन्न रहते हैं। भले ही डोम को राजा कहा जाता हो। लेकिन यह समुदाय सामाजिक रूप से बेहद पिछड़ा हुआ है। अनुसूचित जाति से आने के बावजूद ये आरक्षण का कोई लाभ नहीं उठा पाते। समाज में आज भी छुआछूत के शिकार हैं। वाराणसी के हरिश्चंद्र और मणिकर्णिका घाट पर कोई छह सौ डोम रहते हैं। उनका कुनबा कोई पाँच हजार से ज्यादा लोगों का होगा। अंतिम संस्कार के लिए इन घाटों पर उनकी बारी बँधी होती है। किसी की दस रोज बाद। किसी की बीस तो किसी की महीनों बाद बारी आती है। इनकी कमाई का जरिया सिर्फ अंतिम संस्कार है।

डोम राजा के परिवार में पहलवानी की भी परंपरा है। मान मंदिर घाट स्थित उनके घर में ही पुश्तैनी अखाड़ा है, जहाँ नाल फेरने की परंपरा है। उनके अखाड़े में 5 कुंतल से लेकर 30 कुंतल तक के वजन की नाल, जोड़ी है। जगदीश चौधरी के समय तक यह परंपरा अपने परवान पर थी। जगदीश चौधरी ने 40 किलो वजनी नाल को लगातार 352 बार फेरने का कीर्तिमान बनाया था।

डोम राजा के जीवन से जुड़ी कहानियाँ बताती हैं कि काशी की इस महान् परंपरा में कितना वैविध्य है, कितना रस है, कितनी संभावनाएँ हैं। कितना विरोधाभास है कि जिस श्मशान की जमीन पर जीवन का शिखर मिलता है। प्रतिभा का पारावार है यहाँ। बनारसियों के लिए डोम राजा एक सनातन परंपरा के संवाहक के साथ-ही-साथ जीवन-दर्शन का अध्याय भी हैं। मृत्यु की भूमि पर जीवन-दर्शन का यह अभिनव संयोग उन्हें ही सुलभ है, जो काशी की परंपराओं में रचे-बसे हैं। मुझे काशी की इन्हीं परंपराओं ने सँवारा है, गढ़ा है, गूँथा है, इसलिए डोम राजा के प्रति कृतज्ञता अर्पित करते हुए इस इतवारी कथा का समापन कर रहा हूँ। बनारस में मृत्यु एक ऐसा उत्सव है, जो जीवन की निरंतरता को नए अर्थ देता है। यहाँ श्मशान की चिताओं में भी जीवन के सूत्र मिलते हैं, जो एक नई यात्रा के मार्गदर्शक बनते हैं।

□□□

लेखक की अन्य पुस्तकें